广东高校思政课区域协同创新中心（佛山科学技术学院）2020年协同创新建设成果之一

思想政治理论课混合式教学研究

杜环欢　韩中谊　林瑞青　主编

九州出版社
JIUZHOUPRESS

图书在版编目（CIP）数据

思想政治理论课混合式教学研究／杜环欢，韩中谊，
林瑞青主编 . --北京：九州出版社，2021. 12
ISBN 978-7-5108-7641-7

Ⅰ.①思… Ⅱ.①杜… ②韩… ③林… Ⅲ.①高等学
校—思想政治教育—教学研究—中国 Ⅳ.①G641

中国版本图书馆 CIP 数据核字（2022）第 010636 号

思想政治理论课混合式教学研究

作　　者　杜环欢　韩中谊　林瑞青　主编
责任编辑　曹　环
出版发行　九州出版社
地　　址　北京市西城区阜外大街甲 35 号（100037）
发行电话　（010）68992190/3/5/6
网　　址　www. jiuzhoupress. com
印　　刷　唐山才智印刷有限公司
开　　本　710 毫米×1000 毫米　16 开
印　　张　17.5
字　　数　259 千字
版　　次　2022 年 4 月第 1 版
印　　次　2022 年 4 月第 1 次印刷
书　　号　ISBN 978-7-5108-7641-7
定　　价　95.00 元

思想政治理论课混合式教学研究

主　编：杜环欢　　韩中谊　　林瑞青

副主编：严兴文　　曹顺霞　　李　成

　　　　黎少青　　陈　艳　　杨志平

编　委：（以姓氏拼音为序）：

　　　　曹顺霞　　陈　艳　　戴卫民　　杜环欢

　　　　范卉敏　　韩中谊　　胡振健　　李　成

　　　　李　霞　　黎少青　　林高标　　林瑞青

　　　　王　琳　　严兴文　　杨志平　　张平泉

　　　　郑　婉　　庄百鹏

虚实互促　同频共振　项目驱动　推进思政课协同混合模式建构（代序）

林瑞青①

（佛山科学技术学院　马克思主义学院）

网络技术的迅猛发展，深刻影响着知识的传播途径和获取方式。随着新冠肺炎疫情在全球渐次爆发，在线教育被推上风口浪尖并在国内空前普及，混合式教学亦随之得到充分认可和使用。混合式教学结合在线教学与传统教学之优势，以线上、线下两种教学形式有机融合，将学生之学习由浅而深地引向深度学习。自 2016 年以来，佛山科学技术学院在思政课混合式教学模式建构中，不仅实现线上教学的思政课程、思政课教师和思政课学习的三个 100% 覆盖，还对线下教学展开深耕细作，以习近平总书记在学校思政课教师座谈会上的讲话精神为指引，"坚持理论性和实践性相统一，用科学理论培养人，重视思政课的实践性，把思政小课堂同社会大课堂结合起来"，全面落实思政课立德树人根本任务。

实施课程教学模块化，建构教学空间多维化。首先，实施三模块课程教学。将思政课划分为线上延伸教学、线下理论教学、综合实践教学三模块。线上延伸教学不挤占学时，线下理论教学开足 100% 学时，从思政课总学分中划 2 学分用于综合实践教学。线上延伸教学侧重教材基本问题、社会热点进行网络拓展学习、舆情疏导和学习过程考核。2016 年开始建设易班思政网

---

① 林瑞青，佛山科学技术学院马克思主义学院主持行政工作副院长，广东高校思政课区域协同创新中心常务副主任，教授、硕士生导师。

络互动课程群，全部思政课用教育部易班网推行混合式教学；2019 年开始以超星、文华在线等平台为依托，全面建设思政在线开放课程群，实现课程、教师、学生三个全覆盖。线下理论教学侧重于对教材中的热点、难点、重点问题进行理论讲授，依托平台移动端而实现线下、线上教学资源共享。综合实践教学侧重与团委共建青年马克思主义者培养学院、大学生实践活动中心，以"三下乡"社会实践活动为项目驱动，将立德树人融入实践项目。其次，建构四维度教学空间。与团委、组织部、宣传部、学生处和二级学院团委协同构建基于教室、校园、社会和网络的四维教学空间。在教室，解构思政教材，重理论教学，进行普及教育。在校园，以青年马克思主义者培养学院为载体，重讲座砺学，对党团积极分子、学生干部、思政理论学习爱好者举办辅导报告。在社会，以思政课教师为指导、以大学生社会实践活动中心为载体，以项目驱动、理实融合为特点，提升"三下乡"社会实践的思想性和立德树人效果，重实践促学。在网络，以在线开放课程平台为载体，重拓展辅学，以移动交互为特点，实现思政课教学向课后延伸。

推行育人主体协同化，实现教学资源融通化。首先，推行同频共振的协同思政。以与团委共建为基础，与组织部、宣传部、学生处、二级学院团委联动，遴选思政课教师融入其中以实现协同思政。一方面，实现思政课教学系统内全方位协同：一是理论教学与讲座砺学协同，为整体普及与局部深化之互补；二是理论教学与实践促学协同，为理论引领与实践体悟之统一；三是理论教学与拓展辅学协同，为重点深化与知识拓展之互补；四是实践促学与拓展辅学协同，为实践体悟与德行分享之融合；五是讲座砺学与实践促学协同，为小社会认知与大社会体悟之统一；六是讲座砺学与拓展辅学协同，为小社会认知与德行分享之融合。另一方面，实现思政课教学系统与思政工作系统的协同。基于协同思政格局，深化思政课教学系统对思政工作系统的协同共建和思政融入，共建青年马克思主义者培养学院、青年团校、青年党校、习近平新时代中国特色社会主义思想学习小组等，提升同频共振、协同思政实效。其次，促进教学资源交互融通。推动课堂资源、校园资源、社会资源、网络资源等教学资源的交互融通，以使课堂、校园、社会、网络整合为有机整体，共同发挥立德树人作用。

促进教学形式混合化，推行教学环节翻转化。首先，推动虚实互促与移动交互。一是深化虚实耦合以建设思政在线开放课程群。虚拟课堂以超星、文华在线等平台为依托；现实课堂包括理论教学、校园讲座、社会实践以及思政工作。网络虚拟课堂与现实课堂互相促进、相辅相成，学生在虚与实交互穿梭的耦合过程中实现德行成长。二是实现移动交互以增强教师在场的学习体验。以在线开放课程平台为依托，以移动学习端为切入，加强师生教与学的实时移动交互，消解传统教学之后的缺场性，增强学生学习获得感。三是全面理实融合以增强实践教学的实践育人实效。以思政理论指导思政课程实践、以思政课程实践深化学生对思政理论的认知。其次，实现教学环节的翻转。一是教学过程时空翻转。利用在线开放课程平台将理论知识和思政案例前置学习，在课堂上组织学生讲，教师进行点评，实现教学过程的时空翻转。二是师生教学角色翻转。打破教师满堂灌的固化模式，布置教学内容让学生走上前台，成为课堂共同建构者，而老师成为学生。三是德育话语模式翻转。利用在线开放课程平台，建构"师（我）—生（我）—生（我）"平等对话式的话语模式。四是考核评价模式翻转。利用在线开放课程平台的匿名评价功能，让学生彼此成为课程作业评价者，在评价中深化理论认知、产生价值观碰撞。

虚实互促、同频共振、项目驱动，思政课教学有特色显成效。首先，虚实互促、移动交互，思政课吸引力增强。推进思政在线开放课程群建设，建构线上线下、虚实耦合、理实融合、移动交互的混合式教学模式，形成了良好局面：一是利用在线开放课程的时空超越性，提升了学习便捷性；二是实现教学过程翻转、师生角色翻转、话语模式翻转，提升了学生抬头率；三是通过考核评价主体翻转，提升学生的教学参与度；四是通过网络互动、社会实践、课堂分享等方法，提升了思政课吸引力；五是通过项目驱动将思政融入实践项目，增强了社会实践的思想性。其次，同频共振、协同思政，思政课实效性增强。以思政课为主渠道，以协同育人为辅渠道，搭建青年马克思主义者培养学院、青年团校、青年党校、习近平新时代中国特色社会主义思想学习小组等协同思政平台，遴选思政课教师以辅导报告、项目指导、项目评审、对接融合等形式参与其中，形成了良好的协同思政机制。其三，项目驱动、理实融合，思政课实践性增强。以"三下乡"社会实践为项目驱动，实现理论教学与实践教学融合，既将思政课实践教学落到实处，又强化了社会实践的立德树人功能。近年来，佛山科学技术学院选派思政课教师以思政理论为社会实践项目赋能，不断取得好成绩。在全国大中专学生志愿者暑期"三下乡"社会实践中，2017年荣获优秀单位称号与优秀项目及个人获奖5项，2018年荣获优秀单位称号与优秀项目及个人获奖4项，2019年荣获优秀单位称号与优秀项目及个人获奖11项。在广东省大中专学生志愿者暑期"三下乡"社会实践中，2016年以来连续5年获得优秀单位称号和团队优秀项目一批。

以上为佛山科学技术学院思政课教学改革的一点体会，谨此分享。

目　录

第一章 01

教师担当与学生素质的提升策略

新时代高校思想政治理论课教师的新担当

曹和修①

（肇庆学院　马克思主义学院）

2019 年 3 月 18 日，习近平总书记主持学校思想政治理论课教师座谈会并发表重要讲话，充分体现了党中央对思想政治理论课教师的高度重视，也对新时代高校思想政治理论课教学提出了更高的新要求，对思政课教师也寄予了更多的厚望。"思政课作用不可替代，思政课教师队伍责任重大"，"办好思想政治理论课关键在教师，关键在发挥教师的积极性、主动性、创造性"，凸显了新时代思政课教师的重大责任，"思政课教师，要给学生心灵埋下真善美的种子，引导学生扣好人生第一粒扣子"，"推动思想政治理论课改革创新，要不断增强思政课的思想性、理论性和亲和力、针对性"，实现"八个相统一"，② 培养合格人才，思政课教师更要勇于担当。习近平总书记的这些重要论述既强调了高校思想政治理论课教师在新时代的重要性，为新时代高校思想政治理论课教师的发展指明了方向，也为高校思想政治理论课教学改革提供了根本遵循。马克思主义理论作为我国主流意识形态，要求高

① 作者简介：曹和修，男，法学博士，肇庆学院马克思主义学院副院长、副教授，研究方向为马克思主义理论。

基金项目：肇庆学院教学改革研究项目"一体两翼打造思政育人大课堂研究"。

② 习近平. 用新时代中国特色社会主义思想铸魂育人　贯彻党的教育方针落实立德树人根本任务［N］，人民日报，2019 - 3 - 19（01）.

校大学生必须真正接受、认同，而高校思想政治理论课正是对全体大学生进行马克思主义理论教育的主渠道，既承担着马克思主义理论传播的任务，也承担着培养什么样的人、如何培养人以及为谁培养人的重任。因此，作为新时代高校思想政治理论课教师，必须时刻牢记使命，明确责任，不负重托，勇于担当，成为可信、可敬、可靠，乐为、敢为、有为的新时代思政课教师，努力培养担当民族复兴大任的时代新人，全力做到总书记要求的"六个要""八个相统一"，让思想政治理论课真正成为一门学生真心喜爱、终身受益的精彩课程。

然而，我们知道，现在高校大学生大部分已经是"00后"了，他们成长于网络化、信息化背景下，他们思维敏捷、好学上进，而又能够非常便捷地接受广泛的信息，导致他们的个性不断增强，独立思考能力不断提升，他们对思想政治理论课的内容不再是简单接受和盲目服从，往往会通过自己的价值判断来加以选择和接受，并更多地去关注人生问题和社会问题，他们更愿意通过自己的实际行动来感受、体验世界观、人生观和价值观，灌输性和启发性相统一显得尤为重要。因此，思想政治理论课教学要满足新时代大学生的现实需要，必须不断强化思想政治理论课教师的政治责任感，积极弘扬家国情怀，实现理论与实践的统一，理直气壮地讲好思政课，真正使思想政治理论课成为大学生真心喜爱、终身受益、毕生难忘的课程。

一、提高思政课教师马克思主义理论素养，强化政治责任感

习近平同志强调，高校要坚持不懈传播马克思主义科学理论，抓好马克思主义理论教育，为学生一生成长奠定科学的思想基础……传道者自己首先要明道、信道、① "让有信仰的人讲信仰，善于从政治上看问题，在大是大非面前保持政治清醒"。② 这对高校教师的马克思主义理论素养、政治素养提

① 习近平. 把思想政治工作贯穿教育教学全过程 开创我国高等教育事业发展新局面 [N]，人民日报，2016 – 12 – 09（01）.
② 习近平. 用新时代中国特色社会主义思想铸魂育人 贯彻党的教育方针落实立德树人根本任务 [N]，人民日报，2019 – 3 – 19（01）.

出了明确的要求。新时代，高校思想政治理论课教师，通过课堂系统讲授马克思主义理论，宣传党的路线、方针和政策，传播社会主义核心价值观，承担着高校大学生健康成长的重大历史使命。因此，高校思想政治理论课教师只有不断提升自身的马克思主义理论素养，实现自身马克思主义理论水平和思想觉悟增长，坚定信仰马克思主义理论、共产主义理想和中国特色社会主义事业，深刻理解我党不断创新发展的思想理论成果，并把这些理论信仰和认识付诸实践，才能真正担当起社会主义意识形态宣传者和传播者的职责，才能使社会主义核心价值观得到更好弘扬，才能理直气壮地对各种错误社会思潮进行批驳，从而使自己成为青年大学生的思想领航人，完成对青年大学生进行马克思主义理论教育的神圣使命，以增强大学生对马克思主义理论的认同和接受，增强思想政治理论课的亲切感和真实感，使思想政治理论课为广大大学生所信任、信服，真正成为大学生思想启迪、终身受益的课程。

　　提升高校思想政治理论课教师的马克思主义理论素养，强化教师政治责任感，关键是加强教师们对马克思主义理论特别是中国特色社会主义理论的学习，以全面提升思想政治理论课教师的思想政治素质，奠定思想政治理论课扎实的专业知识，使学生始终坚信马克思主义理论的生命力，相信社会主义发展，使思想政治理论课教学真实可信。一方面，思想政治理论课教师必须加强马克思主义经典著作的研读，包括认真研读马克思主义中国化的系列理论著作，这是思想政治理论课教师进行马克思主义理论教育的逻辑起点。我们知道，要使学生接受理论的前提必须是建立在对理论的信任与信服的基础上，而学生信任感与信服感的产生，是基于教师能够合乎逻辑和有说服力地对令学生们困惑的问题做出理论解释。如果教师没有深入地阅读马克思主义经典著作，就难以充分理解马克思主义经典著作的精髓所在，如果仅仅是碎片化地阅读这些经典，就不可能形成对马克思主义理论系统化的认识。因此，作为思想政治理论课教师，只有完整全面地阅读马克思主义经典著作，才能深刻领会马克思主义理论的精神实质，不断提高他们运用马克思主义的立场、观点和方法分析解决问题的科学水平。同时，在课堂教学中，才能用自己对马克思主义理论的深入、准确理解真心教导学生，引导当代大学生树立正确的世界观、人生观、价值观，促使他们时刻保持思想上的坚定和行为上的清醒，始终做共产主义远大理想和中国特色社会主义共同理想的坚定信仰者。只有这样，思想政治理论课教师才能真正掌握进行马克思主义理论教育的话语权，增强马克思主义理论的吸引力，马克思主义理论教育才不会空洞无物和流于形式，学生才能对马克思主义理论真懂真信，高校的思想政治教育才能取得实效。另一方面，高校思想政治理论课教师除了研读马克思主义经典著作之外，还必须时刻关注国家和社会的发展现状，经常阅读一些专业人士对时事政治问题的专业分析，以增长自己在不同领域的知识，开阔个人眼界，全面提升自身的马克思主义理论素养。只有这样，教师才能在课堂上运用马克思主义方法论，对教学中遇到的经济、政治、军事等不同领域问题进行客观公正的解答。例如，要深刻理解我国外交政策，就需要涉及相关的历史、军事知识；解释"一带一路"、"亚投行"、人民币国际化等，就需要较为全面的经济知识；认识世界形势的瞬息万变，就需要掌握较多的政治知识等。因此，思想政治理论课教师只有具备多方面的知识背景，才能把思想政治理论课上好、上活，使思想政治理论课成为学生真心喜爱、真实可信的课程。

二、以情入理，积极弘扬家国情怀

俄国教育家乌申斯基说过，教师的情感和人格魅力对学生心灵上的影响是任何教科书、任何道德箴言、任何惩罚和奖励制度都不能代替的一种教育力量。[1] 这充分说明，教师的情感投入是提升思想政治理论课亲和力的重要途径，这必然要求教师在思想政治理论课的教学过程中，积极弘扬家国情怀，在日常教学工作中不断升华爱国奋斗精神，在教学中激荡新气象、成就新作为。也就是通过教学体现教师的家国情怀、执着教育事业的精神、对思想政治理论的真诚及对学生的充分理解和尊重的人格魅力，并把这种情感、

---

[1] 陈飞，回归生活世界：思想政治教育研究的一个视角 [M]，北京，人民出版社，2014. p276.

魅力传递给每一个大学生，为大学生树立一个行为榜样，使思想政治理论课教师可爱可亲，增强他们对思想政治理论课的学习热情。

首先，教学过程充满家国情怀。思想政治课教师对课程教学的真情实感，体现在教师对自己的职业、教学内容充满热情和无限的忠诚，体现在始终以执着追求、爱岗敬业、乐于奉献的高尚情操对待自己的教育事业，积极在教学中弘扬爱国奋斗精神，以满腔热情、高度责任感和对马克思主义理论的无限虔诚对待自己的每一次教学内容，表现在教学过程中教师丰富的表情、得体的行为举止和平稳有力的语音语调等情感方式上，这些教师的真情实感和崇高品格，必然对学生产生润物细无声的效能，在具体的教学过程中影响、感染学生，不断开发、激活大学生的内在潜能，激发学生情感上的反响和共鸣，提高学生对思想政治理论课的认同感、接受感。同时，教学情真还体现在学生的情感在教学中的投入。由于当代大学生的主体意识日益增强，个人情感也日益丰富、复杂。因此，思想政治理论课教学还应高度关注学生的切身感受，重视他们情感世界的变化发展，在课堂上给予学生更多的爱，运用情感这把钥匙打开学生的心扉，拉近和学生的心理距离，走进学生的内心世界，实现与他们心与心的真诚交流，淡化教学的说教色彩，有效引导学生实现情感共鸣，把他们的真情实感也投入到教学中，激发他们学习思想政治理论的积极性，实现对他们人生观、世界观和价值观的全面引领，使思想政治理论课的教学真正达到情通而理达、情动而意发的境界，极大提升思想政治理论课的亲和力。

其次，师生交流传递家国情怀。思想政治理论课教学中师生的深切情谊是建立在对学生的充分理解和尊重的基础上，只有充分理解和尊重学生，加强与学生的情感沟通和交流，形成浓郁的师生情谊，才能真正使学生亲其师、信其道，提高他们学习思想政治理论的热情，让学生心悦诚服地接受教师所传导的理念和价值观，实现家国情怀的传递与共鸣。因此，在思想政治理论课的教学过程中，教师必须投入更多的热情，尽量解决大学生现实生活中存在的诸多问题，积极帮助他们清除各种心理障碍，不断传递家国情怀，引起学生对爱国奋斗精神的共鸣。同时，充分体现教师对学生的关爱，真心关心、爱护每一个学生，理解他们在认识上存在的不同差异，理解他们对学习、生活的状况及方式的关注和接纳程度，真正信任、尊重学生在不同方面的正确选择，充分展示对他们的理解和尊重，让他们真实感受到作为学生享受到的尊严，主动与教师分担与分享自己的忧愁与快乐，有效减少师生之间的心理距离，从而更多地获得学生对教师的信任与亲近，不断增强师生之间的情谊，在提升教师对学生的亲和力基础上提升思想政治理论课的亲和力和针对性。

三、契合大学生生活实际，实现理论与实践的统一

习近平同志指出，思想政治工作从根本上说是做人的工作，必须围绕学生、关照学生、服务学生。这就要求高校思想政治理论课必须立足理论的基础上，契合当代大学生生活实际，始终坚持以学生为本，从学生的知识需求、思维需求和发展需求方面设计教学内容，设身处地站在学生的位置上思考问题，真正解决他们成长发展中存在的诸多困惑，让他们少走弯路，充满自信。同时，坚持把思想政治理论与社会热点问题结合起来，用思想政治理论为学生分析解答社会问题，使思想政治理论课实现理论与实践的统一。

思想政治理论课契合大学生生活实际，一方面，要求思想政治理论课教学能够直面大学生面临的社会实际问题，并用马克思主义理论解答这些问题。我们知道，随着时代的发展，当代大学生的价值观、思维方式和心理特征都发生了深刻的变化，他们是有着自己思想的一代，思想政治理论课已不能单纯地进行知识灌输，而必须要让学生掌握马克思主义的立场、观点和方法去分析解决他们面临的社会问题。所以，能否正确认识和运用马克思主义理论分析社会问题，恰恰是大学生对思想政治理论课教学能否产生认同的关键。进入21世纪以来，国际国内形势都发生了重大变化，这些变化必然引发更多的新问题，而这些问题必然引起当代大学生更多的关注。因此，高校思想政治理论课必须使教学内容走出教材，体现当前社会热点、难点问题，更加契合大学生的思想实际，契合大学生关注的问题，用马克思主义理论回答大学生对热点难点问题的种种疑问，并引起广大学生的共鸣和思考，体现思

想政治理论课的实用性，以激发当代大学生学习思想政治理论课的兴趣，增强高校思想政治理论课的吸引力和凝聚力。另一方面，思想政治理论课既要注重对社会热点问题的阐述，对党的路线、方针、政策的宣传教育，还要使教学内容充满丰富的人生常识、做人道理和行事规则，深入联系大学生生活实际，切实融入大学生生活之中去，使思想政治理论课成为当代大学生敞开心扉感受社会生活的过程，并在这一过程中解答他们生活中遇到的各种人生、道德方面存在的困惑与疑问，分析他们正在逐步形成的政治、思想和道德倾向，同时使他们的各种社会需要在这一过程中得到充分的实现与满足，从而使思想政治理论课成为当代大学生生活的重要组成部分。因此，高校思想政治理论课必须深入了解当代大学生的实际生活需要，在关注他们的精神追求、国家社会利益的同时，充分考虑他们现实的生活需求。思想政治理论课教学也应以大学生社会生活的细节和事件为着力点和切入点，使思想政治理论与他们丰富的生活内容相结合。这样，既通过课堂阐述了马克思主义理论，又实实在在地解决了他们面临的实际生活问题，增强了思想政治理论课对大学生现实生活的指导，实现对大学生思想政治教育的目的，充分体现思想政治理论课的实用性。

四、创新课堂教学话语，理直气壮讲好思政课

捷克教育家夸美纽斯在《大教学论》中说到，一个能够动听地、明晰地教学的教师，他的声音便该像油一样进入学生的心里，把知识一道带进去。可见，创新思想政治理论课课堂话语，实现教学语言的优化和丰富，使看似枯燥的理论话语通俗易懂，也非常有利于提升思想政治理论课的实效性。我们知道，话语作为我们沟通交流的重要手段，是我们传授理论、接受理论的必经之路，没有话语的表达，不可能把教师的思想、理论传输给每一个学生。而话语的内容和形式往往会随着社会的发展而不断产生变化，时代不同其话语内容也不同，时代不同其话语表达方式也会有很大的差异，高校教学话语当然也不例外。成长于网络化信息化时代的当代大学生，网络自然成为他们沟通交流的主要平台，导致他们的话语内容、话语形式都发生了深刻的变化，传统的话语内容、形式与他们形成了巨大的差异，甚至出现了不同程度的话语鸿沟。因此，思想政治理论课教学必须适时地创新话语，在内容和形式上进行更多的更新，以适应当代大学生的话语特点和需要，理直气壮地讲好思想政治理论课，发挥思想政治理论课育人功能。

首先，在思想政治理论课教学的话语内容上，要求我们必须适时创新。随着时代的迅速发展，特别是互联网技术的广泛应用，人类话语也逐渐地由严肃走向活泼，呈现越来越多样化的趋势，变得越来越娱乐化、网络化。这些话语变化更明显地体现在当代大学生身上，他们对这些新鲜的话语内容表现得特别敏感且迅速接受，并根据自己的理解随意赋予这些话语全新内容，在网络上、生活中、校园里广泛传播和使用，成为学生们相互交流、发表见解的主要手段。这些新鲜话语的出现和使用，极大地改变了当代大学生的话语体系内容，也给高校思想政治理论课的教学话语提出了新的要求。因此，思想政治理论课教师在教学中，必须深刻把握学生话语的这些变化，在话语内容上坚持主流话语，运用校园的主流话语在课堂上教育、引导当代大学生。一方面，我们可以对一些反映大学生现实和心理而又为大学生普遍接受的话语进行筛选，赋予这些话语更多的学术内涵和全新的生命，并运用在思想政治理论课教学中，引导大学生认同接受马克思主义理论。基于此，思想政治理论课教师必须深入当代大学生的日常生活中，并能善于观察他们的生活，在他们的校园生活和网络生活中掌握他们话语的全新内容，熟悉大学生普遍接受和认同的话语形式，适应大学生思想、心理发展动态，把他们日常生活中的话语提炼出来，以凝练全新的思想政治理论课教学话语，用他们熟悉的、常用的话语进行教学，以开展有效的思想政治教育。另一方面，在具体的思想政治理论课教学中，一些传统的话语内容也应该做一些相应的调整，尤其是一些不能及时反映社会发展变化的话语范畴，必须做一些全面的调整或运用新的话语来重新释义，以形成思想政治理论课教学的话语资源体系，创设适应当代大学生话语特点和需要的思想政治理论教育文本，既充分反映社会生活的不断变化，又使这些话语能够为大学生所信赖和理解，使思想政治理论课话语真正通俗易懂，为当代大学生所真心喜爱。

其次，在思想政治理论课教学的话语方式上，要求教师必须实现教学话语方式的转换。思想政治理论课教学往往习惯于比较规范、固定的模式及固定的话语来进行思想的灌输，这对于话语表达方式发生了极大变化的当代大学生来说显然难以适应，必然使课堂话语与学生话语难以进行有效沟通，导致思想政治理论课的亲和力的降低，学生学习积极性下降。因此，实现思想政治理论课教学话语方式的转换成为必然。一方面，思想政治理论课教学话语方式必须与当代大学生的话语表达方式相结合，在充分掌握他们话语方式和接受习惯的基础上，学习借鉴他们的话语表达方式，把我们过去讲的一些老话用新的方式表达出来，甚至还可以借用一些流行话语来通俗地阐述我们的深奥理论，让思想政治理论课的话语力量自然显现出来，让学生更好地理解和接受，所教理论真正深入人心，实现深入而不深奥、浅出而不浅薄，使思想政治理论课通俗易懂。另一方面，当代大学生由于主体性不断增强，对过去课堂上的主客体关系有了更多的思想认识，这就必然要求我们改变过去高高在上、学生被动接受的话语方式，以真诚和平等的态度与学生沟通和交流，以契合和充分尊重当代大学生的话语表达方式和接受习惯，注重话语表达方式生活化、大众化，在课堂上实现平等交流和充分互动，达到因势利导、传输理论、调动学生学习积极性和主动性的目的，真正实现润物细无声的教学效果。

结　语

总之，随着新时代的不断发展变化，当代大学生的思想也在发生着新的变化，这给当前的思想政治理论课教学带来了更多的挑战。因此，不断强化教师的政治责任感、积极弘扬家国情怀、实现理论与实践的统一、理直气壮讲好思政课，使教师成为可信、可敬、可靠，乐为、敢为、有为的新时代思政课教师，才能切实有效推动新时代思想政治理论课教学改革的创新发展，必然使思想政治理论课教学呈现新的面貌。

混合式教学模式下高校思政课教师的角色转型

——以网络教学环节为中心的考察

吴智刚①

（佛山科学技术学院 马克思主义学院）

随着近年来互联网和通信技术在全球的飞跃式发展，国内外教育界专家学者都越发认识到互联网和通信技术在连接学习者方面的潜力，② 各种与互联网和通信技术相关的新式教学模式应运而生。在这其中，混合式教学模式尤其成为各方关注和研究的焦点，其中也包括我国高校思想政治教育领域的教学工作者与研究学者。

在近年来有关高校思想政治教育混合式教学模式的各类问题探讨中，相关学者都关注到了高校思想政治理论课（以下简称"高校思政课"）教师的角色转型问题，如有学者主张"打造充分发挥教师主导地位与学生主体地位的课堂"，③ 但对于教师如何进行课堂主导，并未详论。也有学者表示在混合式教学模式下要实现老师与学生关系的转变，即由师生依赖关系转变成为

---

① **作者简介：**吴智刚，男，佛山科学技术学院马克思主义学院副教授、博士，主要从事思想政治教育、中国近现代史问题研究。

② ［加］D. 兰迪·加里森（D. Randy Garrison）、诺曼·D. 沃恩（Norman D. Vaughan）. 高校教学中的混合式学习：框架、原则和指导［M］. 丁妍，高亚萍译. 上海：复旦大学出版社，2019：5.

③ 李军刚：《高校思政课"混合式"教学模式设计研究》［J］，长春大学学报. 2018 (8)：78－81.

师生平等关系，可惜对于如何实现关系转变，并未论及。①

　　显然，当前对于混合式教学模式下高校思政课教师如何实现角色转型问题仍有很大的探讨空间。本文尝试从混合式教学模式相关理论与现实问题出发，以混合式教学模式中的网络（线上）教学环节为考察中心，浅要分析混合式教学模式下高校思政课教师实现角色转型的可能路径，俾有助于当前我国高校思政课混合式教学模式向更深层次推进。

一、混合式教学模式下高校思政课教师角色问题的提出

　　2020 年 4 月 28 日，中国互联网络信息中心（CNNIC）发布第 45 次《中国互联网络发展状况统计报告》（以下简称《报告》），《报告》显示，截至 2020 年 3 月，我国网民规模为 9.04 亿，互联网普及率达 64.5%。② 有国内学者就指出，互联网＋时代与网络化、全媒体、微传播、大数据、信息化时代相互叠加，引发了教育形态的巨大变革。而混合式教学（blended teaching）来源于 20 世纪末国外出现的混合学习理论（blended learning），最初是用于英特尔、微软等大企业的内部员工培训，近年来逐渐引发了国内外教育学界的关注。其类型可分为"教学模式或传输媒介的混合""教学方法的混合""网络教学与线下教学的混合"三种。③ 其中又以"网络教学与线下教学的混合"的教学模式最受国内高校思政课教师所青睐。

　　但是需要指出的是，不管在国内还是国外，在很长一段时间里，互联网及通信技术与高校教学的深度融合非常缓慢，正如加拿大卡尔加里大学教与学中心教授、主任 D. 兰迪·加里森（D. Randy Garrison）等人所称，尽管技术进步在全社会势不可挡，但在高等教育领域，技术创新却大多局限在行政管理和研究的范畴。至于教学方面，最重要的技术创新也仅限于解决访问

① 刘宏达. 大数据时代高校网络育人的质量提升［Z］，2020 年广东省高校基层党支部书记学习贯彻党的十九届四中全会精神专题网络培训讲座课件.
② 中国互联网络信息中心. 第 45 次《中国互联网络发展状况统计报告》［EB/OL］. http://www.cnnic.cn/gym/xwzx/rdxw/20172017_7057/202004/t20200427_70973.
③ 宫秀琪.《"互联网＋"时代高校思政课"三位一体"混合式教学模式构建——以贵州交通职业技术学院为例》［J］，智库时代.2019（29）：182-183.

和便捷使用的问题。① 受此问题的影响，国内高校思政课有关混合式教学模式的探讨长期停留在理论探索与构建阶段，对于思政课教师在混合式教学模式的角色定位问题长期缺乏实践角度的深入探究。

然而，自 2019 年开始，尤其是 2020 年初全球新冠状肺炎疫情期间，我国的在线教育呈现"爆发式增长"。据中国互联网络信息中心（CNNIC）的统计，截至 2020 年 3 月，我国在线教育用户规模达 4.23 亿，较 2018 年底增长 110.2%，占网民整体的 46.8%。尤其在 2020 年初，全国大中小学校推迟开学，2.65 亿在校生普遍转向线上课程，"在线教育应用呈现爆发式增长态势"。② 在此局面下，全国各高校的思政课也全面开展线上教学，但是由于仅有部分高校的个别教师曾有混合式教学的初步尝试和探索，大部分思政课教师仍停留在传统面对面教学阶段，甚少触及线上教学。面对新冠肺炎疫情下行政力强行推动的线上教学，不少教师显然是不得不加入其中。

更重要的是，由于对高校思政课混合式教学模式的前期理论探索不足，教师对于教学过程中（尤其在线上教学环节）的身份定位出现明显失范。有的思政课教师仅把线上教学当成疫情下的临时措施，在线上教学过程中处于失语状态，学生线上学习毫无章法可言；有的教师把面对面教学（线下教学）的套路转嫁到线上教学，期望用网络直播代替面对面授课，才发现授课情形大相径庭。出现此问题的根本原因，无疑是对混合式教学模式的认识误区，没有很好地处理线下与线上教学的关系，尤其是混合式教学模式下教师的角色转型问题。

二、混合式教学模式下高校思政课教师的角色定位

大部分学者在探讨高校思政课混合式教学模式设计时，都不约而同地提

① ［加］D. 兰迪·加里森（D. Randy Garrison）、诺曼·D. 沃恩（Norman D. Vaughan）. 高校教学中的混合式学习：框架、原则和指导［M］. 丁妍，高亚萍译. 上海：复旦大学出版社，2019：6.

② 中国互联网络信息中心. 第 45 次《中国互联网络发展状况统计报告》［EB/OL］. http：//www. cnnic. cn/gym/xwzx/rdx/20172017_ 7057/202004/t20200427_ 70973.

出，要实现思政课堂从教师的"教"为中心到大学生的"学"为中心的转变。但主要关注点都在于学生角色的转变，该类型研究号召运用网络技术突出强调大学生的学习主体地位，以大学生积极参与思政课教学为途径，强化大学生的自我学习，"自我教育，实现学习动力由'要我学'到'我要学'的转变"。对于教师的要求，虽然也提到"思政课教师的主导地位"，但其作用仅是辅助学生"自我教育"，以及"调动学生学习的积极性、主动性和创造性，增强学生的获得感"。①

诚然，混合式教学模式旨在打破传统面对面教学以教师为中心的单向灌输式教学模式，从根本上改变教师的"讲台圣贤"角色定位。然而在实际操作过程中，单纯提倡教师的"主导地位"，并使教师的"主导"与学生的"主体"适得其所、形成合力，却并不容易实现。更多的情况是，受传统教学模式的影响，教师的"主导地位"更多地凌驾于学生的"主体地位"之上，教师在教学中过多地干涉，学生也乐于看到教师的直接干涉，最终使得线上教学沦为网上学习辅导，丧失了混合式教学的应有之义。

要解决以上问题，教师不能过分强调其"主导者"身份，而首先应该以"参与者"身份融入教学过程当中（不管是线上还是线下）。国外相关研究对于混合式学习主张构建"探究社群"，不管是教师与学生，都是作为"参与者"参与其中："参与者可以在二者之间实现无缝对接，并发挥它们互补的优势"，"在这样的社群中，交流往往的多面的，既包括学术性的一面，也有私人的层面"。② 国内混合式教学模式虽然很大程度上是来源于国外的混合式学习理论，但更强调"教学"而非"学习"，潜意识当中已经将教师与学生一分为二。老师是"教"，学生是"学"，只是老师由原来单纯的"教"演变成"教导"，这并不利于混合式教学模式向更深层次的发展，构建教师

---

① 李军刚：《高校思政课"混合式"教学模式设计研究》[J]，长春大学学报．2018（8）：78 - 81.

② ［加］D. 兰迪·加里森（D. Randy Garrison）、诺曼·D. 沃恩（Norman D. Vaughan）. 高校教学中的混合式学习：框架、原则和指导 [M]. 丁妍，高亚萍译. 上海：复旦大学出版社，2019：15.

与学生在混合式教学过程中的平等身份至关重要。

但是，高校思政课教师在混合式教学过程中仅仅作为参与者是远远不够的，思政课作为我国高校意识形态工作的主阵地，有着与专业课不同的特殊性，这也是不能完全照搬国外混合式学习理论的主要考虑因素。要处理好这一问题，高校思政课教师在教学过程中作为学习"参与者"的同时，更要扮演好"建导者"的角色。即利用自身的思想政治理论知识在教学过程中掌握好"建导话语"，适时地引导学生在课堂中（尤其在线上课堂）朝着学习预期目标方向发展，以实现思政课特有的高校育人功能。

三、混合式教学模式下高校思政课教师的转型途径初探

如前所述，混合式教学模式下高校思政课教师从拥有绝对话语权威的"讲台圣贤"，向课程学习的"参与者"与"建导者"转变，是对我国混合式教学模式下高校思政课教师角色的一种合理定位。然而，此定位在实际教学过程中要如何实现，或者说，传统型教师要如何实现自身角色的转型，即其转型需要通过怎样的途径予以实现？

需要考虑到的是，由于脱胎于面对面教学模式下的传统型教师，尤其是教龄较长的教师，想要成功实现角色的转变，实非易事。如果说在应对线下教学环节，角色转型过程中的传统教师尚能勉为其难，那么脱离实体课堂的线上教学，对于这类型教师难度尤甚。如果角色定位和师生关系处理不当，混合式教学模式的功效将大打折扣。

线上教学带给传统教师最大的挑战，是如何在没有肢体语言的直观表达的情况下，利用互联网与电子通信手段，如微信、QQ、各种线上教学平台进行网络授课。国外对于混合式学习的早期研究发现，"异步文本交流（按：指线上讨论、答疑等）因为缺乏视觉提示和肢体语言，其有效性受到极大抑制"。传播学的理论专家认为，"缺乏社交线索的沟通将严重制约人际交流"。① 部分

---

① ［加］D. 兰迪·加里森（D. Randy Garrison）、诺曼·D. 沃恩（Norman D. Vaughan）. 高校教学中的混合式学习：框架、原则和指导［M］. 丁妍，高亚萍译. 上海：复旦大学出版社，2019：11.

教师为回避此问题，采取网络直播的方式，但很容易沦为"单口相声"，由于缺乏师生的情感和文本互动，其效果可能还不如面对面教学，更毋论直播教学对网络环境的高要求所导致的各种教学事故频发。

更重要的是，混合式教学的主角并非教师，而且不管是国内还是国外的混合式教学（学习）模式理论，线上同步语音交流也非主流，"异步文本交流"才是混合式教学模式中线上教学环节的精髓所在。虽然国外早期相关研究对线上教学的"异步文本交流"效果存有疑问，但最新的研究发现，"参与者可以用文本来表达广泛的社交情感信息"，并相信"书面交流具有极大的能量和灵活性，参与者可以从社会和情感层面给自己出题，构筑人际关系"。① 也就是说，线上教学的文本交流，有其独特的优势。国外有研究发现，"学生虽然喜欢面对面环境，但更愿意在线上环境中对其他参与者的工作发表评论，这是因为在线学习的异步特性"。②

因此，如何设计网络教学内容，并在线上的异步文本交流中处理好教师的角色问题，是实现教师角色转型的重要症结所在。而教师仅仅参与网络互动和互动本身是远远不够的，教师作为"建导者"的作用至关重要。具体而言，教师在线上教学环节要做好以下三个方面的工作。

一是思政课教师要对学习内容进行规划，课程主题要有利于开放交流，增加教师与学生、学生与学生间的互信与互动。网络授课对于教师的课程设计有着很高的要求，课程内容设计得当与否，直接关系实施线上教学的成功与否，国外有学者甚至指出，"教学设计显著影响学生学习方式"。③ 由于线上学习可以大大削减甚至解除学生陈述异议所带来的负面效果，针对老师或

---

① ［加］D. 兰迪·加里森（D. Randy Garrison）、诺曼·D. 沃恩（Norman D. Vaughan）. 高校教学中的混合式学习：框架、原则和指导［M］. 丁妍，高亚萍译. 上海：复旦大学出版社，2019：11.

② ［加］D. 兰迪·加里森（D. Randy Garrison）、诺曼·D. 沃恩（Norman D. Vaughan）. 高校教学中的混合式学习：框架、原则和指导［M］. 丁妍，高亚萍译. 上海：复旦大学出版社，2019：15.

③ ［加］D. 兰迪·加里森（D. Randy Garrison）、诺曼·D. 沃恩（Norman D. Vaughan）. 高校教学中的混合式学习：框架、原则和指导［M］. 丁妍，高亚萍译. 上海：复旦大学出版社，2019：20.

者同学提出的观点，学生更愿意在线上表达自己的认识和理解，甚至提出反驳。作为教师则在教学设计当中应当注重营造这种自由探讨学习的安全氛围，采取匿名讨论或者发言是不错的一种选择。

二是高校思政课教师需要督促学生摆脱传统教学过程中对于教师的依赖感，鼓励学生对讨论等探究性学习内容承担责任，同时随时给予反馈、引导与协调。教师一方面作为内容专家引导线上学习过程，但有别于面对面的线下教学环节，教师应当让学生承担更多的学习责任，例如通过网络自行查找材料，提出问题、解决问题乃至反思问题；另一方面教师还必须具备良好的人际沟通技巧，协调线上学习过程中所有可能出现的矛盾与冲突。努力确保学生个体能持续感受到自己在做出贡献，证明自己的学习努力是有价值的。

三是思政课教师要树立建导话语权威，对于学生在讨论学习中表现出来的认识误区、偏差要及时进行纠正甚至纠错。鉴于高校思政课主要是作为公共基础课面向所有大学新生开设，学生对于本课程的了解与知识储备大多不足，不可能完全如专业课一般一概而论。思政课教师需要时刻注意以建导话语引导学生往正确的方向进行思考，对于学生的不正当言论与认识偏差，教师需要及时进行干涉。当然，过多的干涉会限制学生学习的深度，如何把握两者平衡，也是考验教师建导话语能力的关键所在。

总而言之，正如2018年习近平总书记在全国宣传思想工作会议上所强调的，"我们必须科学认识网络传播规律，提高用网治网水平，使互联网这个最大变量变成事业发展的最大增量"。① 而正确定位好高校思政课教师的角色，实现角色的成功转型，是进一步推动传统教学与互联网技术高度融合，加快我国高校思政课混合式教学模式发展的关键问题，理应得到正视并寻求解决之法。

---

① 人民网. 举旗帜聚民心育新人兴文化展形象　更好完成新形势下宣传思想工作使命任务［EB/OL］. http://media.people.com.cn/n1/2018/0823/c40606-30245183.

"互联网+"背景下职业院校教师职业道德建设

邱志雄①

（清远职业技术学院　思想政治理论课教学部）

　　2018年5月2日，习近平总书记在北京大学师生座谈会上的讲话中强调"评价教师队伍素质的第一标准应该是师德师风。师德师风建设应该是每一所学校常抓不懈的工作，既要有严格制度规定，也要有日常教育督导"。教书育人，师德为先。然而"互联网+"时代的来临，使职业院校师德建设工作涌现出许多新热点、新问题，如何在"互联网+"时代下与时俱进地推进师德建设，成为当今实现职业院校高质量发展工作中的重要任务。

一、"互联网+教育"催生了新的教学环境

　　"互联网+教育"给我国教育信息化应用提供了新平台，使我国信息化教学水平迈上新阶段、新台阶，实现教学不受时空的限制，实现创新了人人可学、时时可学、处处可学的教育环境。这些新因素包括：

（一）教师备课可以下载、共享网络优质资源

　　对于教学而言，互联网的最大优势在于教学资源丰富，如教学软件、教

---

①　**作者简介：** 邱志雄，男，硕士，清远职业技术学院思想政治理论课教学部教师，研究方向为思想政治教育。
　　基金项目： 清远职业技术学院精品资源共享课研究项目（项目编号：JK15002）

学课件、技能实操视频等，可以大大减少教师的工作量并能提升教学效果，使教学手段与教学模式不断丰富。

（二）教学授课改单一形式为多种形式

教师传统低效的"满堂灌""一言堂"教学方式已经落后并且不受学生欢迎，集图画、文字、音乐、动漫、视频于一体的 PPT、慕课越来越多应用在课堂上，这些新形式都是学生更加容易接受的。同时学生的作业、考试也不限于纸质形式，可以实现线上作业、线上测试等，课堂交流与讨论也不再限于课堂，线下交流不受限制，促进师生的交流与合作。

（三）教学评价采用了网评方式

教师的教学效果与受欢迎程度如何，学生通过学校网络评价平台自由地给老师打分，教师也可以给学生评价，可以实时呈现，形成师生互评机制。教师台上教学与学生线下评价可以同步进行，如学生对教学情况进行微信交流，教师一个简单的评价语音或表情都可以产生评价的作用。

二、"互联网＋"给职业院校师德建设带来新挑战

"互联网＋"给教育教学变革提供了广阔的潜力与空间，教师们需要充分认识与利用信息技术的环境优势。同时也带来了如教师权威、教育方式等新挑战。

（一）挑战教师的知识权威

互联网的发展使学生拥有多方的学习路径，如通过收看网络教学视频可以达到同等甚至更好的学习效果，这导致教师不再是知识唯一的授业者。教师不是知识的唯一权威者，网络空间给学生更多的知识来源，有些知识的获得可能更加合理与轻松。另外，由于教师知识的有限性，不可能做到与网络资源的广泛性同步，这也导致教师不可能是知识的绝对权威。

（二）存在弱化教育的育人功能的问题

传统的教育中，教师面对面将知识传授给学生，在此过程中教师言传身教，将德、智、体、美的育人工作融入教学当中，给学生以熏陶感染、潜移默化的影响。然而，在"互联网＋教育"中，师生之间通过电子信息如音频、视频、PPT等层面的交流，减少了教师的人格影响，教师的榜样式育人功能被弱化。另外，"互联网＋"在育人方面的作用在某一角度来说在不断地增强，也存在对实现育人功能产生部分削弱的风险。

（三）存在滋生学术腐败的问题

"互联网＋"时代以来职业院校教师在学术研究上更容易弄虚作假，不断出现论文抄袭剽窃、篡改他人学术成果等现象，师德不断地被冲击；甚至极少数教师利用评卷评分的权力，基于某一目的驱动收受学生或家长的红包，严重破坏职业院校教师的师德形象，网络和快递的发展也滋生了更为方便的腐败空间。

（四）存在师德缺失的问题

互联网的迅猛发展给信息传播带来了极大的便利，网民拥有了广阔的、自由发表意见的论坛，大学生本身就是网民的主力军。学生将自己关心的校园资讯或教师信息等发送到网上，暂不论此类信息或真或假，但总能引起网民围观、评论，甚至围绕师德问题谴责教师、声讨学校。这足以说明"互联网＋"时代对职业院校师德建设产生了革命性的新挑战。

（五）导致教师产生惰性行为

借用丰富的网络资源确实可以减轻教师的教学工作量并提升教学效果，也容易导致教师产生惰性行为，如上课用的课件、微课，教师实行"拿来主义"，不筛选不加工地在课堂上使用，这显然不利于教学质量的提高，是"互联网＋"产生的最严重的师德问题。有教师上课随意接电话、看微信等，影响教师师德形象。也有教师对学生在课堂上玩手机、玩游戏等现象不予管理，损害职业院校教师的师德形象。

三、职业院校"互联网＋师德建设"的创新措施

在传统教育教学上强调教师的自我学科教学的钻研、知识传授、班级管理，而在"互联网＋教育"的到来，我们还必须应对与使用信息技术的开发与整合。

（一）教师主动构建新型的教学模式

"互联网＋"时代学生获取知识的途径是多元的，不再仅仅来自教师和教科书，也不再仅仅来自课堂教学，学生更喜欢从互联网获取知识，包括专业知识与职业技能。另外，基于网络的灵活性和影响力，学生在整个学习过程中主动性更加突出，求知问学不一定向教师请教，而是主动向网络求助，"互联网＋"成为重要的学习手段，教师对学生学习主要起着教学与网络导学融合的作用。教师主动使"互联网＋学生管理工作"结合起来，对学生的学籍、考勤、课程查询、成绩查询、奖惩信息、师生交流等实现高效率的管理，再如有教师让学生扫二维码实现课堂签到，做到精确省事，方便快捷。再如电子作业、家校联系、实习跟踪、就业服务等，"互联网＋管理"是职业院校学生管理发展的必然趋势。

（二）教师积极建立新型的师生关系

基于"互联网＋"元素的介入，教师的单一说教逐渐失去市场，学生也不再是被动的被说教者，教师不再是知识的权威，师生都共同依赖互联网，这必然产生平等交流的新型师生关系。这种新型师生关系促使学生寻找网络主动学习，最终实现成长成才，也促使教师享受"互联网＋教学"、体验教育新乐趣，完成教育责任与使命，师生关系可能是Q友关系，也可能是微信里的朋友圈的关系，也有可能是黑名单、被踢出群的关系，如何应对网友关系，这是新型师生关系的挑战。

（三）制定与执行新的师德建设机制、考核机制、监督机制

职业院校是师德建设的责任主体，针对"互联网＋师德建设"涌现的新热点新问题，职业院校师德建设工作还存在许多与新时代不适应的薄弱环节，职业院校应严格制定执行与之相适应的师德建设机制。

1. 多渠道、分层次地开展师德建设。加强与固化传统项目如思想政治教育、职业教育、法制教育，增设教师"互联网＋"技术技能培训，实现专业教师教学能力的提升，以应对各项挑战。

2. 健全师德考核评估机制。一直以来，师德考核是职业院校教师考核的重要内容，加大师德考核在教师成长考核中的权重，增加职业能力的师德考核内容，以促进职业院校教师重视师德建设，以适应"互联网＋教育"发展的需要。

3. 建立立体化的师德监督机制。各职业院校设立师德投诉电话、电子信箱、微信公众号等互联网平台，使教师师德置于学校管理层、教师同行、学生以及社会各界的监督之下，充分发挥制度约束、群众监督的约束作用。这种立体化的师德监督机制目的是使职业院校教师在教学过程中自觉遵守职业道德，提高师德水平。

（四）"四有"好老师是师德的新标准

2014年9月9日习近平总书记到北京师范大学看望教师学生时强调："每个人心目中都有自己好老师的形象。做好老师，是每一个老师应该认真思考和探索的问题，也是每一个老师的理想和追求。我想，好老师没有统一的模式，可以各有千秋、各显身手，但有一些共同的、必不可少的特质。第一，做好老师，要有理想信念。第二，做好老师，要有道德情操。第三，做好老师，要有扎实学识。第四，做好老师，要有仁爱之心。"

1. 养有德之师，育有德之人，做有理想信念的好教师

职业院校教师要始终牢记教育是核心，"教育为本、互联网为辅"，互联网只是提升教育质量的技术工具。无论"互联网＋"怎样发展，教师始终是

人类文明的传递者、学生人生道路的引路人；好教师要用教师的理想去点燃学生的理想，要用教师的信念去唤醒学生的信念，我们必须坚守"做有德之师上好课，育有德之人报祖国，这就是最崇高的师德"的信念。因此应该从教育的育人目标出发，合理开发与使用"互联网＋"，真正让"互联网＋"更好地为职业院校教育服务。

2. 敬业爱生，身正为范，做有道德情操的好教师

在"互联网＋"条件下，不少职业院校教师使用教学新模式，得到学生的肯定与好评，但也有少数职业院校教师借用新网络、新手段的名义，育人意识淡薄、教学敷衍、言行失范、道德败坏，这些失德行为严重损害了职业院校教师在学生心中的师德形象和职业声誉，破坏了纯洁的师生关系，最终影响教育的效果。2016 年 9 月 9 日，习近平总书记到北京市八一学校看望慰问师生时强调：广大教师要做学生锤炼品格的引路人，做学生学习知识的引路人，做学生创新思维的引路人，做学生奉献祖国的引路人。在"互联网＋"时代，教师更要注意自己的职业道德，尽职尽责，把敬业爱生作为教育工作的根本准则；一个有道德情操的好老师，献身教育，心系学生，身正为范，诲人不倦，做学生的学问之师，做学生的品行之师，成就自己也成就学生。我们要强调身教重于言教，引导教师开展社会实践，深入了解世情、党情、国情、社情、民情，强化教育强国、教育为民的责任担当。健全教师志愿服务制度，鼓励支持广大教师参加志愿服务活动，在服务社会的实践中厚植教育情怀。

3. 苦练内功，学高为师，做有扎实学识的好教师

"互联网＋"时代科技信息日新月异、新知识不断更新、新技能不断涌现，社会对职业教育的时代要求日益提高，这对职业院校教师的业务素质要求也不断攀升。好老师必须苦练内功，做到与时俱进，不断汲取新知识，修炼与增强"互联网＋"教学技术如慕课、翻转课堂等，使自己具备精深的学科知识、灵活的教育教学能力以及广博的职业技能，做一个学识扎实的好教师。教师只有具备扎实的学识，才能做到学高为师，才能满足大学生强大的求知欲，促进学生的专业发展。

4. 充分尊重、理解和关怀学生，做有仁爱之心的好教师

爱是教育永恒的主题，教师必须要有仁爱之心。教师的仁爱之心体现在三个方面：真诚地尊重学生，尊重学生就是相信学生，相信每一位学生能成为未来社会的栋梁，并促进学生的全面发展。我们仍然要充分发挥课堂主渠道作用，引导广大教师守好讲台主阵地，将立德树人放在首要位置，融入渗透到教育教学全过程，以心育心、以德育德、以人格育人格。把握学生身心发展规律，实现全员全过程全方位育人，增强育人的主动性、针对性、实效性，避免重教书轻育人倾向。充分地理解学生，充分理解学生就是教师需要理解学生各方面的需要，包括学习、成长、交友等需要，教师善于与学生对话，善于与学生沟通，善于倾听学生心声，做学生的良师益友。宽容地关怀学生，宽容的关怀是用教师的言行感化学生，用科学的方法帮助学生解决成长中遇到的问题。以严与爱结合的方式对待学生的不足与过错，进而激励学生知错能改，达到育人的目的。一个具有仁爱之心的教师不应该歧视、辱骂、体罚酷爱网络或痴迷网络的学生，要尊重他们的人格，善于欣赏、引导学生对网络的追求与发展。

（五）突出大学生在职业院校师德建设评价中的主体作用

教育是学生与教师的双边交流活动，教师是主导，学生是主体，学生是教师的服务对象，学生在教学活动中能真正感受到教师师德的真实情况，所以必须充分发挥学生在职业院校师德建设中的评价主体作用，真正发挥学生对师德建设的监督作用。许多职业院校开展了学生对教师教学的网评，为职业院校师德建设提供了很好的平台，但这种方式在时间设置上有限制，每学期期末只评价一次而不是过程性的动态评价，开发与利用"互联网＋"过程性评价平台，学生在教学中发现师德问题能及时向评价平台反映，将问题通过平台即时反馈给管理部门与相关教师，共同激励与监督老师增强教书育人、管理育人、服务育人的责任感和使命感。学校还可以设立意见箱和举报电话，召开学生座谈会，让学生多方参与职业院校师德建设。

（六）发挥互联网的宣传舆论功能，营造尊师重教的社会风尚

2018 年 9 月 10 日，习近平总书记在全国教育大会上发表重要讲话时强调：全党全社会要弘扬尊师重教的社会风尚，努力提高教师政治地位、社会地位、职业地位，让广大教师享有应有的社会声望，在教书育人岗位上为党和人民事业做出新的更大的贡献。"互联网＋"条件下媒体宣传舆论功能极其强大，加强师德宣传，弘扬正能量，树立师德模范，努力营造崇尚师德的良好舆论环境，营造"四有好老师"良好的社会氛围，形成尊师重教的社会风气，有利于调动职业院校教师修炼师德的积极性，促进职业院校师德建设的健康发展。

基于需求侧调研的原理课创新榜样"五度"教学策略前后测多组准实验

罗 青①

（肇庆学院 马克思主义学院）

《中国教育现代化 2035》和《加快推进教育现代化实施方案（2018—2022 年)》明确了高等教育强国的战略目标。肇庆高等教育被作为珠三角区域的观察样本，与云浮相区别，② 在粤港澳大湾区高等教育建设格局中，服务于"传统产业转型升级"。③ 传统产业转型升级最需要的是创新，要求重视创新素质和能力培养。但是目前肇庆虽然有 5 所高校，办学层次齐全，超过江门（4）、中山（3），却没有一所"高水平大学建设"或高水平理工科大学；在校生 69300 人左右，超过了珠三角 9 市中的惠州（69200）、江门（41059）和中山（53611），然而创造的 GDP 却最少。④ 这表明：肇庆高校全部是应用型的，加强创新教育非常具有紧迫性。同时，思政课实效性不理

---

① **作者简介**：罗青，博士，湖南邵阳人，肇庆学院马克思主义学院，研究方向为马克思主义创新理论与思想政治教育。

基金项目：本文系肇庆学院教改项目基金"'原理'创新榜样教学需求侧调研及整合"的阶段性成果。

② 卢薇. 广东省高职本科教育需求及发展策略研究 ［D］. 华南理工大学，2016.
③ 姚伟. 粤港澳大湾区高等教育定位研究 ［D］. 华南理工大学，2019.
④ 广东省统计局，国家统计局广东调查总队编. 广东统计年鉴 ［M］. 中国统计出版社，2018.

想，主要根源于教学而不是专业领域的科研，教学研究比专业研究更重要。马克思主义基本原理（简称"原理"），是思政课的首要内容，本身就是理论创新的成果，有着丰富的创新榜样教学资源。进入新时代，创新这个引领发展的第一动力越来越重要，"原理"课就更要突出服务创新实践，强调创新榜样教学是针对"学"的需求，提供榜样资源的创新教育。

在"一体两翼"思政育人大课堂思想指导下，我们及时开展了需求侧调研，参照策略研究的五种竞争力量模型，主要从"五度"教学策略应对"五力"竞争，寻求创造性地落实立德树人根本任务。

一、指导创新创业是"原理"创新榜样教学目标

"原理"课程的教学目标是树立正确的世界观、人生观、价值观，帮助学生从整体上把握马克思主义，正确认识人类社会发展的基本规律，并最终要服务于共产主义事业。建设共产主义的事业也是一种创新创业。从学习需求的视角看，"原理"创新榜样教学以指导创新创业为目标，不但结合了课程教学目标，而且体现了本科生最显著的共性学习需求。

（一）用"原理"创新榜样引导创新精神和能力是共性需求

《习近平总书记系列重要讲话读本（2016 年版）》明确要求，我们讲的供给侧结构性改革，既强调供给又关注需求，重点是增强供给结构对需求变化的适应性和灵活性。思想政治理论课存在供给侧问题，[①] 要求从需求侧研究大学生学习的特殊性。因此，必须调查研究学习需求的变化以深化供给侧改革，就需要尊重和贴近大学生的消费（学习）习惯，让学生联系创新实践感受、理解和学习"原理"。肇庆学院马克思主义学院"一体两翼"思政育人大课堂主要以思想政治理论课课堂教学为主体，以拓宽思政教学平台和实现思政课教学由课内走向课外为两翼，要求通过整合课堂理论教学内容，形成具有整体性、针对性、有效性的课堂教学内容体系，利用网络和特色资源

---

① 曹中秋. 习近平教育思想研究［J］. 学校党建与思想教育，2017（4）.

落实立德树人的根本任务。① 而要做到"具有整体性、针对性、有效性"，首要的就是从需求侧开展调研。

因为与班干部的个别访谈发现，创新创业对于高校扩招后的大学生具有普遍的紧迫性。又因为所在学校"原理"课的大学生都是二年级的，所以特别针对大二学生（2018 级），围绕对创新的学习需求，设计了《"原理"创新榜样教学需求侧调研问卷》，并用 SPSS19.0 完成了 300 份有效问卷的分析。发现了如下结论:② ①性别组调研数据分析表明：受调查大二学生 94%（93% 的男生和 95% 的女生）都希望改革"原理"课程以提高创新精神，增强创新能力。但只有 12.7% 的学生完全赞同现有（2018 版）"原理"课提高了创新精神和能力。②创新组调研数据分析表明：关注创新创业的"原理"学生认为"学习共产主义者创新榜样给了我创新意识、创新意志和创新方法"不符合的为 0，也即完全赞同学习共产主义者创新榜样；共产主义者创新榜样是"原理"教学设计不可缺少的教学资源，应当突出创新意识、创新意志和创新方法。③游戏组调研数据分析表明：在 95% 的置信系数下，对游戏式教学没有显著的性别差异；游戏式共产主义者创新榜样教学是对男女同班"原理"课的需求侧解决方案。其中，①明确了"原理"课程教学设计的需求侧目标是提高创新精神，增强创新能力，这对教学目标提出了要求。②针对的是教学内容，要求以共产主义者创新榜样的创新意识、创新意志和创新方法为必需的教学资源。③针对的是创新榜样教学的形式，发现对游戏式共产主义者创新榜样教学的需求性别差异不显著。因为"原理"的创新者都是共产主义者创新榜样，共产主义者创新榜样显然包括了"原理"创新榜样，所不同的只是特别强调共产主义理想信念，方便联系共产主义运动突出"原理"创新榜样对人类解放事业的重要性。因此，用"原理"创新榜样引导本科生的创新精神和创新能力是共性学习需求。

① http：//www.gx211.com/news/20180611/n15286882232858.html.
② Luqing A Sophomore Questionnaire Research on the Innovation Learning Demands of "Principle" Course. ISSN 2575－1581 Journal of Asian Research Vol 4，No 2（2020）：44－53. DOI：https：//goi org/10.22158/jar. v4n2p44.

（二）调研分析相互印证指导创新创业的教学目标

上述①性别组调研数据分析有94%（93%的男生和95%的女生）都希望改革"原理"课程以提高创新精神，增强创新能力。这种对教学改革的要求，得到了相关《本科生思政课程改革调研问卷》调研结果的佐证。使用SPSS19.0的"频率表"分析《本科生思政课程改革调研问卷》发现，本科生对"按照培养创新素质、提高创新能力的要求改革课程"的要求高度一致，而且不分男女，不分是否喜欢游戏，不分专业。这里的培养"创新素质"包括了创新精神，因为创新精神属于创新素质的要素。① 其具体操作流程是：选择SPSS19.0的"数据视图"，点开"分析"下拉菜单，选择"频率"，让变量包括"您的性别是""您是否尝试过用游戏的形式完成作业"和"您是否希望按照培养创新素质、提高创新能力的要求改革课程"，勾选"显示频率表格"，点击"确定"输出表1。

表1　您是否希望按照培养创新素质、提高创新能力的要求改革课程

您的性别	您是否尝试过用游戏的形式完成作业？			频率	百分比	有效百分比	累积百分比
男	是	有效	是	75	94.9	94.9	94.9
			否	4	5.1	5.1	100.0
			合计	79	100.0	100.0	
	否	有效	是	83	91.2	91.2	91.2
			否	8	8.8	8.8	100.0
			合计	91	100.0	100.0	

---

① Luqing On the Systematic Functions of Innovation Knowledge in Marxist Innovation Education, Conference：2017 2nd International Seminar on Education Innovation and economeic Management（SEIEM2017）January 2018，DOI：10.2991/seten - 17.2018.14.

您的性别	您是否尝试过用游戏的形式完成作业？			频率	百分比	有效百分比	累积百分比
女	是	有效	是	45	97.8	97.8	97.8
			否	1	2.2	2.2	100.0
			合计	46	100.0	100.0	
	否	有效	是	79	94.0	94.0	94.0
			否	5	6.0	6.0	100.0
			合计	84	100.0	100.0	

如上表 1 从左往右看，在"男""尝试过用游戏的形式完成作业"的学生中，有 94.9% 希望按照培养创新素质、提高创新能力的要求改革课程；在"男"、没有尝试过用游戏形式完成作业的学生中，也有 91.2% 希望按照培养创新素质、提高创新能力的要求改革课程。在"女""尝试过用游戏的形式完成作业"的学生中，有 97.8% 的希望按照培养创新素质、提高创新能力的要求改革课程；在女、没有尝试过用游戏形式完成作业的学生中，也有 94.0% 希望按照培养创新素质、提高创新能力的要求改革课程。显然，就男女性别而言，可以说女生比男生相对更希望满足创新学习需求。因为 (94.9% + 91.2% + 97.8% + 94.0%) /4 = 94.5%，所以平均有 94.5% 的有效答卷表明：本科生希望"按照培养创新素质、提高创新能力的要求改革课程"。不但如此，而且在这里，从不受性别因子显著影响来说，培养创新素质、提高创新能力已经成为本科生群体的主要学习需求（超过 90%）。所以，用"原理"创新榜样教学指导创新创业，是本科生的共性学习需求。

至于不同专业对"希望按照培养创新素质、提高创新能力的要求改革课程"的要求是否有显著区别，在这里可以忽略。因为答卷学生的专业覆盖不全，全部是 2017 级理科，而且有效答卷的总共专业才 6 个（分别是电气工程及其自动化、机械设计制作及其自动化、车辆工程、环境工程、食品科学与技术和体育），而且在 6 个专业中不分男女有 90% 以上的学生希望按照培养创新素质、提高创新能力的要求改革本科生思政课程，表明专业这个因子的影响非常小，没必要再考察。从反面来说，也可以忽略不同专业的影响。因为，如果按照算术平均数计算，最多也只有不到 300 * （100% － 94.5%） ＝ 16.5，即 17 个学生没有选择"希望按照培养创新素质、提高创新能力的要求改革课程"，而 300 平分到 6 专业就有 50 人，即使这 17 个学生来自同一个专业，也只占其专业的33%，选"否"的仍然只占绝对少数。即在这种极端情况下，这个专业也是只有约33%的不希望按照培养创新素质、提高创新能力的要求改革课程。更重要的是，这少部分没选择"希望按照培养创新素质、提高创新能力的要求改革课程"的学生，也不一定就是反对者，因为除了不希望改的之外，还有的可能是安于现状，只是没有意识到而已。因此，本科生对创新的学习需求具有共性，绝大多数都希望按培养创新素质、提高创新能力的要求改革课程，并且可以忽略性别、专业的影响。

当前，由于大部分高校已经逐渐完成专升本，而"原理"课是国内本科生的必修课，所以联系相关调研结论可以说用"原理"创新榜样指导创新创业是我国大学生的最显著的学习需要。发展"原理"创新榜样教学正逢其时。

二、"原理"创新榜样"五度"教学策略前后测多组准实验

为了达到指导创新创业的需求侧教学目标，"原理"创新榜样教学借助策略研究的五种竞争力量模型应对西方意识形态入侵，以"五度"应对五种竞争力量模型中的新进入者、行业竞争者、供应者、使用者和替代者，并针对具体的创新学习需求，整合每堂课的"原理"创新榜样教学。因为教育界史蒂文·卡尔·鲁本在 1994 的专著《培育有道德的子女》中说明了，最有效的教育是通过榜样来完成的，而不仅仅是口头说教。而且"榜样能激励启发和培养大学生的创新思维能力"；[1] 榜样教育符合青年大学生的心理特征，

---

[1] 邓小伟，张建成. 培养大学生创新思维能力的教育激励法探讨 ［J］. 沧桑，2008 (02)：195.

但榜样教育存在效应弱化问题;① 主要原因是榜样理想化、抽象化,与大学生现实的需求脱节。② 因此,应当针对大学生的创新学习需求开展教育实验,增强"原理"课的针对性、实效性。

(一)"原理"创新榜样"五度"教学策略

五种竞争力量的新进入者、行业竞争者、供应者、使用者和替代者,都是对"原理"课堂的挑战。新进入者主要是手机游戏,游戏吸引了部分学生的注意力,甚至产生了"人到心不到"的恶劣影响,我们设法端正学生的创新态度。行业竞争者主要是专业课,用公正的创新管理提高学生的满意度来应对。供应者主要是上课老师存在状态不佳情况,就需要公开创新资源方便学生找到学习内容自学,提高学生的活跃度。使用者就是学生存在惰性,需要公平的创新指导来督促,保持学生的协作度。替代者主要是西方意识形态渗透,这需要有效的创新成果评估让学生切身感受到"原理"提高了自己的创新程度。

"原理"创新榜样"五度"教学策略从"教"的方面来看,包括创新的态度、公正度、公开度、公平度、有效度,外延主要体现为随着课堂进程依次展示教师的创新态度、公正的创新管理、公开的创新资源、公平的创新指导和有效的创新成果评估。从"学"的方面来看,"五度"教学策略主要包括学生教学过程中相应的创新态度、满意度、活跃度、协作度和创新程度。因为高校思政课教育实验研究发现,最大的实验变量来自教师。③ 随着教师的教学发生变化,教学效果就发生相应的变化。所以,教师的创新态度、公正的创新管理、公开的创新资源、公平的创新指导和有效的创新成果评估所体现的态度、公正度、公开度、公平度、有效度,与学生的创新态度、满意

---

① 本刊编辑部. 透视榜样教育 [J]. 政工研究动态, 2009 (05): 4.
② 许占鲁,任少波. 高校朋辈榜样思想政治教育有效性研究——基于杭州市九所高校大学生的调查分析 [J]. 复旦教育论坛, 2016, 14 (04): 49 – 54.
③ 鄢显俊,周伟编著, 高校思政课教育实验研究:大学生喜欢什么样的思政课 [M]. 2016.08.

度、活跃度、协作度和创新程度，存在正相关。优化教师的创新态度、公正度、公开度、公平度、有效度，能显著提高大学生的创新学习绩效。教师的"五度"教学处于主导地位，起着决定作用，与学生的"五度"相互影响，教学相长。

（二）"原理"创新榜样"五度"教学策略的验证

据2016年12月9日《人民日报》，习总书记强调思想政治理论课是落实立德树人根本任务的关键课程，要遵循思想政治工作规律，遵循教书育人规律，遵循学生成长规律，不断提高工作能力和水平，提升思想政治教育亲和力和针对性，满足学生成长发展需求和期待。而教育实验及教育测量（包括心理实验和测量）所代表的实证研究能够发现规律，是高校思政课教育教学改革的新趋向。①

如前所述，相关需求侧调研已经表明，94.5%的大学生希望按照培养创新素质、提高创新能力的要求改革思政课程；SPSS分析发现这种一致性学习需求受性别、专业等因子的影响不显著，而且75%"很想知道共产党人是如何创新的"。因为"原理"是理论创新的成果，其形成过程就是创新榜样的创新过程。随着对创新的学习需求日益凸显，"原理"创新榜样教学应当可以突破"榜样理想化、抽象化"。又因为"教育实验是提升高校思政课教育学科学性和实践性的重要途径"，② 所以，要满足大学生对创新的需求和期待，就要结合教育实验，具体研究"原理"创新榜样教学。

思政课教师要用科学方法探索教书育人、立德树人的规律，自觉运用符合教育教学和心理认知规律的方法来阐释马克思主义的真理。③ 准实验就是定量研究的科学方法，而且美国社会心理学家唐纳德·坎贝尔《实验和准实

---

① 鄢显俊. 教育实验：探索思想政治教育"三大规律" [J]. 中国高等教育, 2017 (17)：7-9.

② 鄢显俊，周伟编著. 高校思政课教育实验研究：大学生喜欢什么样的思政课 [M]. 2016.08.

③ 鄢显俊. 新时代高校思政课教师需要提高三大素养 [N]. 重庆日报, 2019-06-12 (08).

验研究设计》指出，准实验不需要实验的随机性，比调研方法更方便考察自变量对因变量的影响。"由于随机分组的努力经常遇到困难，所以在教育中更经常使用准实验研究"，并通过"准实验"，发现最大的实验变量来自"思政课"教师，但没有重视网络教学资源。概括地说，高校思政课教改研究成果，定性研究较多，定量实证不足，而"大学创新教育研究的不足主要体现在理论探讨分析较多，实践应用研究较少"。① 这启发本选题，结合网络公开资源，围绕教师的创新态度、公正的创新管理、公开的创新资源、公平的创新指导和有效的创新成果评估，制定 5 个可控自变量，分别对应创新态度、公正度、公开度、公平度、有效度，与学生的创新态度、满意度、活跃度、协作度和创新程度（5 个因变量），建构"原理"创新榜样"五度"教学策略，并用"准实验"加强创新应用研究。

（三）"原理"创新榜样"五度"教学策略前后测多组准实验的价值

"原理"创新榜样"五度"教学策略前后测多组准实验有着独到学术价值和应用价值。经得住定量研究检验的"原理"创新榜样"五度"教学策略，发挥"原理"创新榜样资源的教育功能，将优化思政课的有效供给。而应用型转型高校人才培养策略"实践是基础，技能是根本，创新是灵魂"，②特别需要针对创新，探索、完善教学策略，因而本实验具有独特的应用价值，有利于应用型转型高校人才培养。

应用"准实验"检验"原理"创新榜样"五度"教学策略，探索思想政治教育与创新创业教育的结合，能弥补调研方法的不足，系统分析教学自变量与因变量的相关性，进而明确创新学习需求体系，整合"原理"创新榜样体系，从而丰富创新教学资源，更好地传播创新知识，树立创新意识，坚定创新意志，掌握创新方向，运用创新法则。这对于结合大学生创新创业发

---

① 王浩，常会庆. 我国大学创新教育研究综述 [J]. 教育观察 2015，4（11）：10 – 12.
② 郭振雪. 供给侧改革视域下转型高校人才培养模式探析 [J]. 学理论，2018（03）：202 – 205.

展德育理论，也有确定的学术价值。此外，"原理"创新榜样"五度"教学策略结合了"数字马院"的线上资源和平台，也能发展网络教学，有效应对类似于新冠病毒的疫情。

三、"原理"创新榜样"五度"教学策略前后测多组准实验的研究对象

研究对象主要是"原理"创新榜样"五度"教学策略，假设其自变量与因变量成正相关，通过前后测多组准实验获得数据由 SPSS 分析检验："前后测"指实验数据主要通过前测和后测问卷获取，辅之以课中第三方评估、课后"学习通"教学统计；"多组准实验"是按照多个自然班级分组，而不是单个随机分组的班级，操作自变量进行实验，观察因变量变化。其次，研究教学内容如何针对"学"的需求，完善需求侧的"原理"创新榜样体系。

（一）研究的总体框架

整体上要达到检验实验假设，明确原理创新榜样"五度"教学策略的目标，做到"讲好青年故事、传播青年的正能量"，吸引大学生坚定跟党走，更好地实现：①在创新领域拓展马克思主义意识形态阵地，因为"宣传思想阵地，我们不去占领，人家就会去占领"；②发挥"原理"创新榜样的教育功能，"使青年学生自觉地把个人命运和国家命运、创新创业梦和中国梦紧密联系在一起"。

"原理"创新榜样"五度"教学策略前后测多组准实验的研究框架是，不但比较学生实验前后的变化，而且比较同期第三方评估、"学习通"统计的数据，并用 SPSS19.0 分析有效数据："多组"指实验班级和非实验的班级各 2 个；第三方课堂评估主要是校方教学评估；SPSS 即统计产品与服务解决方案，是通用的教研软件。"原理"创新榜样"五度"教学策略从"教"的方面来看，包括创新的态度、公正度、公开度、公平度、有效度，外延主要体现为随着课堂进程依次展示教师的创新态度、公正的创新管理、公开的创新资源、公平的创新指导和有效的创新成果评估。从"学"的方面来看，"五度"教学策略主要包括优化学生的创新态度、满意度、活跃度、协作度

和创新程度。因为高校思政课教育实验研究发现，最大的实验变量来自教师。① 随着教师的教学策略变化，教学效果发生相应的变化。所以，教师的创新态度、公正的创新管理、公开的创新资源、公平的创新指导和有效的创新成果评估所体现的态度、公正度、公开度、公平度、有效度（即五个因变量），与学生的创新态度、满意度、活跃度、协作度和创新程度（即五个自变量）存在正相关。优化教师的创新态度、公正度、公开度、公平度、有效度，能显著提高大学生的创新学习绩效。可以说，"五度"教学策略的主要方面是教师的创新态度、公正度、公开度、公平度、有效度，处主导地位，起着决定作用；次要方面是学生的创新态度、满意度、活跃度、协作度和创新程度，处于从属地位，也可以反过来影响教师，教学相长。

为达到指导创新创业的需求侧教学目标，借助策略研究的五种竞争力量模型以"五度"应对五种竞争力量模型中的新进入者、行业竞争者、供应者、使用者和替代者，针对具体的创新学习需求，整合每堂课的"原理"创新榜样教学过程。五种竞争力量中的新进入者、行业竞争者、供应者、使用者和替代者，都是对"原理"课堂的挑战。新进入者主要是手机游戏，游戏吸引了部分学生的注意力，甚至产生了"人到心不到"的恶劣影响，我们设法端正学生的创新态度。行业竞争者主要是专业课，用公正的创新管理提高学生的满意度来应对。供应者主要是上课老师存在状态不佳情况，就需要公开创新资源方便学生找到学习内容自学，提高学生的活跃度。使用者就是学生存在惰性，需要公平的创新指导来督促，保持学生的协作度。替代者主要是西方意识形态渗透，这需要有效的创新成果评估让学生切身感受到"原理"提高了自己的创新程度。

（二）研究的重点难点

重点是问卷设计必须具有针对性和系统性，以便全面验证"原理"创新

---

① 鄢显俊，周伟编著，高校思政课教育实验研究：大学生喜欢什么样的思政课［M］.
2016.08.

榜样"五度"教学策略，整合大学生的创新学习需求体系。前后测采用同一套问卷，获取可以比较的数据供 SPSS 分析。课中第三方评估、课后"学习通"教学统计虽然也重要，但数据较易获得。为保证问卷的信效度，拟先测试 2 次，并根据结果优化问卷的题项、架构，保证信度、效度系数在 0.8 以上。

难点是 SPSS 分析学生在"原理"创新榜样"五度"教学策略上课前后真实状态的变化，否则无以验证实验假设，深入研究自变量与因变量的相关性。这需要发放、整理网络问卷，按格式导入 SPSS 软件工具，还必须科学设置量表和检验选项，输出为合适的图表，才能分析、阐明自变量与因变量的相关性（是否相关及其相关度）。2 个实验班级前后的变化还需要排列组合，分析自变量与因变量一对一、一对多、多对一的关系。进而横向比较 2 个非实验班级，分析综合实验结果，最终整合创新学习需求体系，完善"原理"创新榜样体系。

四、"原理"创新榜样"五度"教学策略前后测多组准实验的设计

（一）实验设计的基本思路

在定性分析的基础上，主要运用定量的准实验方法系统检验"原理"创新榜样"五度"教学策略的有效性，基本思路如下：

第一，从教学改革角度参考相关研究，做好前后测问卷设计：基本信息问卷包括专业、要求等，符合度问卷包括待验假设及实验变量，如下表，借鉴《症状自评量表 SCL90》，符合度分值 1（完全不符）即 0%，2 即 20%，3 即 50%，4 即 80%，5 即 100%，方便量化相关性。

一、"原理"创新榜样"五度"教学策略前后测多组准实验基本信息问卷（举例）

1. 学号（年级、班级等）

2. 性别

①男　　　②女

3. 创新榜样教学应突出

①创新方法 ②创新精神 ③创新过程 ④创新背景 ⑤创新成果

二、"原理"创新榜样"五度"教学策略前后测多组准实验符合程度问卷（举例）待验假设符合度问卷（举例）

1. 创新是主要学习需求

①完全不符 ②有点符合 ③基本符合 ④八成符合 ⑤完全符合

实验自变量符合度问卷（举例）

1. 教师的创新态度很好

①完全不符 ②有点符合 ③基本符合 ④八成符合 ⑤完全符合

2. 创新榜样资源齐全

①完全不符 ②有点符合 ③基本符合 ④八成符合 ⑤完全符合

实验因变量符合度问卷（举例）

1. 同学们的创新态度很好

①完全不符 ②有点符合 ③基本符合 ④八成符合 ⑤完全符合

2. 队友踊跃参与创新实践

①完全不符 ②有点符合 ③基本符合 ④八成符合 ⑤完全符合

第二，针对创新学习需求，制定实验变量：教师的创新态度、公正的创新管理、公开的创新资源、公平的团队创新指导和有效的创新成果评估等5个可控自变量，分别对应量化指标：创新态度、公正度、公开度、公平度、有效度，与5个因变量：学生的创新态度、满意度、活跃度、协作度和创新程度（有"学习通"统计佐证），存在一对一、多对一、一对多的相关性，构成"五度"教学策略。"原理"创新榜样"五度"教学策略自变量和因变量的界定，还有待向被试学生说明，如活跃度由踊跃利用网络资源创作"原理"创新榜样的 PPT、多媒体、游戏和论文等传播创新精神和方法来测量。

第三，使用相互独立、相互印证的实验数据：前后测的需求侧问卷、第三方课堂评估和"学习通"教学平台课后统计，相互独立。进而用 SPSS 分析前后测有效问卷，验证实验假设及自变量对因变量的效果，辅之以"学习通"、第三方数据的佐证或反证。

（二）实验设计的具体方法

综合运用定性分析和定量研究方法，主要是定量研究的准实验方法。准实验研究与实验研究一样可以研究多个实验变量，但不需要随机分配的实验处理，而是按照原有班级"自然"地分组。具体实验设计如下表，通过 SPSS 分析前测和后测有效问卷，分析多个自然班级的学生在实验前后的状态变化，辅之以纵向比较（即与实验班级的"学习通"、第三方数据比较）、横向比较（即与非实验班级的"学习通"、第三方数据比较）。其中，第三方数据来自校方、同事的教学评估。数据分析拟运用 SPSS 软件的描述统计分析（主要是频率和交叉表）、比较均值分析（均值、独立样本 T 检验）和相关分析（双变量相关、偏相关等）。实验假设检验结果体系如前图，拟从佐证、反证两个方面展开。

"原理"创新榜样"五度"教学策略前后测多组准实验设计

1. 实验条件　对象：2 个自然班级　时间：一个学期　工具："学习通"教学统计、第三方课堂评估、SPSS19.0

2. 实验步骤　基本信息和符合度问卷前测　五度教学策略上课　基本信息和符合度问卷后测

3. 实验数据　前后测问卷数据　课堂第三方评估　期末"学习通"统计

4. 数据分析　描述统计、相关分析、均值、独立样本 T 检验　横向比较同期 2 个非实验班级　纵向比较 2 个实验班级的问卷数据与其"学习通"、第三方评估数据

5. 结论整合　实验假设检验结果体系　创新学习需求体系　"原理"创新榜样体系

（三）实验设计的可行性

本人每学期上4个大班，刚好实验班级和非实验的班级各2个，便于比较分析，而9月开始的两个学期分别覆盖文科和理工专业学生，通过两次数据全面适配待验假设，能保证实验效度。

采用准实验只需要按自然班级分组，操作5个可控自变量。同时有第三方评估、"学习通"统计的辅助，深度适配研究对象，方便对比验证"原理"创新榜样"五度"教学策略的实效性，突出创新学习效果。基本信息问卷的学号能对应专业、班级等；符合度问卷采用从1到5比从1到4的分值设置，能以中位数3对应基本符合，更好描述被试在上课前后的真实状态及其变化。二者相结合能责任到人，获得信息完备的有效问卷。

应用SPSS19.0软件分析实验数据有优势，因为"在国际学术交流中，凡是用SPSS软件完成的计算和统计分析，不必说明算法"，① 能够满足实验要求，例如分析、表明上述"五度"教学策略自变量与因变量的相关性，而"独立样本T检验"则能检验其相关性是否存在显著性差异。

总之，SPSS辅之以第三方评估、"学习通"统计，能全面、深入检验"五度"教学策略的教学效果，就一定能更好地做到针对创新学习需求体系整合"原理"创新榜样体系。

五、"原理"创新榜样"五度"教学策略前后测多组准实验的创新之处

（一）学术思想创新

①思政课实效性不理想，主要根源于教学而不是专业领域的科研，"原理"教学研究比专业研究更重要。②从"原理"创新视角研究榜样教学一般规律，构建"五度"教学策略，优化教师的创新态度、公正度、公开度、公平度、有效度，针对学生的创新态度、满意度、活跃度、协作度和创新程度

----

① https://baike.baidu.com/item/spas/2351375.

提高创新学习绩效。③创新是第一动力，创新榜样是第一榜样，创新素质是第一素质，创新榜样教学是针对"学"的需求，提供创新资源，培养创新素质的榜样教育。

（二）学术观点创新

①"原理"中创新概念是创造新事物，即按规律创造集体利益最大化的事物。②改革创新是当今时代精神，创新榜样教学必须针对创新学习需求培养创新精神；"原理"创新榜样教学必须服务树立创新意识、坚定创新意志、掌握创新方向和法则。"原理"创新榜样"五度"教学策略是线上线下相结合提供创新榜样资源、培养创新素质的教学策略，由创新态度、满意度、活跃度、协作度和创新程度定量把关，落实立德树人根本任务。③尊重和贴近大学生的消费（学习）需求，就要系统优化教师的创新态度、公正的创新管理、公开的创新资源、公平的创新指导和有效的创新成果评估，优化教学供给。

（三）研究方法创新

①针对学习"原理"的学生个体而不是课堂教学整体，设计基本信息及符合程度问卷，回答题项采取单选给定选项的方法，一律使用阿拉伯数字，方便测量和统计分析。而且结合 SPSS 完成 2 次测试问卷，用可靠性分析的 a 模型保证每个维度的 a 信度系数大于 0.8，用因子分析的 KMO 检验保证问卷的结构效度 KMO 值大于 0.8。②超越单因素，结合教师的创新态度、公正度、公开度、公平度、有效度等，采用多因素前后测多组准实验，考察 5 个可控自变量与 5 个因变量的相关性，建构"五度"教学策略。各因素都详细界定，并说明测量依据，如创新程度由完成创新实践任务的相关作业分数来测量。③做到前后测多组准实验数据多样化，分别来自前测和后测有效问卷的 SPSS 分析与课中第三方评估、课后"学习通"教学统计，来源相互独立，结论相互印证。

思想道德素质是大学生素质教育的灵魂

黄诗克①

（佛山科学技术学院 马克思主义学院）

就教育与人的关系而言，教育以人为本，其基本着眼点是人，是人的发展；就人与社会的关系而言，现代社会的发展对人的要求越来越高，人的全面和谐发展是社会的不断发展和不断完善对人的素质的客观要求。教育的地位和功能在于有目的地为社会造就一定素质的人，这就确定了素质教育的立足点是如何促进人的发展。素质教育的宗旨是提高人的整体素质，培养全面和谐发展的人。在"思想道德修养与法律基础"（以下简称"基础"课）授课中必须明确和摆正思想道德素质在实施大学生素质教育中的地位和作用，并使这种作用得以充分发挥，促进大学生全面和谐的发展，这也是高校德育的重要任务之一。

一、思想道德素质是大学生素质教育的灵魂

一般来说，人才素质包括思想道德素质、文化素质、专业素质和身体心理素质等四个方面，这几个方面的素质是相互联系、相互制约、相互渗透的，但思想道德素质是灵魂，居于首位。在大学生素质教育中，思想道德素质渗透于人才素质的其他方面，发挥着思想保证、精神动力和方向引导的作

---

① **作者简介**：黄诗克，男，佛山科学技术学院马克思主义学院讲师，研究方向为思想政治教育。

用，是大学生学会做人，成为社会主义事业建设者和接班人的首要问题。因此，思想道德素质是大学生素质教育的灵魂。

1. 思想道德素质是大学生素质教育的方向和动力

德育关注人的价值和行为方式问题，集中反映了一定社会的政治经济要求和教育的阶级属性，直接反映着时代的特点和社会的要求，决定和保证素质教育的性质和发展方向。在大学生的综合素质中，思想道德素质是统帅，它解决的是人发展的社会价值方向的问题，保证大学生素质教育的大方向，主要起着保持动力的作用，因而具有根本性的意义。在大学里，大学生能否真正学到有益于社会的学问和才能，以及将来能否有效地为祖国和人民服务，并不决定于学问和才能本身，而决定于他们的政治态度和思想道德状况。在大学生的综合素质中，由于思想道德素质的这种特殊性及重要作用，而使它处于与其他素质不同的重要地位，它是大学生素质教育的核心部分，是实现人的全面和谐发展的重要保证。

2. 思想道德素质是大学生素质教育的重要组成部分

素质教育强调人的全面和谐发展，它的每一个组成部分都是相互联系的，又是彼此不能相互取代的。思想道德素质教育是素质教育中不可缺少的重要组成部分，它关注的是怎样做人处世的学问，解决人发展的方向问题，是人全面和谐发展的推动力，并对其他素质的实施起导向的作用。"可以说，没有德育的教育是不可想象的，也是不可能的，教育总是具有德育性，只是程度不同而已。"① 在高校教育实践中，如果轻视德育，大学生就得不到全面和谐的发展。大学生如果没有良好的思想道德素质，就会影响着个人的综合素质的提高，并制约着个人的整体发展，更无力承担未来建设祖国的责任。只有加强德育工作，才能推动大学生全面和谐发展。从这个角度上讲，思想道德素质是大学生素质教育的重要组成部分。

3. 思想道德素质是大学生素质教育的内在要求

大学阶段是大学生综合素质发展的重要良机。一般地说，人生观在个体

---

① 扈中平等主编. 现代教育学 ［M］. 北京：高等教育出版社，2002.2. p. 452.

中的出现是在青年初期，到了青年中期即大学阶段，是人生观形成基本稳定的时期，是最关键的时期。大学生的思维已经变得较合乎逻辑和具有演绎推理的能力，他们的认识成熟了，能够接受现存的两种矛盾的道德概念。但是，在市场经济条件下，信息来源多渠道化，利益多样化，人的价值尺码被人们加以不同的理解，许多人将金钱作为衡量人的价值的尺度。同时，反动的道德观、宗教、迷信团体等与大学生已知的东西很不相同，他们对此很好奇，这种情况与他们自己尚未成熟结合在一起，使他们很容易受其影响，特别是对有创伤体验的大学生来说，更容易受其诱惑，形成不良的思想品德和错误的人生观。因此，大学阶段是对大学生思想道德教育最关键的时期。加强这一时期的德育工作，对大学生一生将有重要的积极的影响。思想道德素质是大学生健康成长的重要条件，是大学生素质教育的内在要求。

4. 思想道德素质是大学生素质教育的时代要求

未来社会是以创新为重要标志的社会，创新是现代人必备的重要素质之一，具有极其重要的意义，它既是人的主体性的最高表现，又是人的综合素质中最具有生命力和生产力的一种特殊素质。应试教育压抑了人的创新性，而素质教育重视培养与提高学生的创新能力。创新人才只有具备良好的思想道德素质，才能有所成就。那种认为创新只与专业素质有关而跟思想道德素质无关的观点是错误的和有害的。只注意专业素质，可能培养出"经济人""机器人"或"单面人"，但不可能培养出"完善的人"。德育在培养创新人才的过程中起主导作用，为创新提供理想与精神动力，营造良好创新育人的氛围，促进勤奋好学、自尊自信、独立自主、创新意识、多思多想、冒险精神、勇于探索、不断进取、坚忍不拔、百折不挠、持之以恒等创新人格的形成，从而使大学生的创新潜能得到最大限度发挥。只有正确认识和处理好思想道德素质与创新的关系，才能把大学生素质教育建立在科学健康的发展轨道上。

二、牢固把握思想道德素质是大学生素质教育的灵魂

全面贯彻党的教育方针，正确处理思想道德素质、文化素质、专业素质

和身体心理素质之间的关系，坚持把高校德育工作放在首位，是正确认识和理解大学生素质教育的关键。在"基础"课教学中，如何把握思想道德素质是大学生素质教育的灵魂，加强德育工作，我们认为，应从以下几个方面进行：

1. 树立主体性教育观念

主体性教育是以尊重学生的主体地位、提高学生的主体意识、发展学生的主观能动性为目标导向和价值追求，并以培养学生学会自我塑造为宗旨的教育。应试教育限制了学生的个性发展，扼杀了学生的创新性和灵感。主体性教育观念是扭转应试教育观念、确立素质教育观念的前提。从"基础"课活动的层面上看，主体性教育仍然提倡教师处于主导地位，但同时更加强调学生的主动参与意识，要促使学生成为教育活动的主体和自我发展的主体。在信息时代，高校"基础"课更要注意大学生的主动参与，着重引导大学生学会做人，学会自我塑造，即所谓"授之以渔"而非"授之以鱼"。这是将"基础"课内容化为大学生自身修养，将素质教育落在实处的必要条件。主体性教育尊重教师的主导作用，强调学生的主体地位，有利于师生之间建立起一种宽松的互动的教育观，不断促进师生之间的交流和沟通，学生会倍感亲切，自愿、自觉、自主地接受教师的影响，增强了思想道德修养的主动性、自觉性和自我教育能力，也会学得更加主动，多有发问，呈现出创新的欲望，必将促进"基础"课效果的提高和大学生全面和谐的发展。

2. 以"两课"为主，树立全员德育观

思想道德素质教育是一个长期的系统工程，要树立全员、全方位、多层次、全过程的立体德育观，使德育渗透于高校工作的各个环节中，以形成合力，共同创造良好的育人环境，全面提高大学生的整体素质。高校德育首先要始终坚持抓住"两课"教育这个对大学生进行思想道德教育的主渠道，优化"两课"专职与兼职教师队伍，加强"两课"建设，联系实际，以科学的思想道德理论武装大学生，帮助他们坚定正确的政治方向，教育他们如何做人，引导他们自我教育、自我约束和自我管理，养成科学的思想方法和良好的道德品质，从而树立远大理想，形成正确的世界观、人生观和价值观。除抓好"两课"教育外，高校还要强化全体教师、党政干部和后勤服务人员的德育意识，充分发挥德育在学校工作的各个环节中的作用，形成合力，加强校风、学风建设，活跃校园文化，营造健康向上的氛围。同时，要注意根据不同课程、不同工作、不同年级的特点，挖掘其中蕴藏的思想道德教育因素，及时加以提炼和总结，有意识地进行德育渗透，使大学生在潜移默化中接受了教育，从中汲取思想营养，可以说是润物细无声。

3. 重视社会实践，提高大学生的思想道德素质

大学生的思想道德素质的形成与发展是在社会实践活动中能动地实现的。社会实践活动是对大学生进行思想道德教育的重要途径，它将大学生置于社会现实生活，开阔视野，比书本和口头教育更具体形象，更生动有趣，更有说服力，能够给大学生以比较深刻的教育影响，增强了"基础"课的现实性与实效性。因此，"基础"课要经常组织大学生开展丰富多彩的社会实践活动，启发大学生认清形势，帮助他们分析和认识社会的现实问题，增强鉴别力、判断分析能力和自律抗诱能力，加强自我修养，不断提高思想觉悟，把握方向，坚定信念，完善人格，形成坚强的意志、正确的人生价值观、高尚的道德情操和良好的道德行为习惯。

4. 加强对大学生创新意识与创新人格的培养

"人的主体性对内表现为人的人格、个性，主体性的提高也就是人格、个性的发展。"[1] "可以说，创新是知识经济的核心，而创造性是主体性的最高表现。"[2] 知识经济时代，需要大批创新人才，而创新人才的培养，关键在于形成创新意识与创新人格。"基础"课必须站在时代的前列，确立与时俱进、开拓创新的观念，正确处理思想道德教育与创新的关系、继承传统与大胆创新的关系，着眼于新的实践和发展，从新的角度思考问题，使"基础"课内容与方法更加适应创新意识与创新人格培养的要求。具备这一点，必须紧密联系社会主义市场经济的新变化，不断吸收社会科学研究的新成果，及

---

① 袁贵仁. 马克思的人学思想［M］. 北京师范大学出版社，1996.6. p. 138.

② 扈中平等主编. 现代教育学［M］. 北京：高等教育出版社，2002.2. p. 137.

时了解和掌握大学生的思想动态、学习与生活情况，敢于标新立异，研究思想道德教育新问题，创造新的教学形式、方法与手段，提高"基础"课的艺术性，为创新人才的健康成长营造宽松和谐的良好氛围，充分调动大学生的积极性、竞争意识和创新意识，鼓励多样性和个性，促使他们学会做人，努力创新，表达自己的见解，发挥创新的潜能。

　　总之，思想道德素质是大学生素质教育的灵魂，高校必须始终坚持把思想道德素质放在首位，不断创新，加强德育工作，增强"基础"课的实效性，全面提高大学生的整体素质。

部分大学生道德推脱现状及其德育策略研究

——基于社会与家庭的多维视角

赵春妮，邝丽华，谢晓琳①

（佛山科学技术学院 马克思主义学院）

一、研究背景

改革开放四十年以来，我国经济发展迅猛，在综合国力实现质的飞跃的同时，也造成贫富差距扩大，社会阶层结构重大改变，以及道德失范现象时有发生，如商业诈骗、学术不端、校园暴力、专业碰瓷等，这些现象引发人们不断的追问，在物质生活日益丰富的今天，为什么道德失范现象依然时有发生？这些不道德行为后面潜在的心理过程是什么？这些行为与哪些因素有关？

班杜拉（1986）从社会认知理论的角度，首先提出了道德推脱（Moral Disengagement）的概念，并运用道德推脱来解释这一潜在的心理过程。道德推脱（Moral Disengagement）是指个体产生的一些特定的认知倾向，这些认知倾向包括重新定义自己的行为使其伤害性显得更小、最大限度地减少自己在行为后果中的责任和降低对受伤目标痛苦的认同（Bandura，1986，1990，

---

① 作者简介：赵春妮、邝丽华、谢晓琳，女，佛山科学技术学院马克思主义学院讲师、硕士，主要从事思想政治教育研究。
基金项目：本文系佛山科学技术学院 2018 年党建研究课题报告。

1999, 2002)。① 这一概念有效地解释了现实生活中一些人在道德上的知行分离。Bandura（1990）还认为，道德推脱在道德自我调节过程中起着重要作用，可以利用自身的八种机制使道德自我调节功能有选择地失效，由此解释为什么一些正常人做了不道德行为而没有明显的内疚和自责。这八种道德推脱机制分别是道德辩护、委婉标签、有利比较、责任转移、责任扩散、扭曲结果、责备归因和非人性化。②

在研究道德推脱的影响因素中，家庭社会经济地位（Family Socioeconomic status）与父母教养方式（Parental rearing style）都是备受关注的因素。家庭社会经济地位分为客观家庭社会经济地位（SES）与主观家庭社会经济地位（SSS）：前者指个体在实际生活中所享有的具体的物质资源和社会资本，以收入、职业和受教育程度水平作为其测量标准;③ 后者指个体在同他人进行社会比较时，对自己在社会层级中相对位置的理解和感受。④ 以往研究发现，个体成长的家庭环境对其道德推脱的发展具有非常重要的影响。

家庭教养方式指父母在养育子女过程中表现出来的一种相对稳定的行为风格与倾向性，通过日常生活的交流与沟通表现出来，是父母教育理念与态度、教养行为以及对子女情感的综合体现。⑤ 国内外大量的实证研究表明，父母教养方式影响个体道德推脱机制。

家庭社会经济地位影响父母教养方式：家庭社会经济地位低的父母强调服从与尊重权威，因而在教养方式上倾向于更少的交流，更多的严厉与专制；家庭社会经济地位高的父母强调独立与抱负，因而在教养方式上更多倾

---

① Anderson, C. A., & Bushman, B. J. (2002). Human aggression. Annual, *Review of Psychology* 53 (1), 27 – 51.

② Bandura, A. (1999). Moral disengagement in the perpetration of inhu – manities. *Personality and Social Psychology Review*, 3 (3), 193 – 209

③ 任春荣. (2010). 学生家庭社会经济地位（SES）的测量技术 [J]. 教育学报, 6 (5), 77 – 82. 45

④ Kraus, M. W., Puff, P. K., Mendoza – Denton, R., Rheinschmidt, M. L., &Keltner, D. (2012).

⑤ Darling, N., & Steinberg, L. (1993). Parenting style as context: An integrative model. *Psychological Bulletin*, 113 (3), 487 – 496.

向于交谈、温暖支持与权威。①

迄今为止，还鲜有研究探讨大学生家庭经济地位对道德推脱的影响作用，以及在考虑家庭社会经济地位对大学生父母教养方式、道德推脱之间的关系时，究竟是主观社会家庭经济地位对大学生父母教养方式的影响大，还是客观社会家庭经济地位的影响大，客观社会家庭经济地位达成的三项指标中，哪项指标与父母教养方式及道德推脱的影响大，这些在以往研究中都是没有详细考察的。

鉴于此，本研究以大学生为研究对象，对其社会阶层、父母教养方式和道德推脱的关系进行探讨，并试图揭示内在机制，从而为高校德育提出有效的建议与措施。

二、对象与方法

（一）对象

本研究采用方便取样，选取广东省佛山高校 350 名大学生（大一、大二、大三）为调查对象，发放问卷 350 份，获得有效问卷 332 份，有效率为 94.8%，被试平均年龄在 18—23 岁之间（19.84±1.16）其中，男生 208 人，女生 124 人；大一 121 人，大二 123 人，大三 88 人；城市 99 人，农村 233 人；独生子女 75 人，非独生子女 257 人。

（二）工具

1. 根据任春荣（2010）②、陈艳红（2014）③ 对家庭社会经济地位综合

---

① Podsakoff P. M. Mackenzie, S. B. Lee, J. Y. Podsakoff, N. P. (2003). Common method biases in behavioral research: A critical review of the literature and recommended remedies. *Journal of Applied Psychology*, 88 (5), 879 – 903.

② 任春荣.（2010）. 学生家庭社会经济地位（SES）的测量技术 [J]. 教育学报, 6 (5), 77 – 82. 45

③ 陈艳红, 程刚, 关雨生, 张大均. 2014. 大学生客观社会经济地位与自尊: 主观社会地位的中介作用 [J]. 心理发展与教育, 30 (6), 594 – 600.

指标的计算方法,采用因子分析法,计算客观 SES,具体步骤如下:先确定父母的受教育程度、职业地位与家庭总收入,选择较高一方的受教育程度与职业地位。然后对受教育程度、职业地位、家庭月收入进行因子分析,结果得到一个特征根大于 1 的主因子,其解释了 57.60% 的方差,因子负荷矩阵仅呈现主因子 1 的系数。最终获得公式如下 SES = (0.44 × 受教育程度 + 0.41 × 家庭收入 + 0.47 × 职业地位) /0.58。

2. 采用程刚(2014)编制的大学生主观社会地位(SSS)量表。① 该量表通过人缘状况、学业成绩、家庭条件、社会实践能力、才艺水平、恋爱或单身状态的满意度、形象气质 7 个方面,测量大学生的主观社会地位水平,采用 10 级梯形评分,梯子最底端表示最低等级,梯子最高端表示最高等级,计分将梯子等级转换成 10 点计分,所有项目的总分越高表明大学生主观社会地位水平越高。在本研究中,总量表的 α 系数为 0.84。

3. 采用岳冬梅等(1993)修订的中文版 EMBU 问卷。② 该问卷分为父亲教养方式和母亲教养方式,共 66 个项目。其中父亲教养方式是由"情感温暖理解""惩罚严厉""过分干涉""偏爱被试""拒绝否认"和"过度保护" 6 个因子组成,母亲教养方式是由"情感温暖理解""过分干涉保护""拒绝否认""惩罚严厉"和"偏爱被试" 5 个因子组成。计分方式是采用李科特 4 点计分,0 = 非常不符合,1 = 比较不符合,2 = 比较符合,3 = 非常符合。

4. 采用王兴超(2012)修订的中文版道德推脱问卷。③ 该问卷有 32 个条目,采用 5 点评分法,由道德辩护、委婉标签、有利比较、责任转移、责任分散、忽视或扭曲结果、非人性化以及责任归因这八个道德推脱机制组成,计分方式是采用李科特 5 分计分,1 = 完全不同意,2 = 同意,3 = 不太确定,4 = 同意,5 = 完全同意,得分越高表示道德推脱水平越高。

---

① 程刚,陈艳红,关雨生,张大均. (2015). 大学生主观社会地位的指标构成及特点 [J]. 西南大学学报(自然科学版), 37 (6), 156 – 162.
② 岳冬梅,李鸣杲,金魁和,等. 父母教养方式:EMBU 的初步修订及其在神经症患者的应用 [J]. 中国心理卫生杂志, 1993, 7 (3):97 – 101.
③ 杨继平,王兴超. 道德推脱对青少年攻击行为的影响:有调节的中介效应 [J]. 心理学报, 2012, (8):1075 – 1085.

（三）施测和统计分析

以班级为单位集体施测，施测后集体收回，所需时间约 30 分钟。采用 SPSS20.0 进行描述性统计和相关分析。

三、结果与分析

（一）共同方法偏差检验

本研究在数据收集过程中通过强调匿名、保密等进行程序控制并使用 Harman 单因素检验法检验程序控制的效果（Podsakoff，2003），[①] 在探索性因素分析中放入 4 个测量工具所包含的全部项目，未旋转的因素分析结果显示共有 5 个特征值大于 1 的公因子，且第一个公因子仅能解释总方差的解释的变异量仅为 26.60%，低于 40% 的临界值，可推断本研究的共同方法偏差问题不严重。

（二）大学生道德推脱现状及人口学差异

1. 大学生道德推脱的总体情况

通过对有效问卷的结果统计发现，大学生道德推脱机制的平均分是 2.07，标准差是 0.52；道德推脱的八个维度依次是责任转移（2.63 ±0.71）、道德辩护（2.13 ±0.76）、责任分散（2.03 ±0.64）、歪曲结果（2.01 ± 0.72）、委婉标签（2.00 ±0.66）、非人性化（1.94 ±0.66）、有利比较（1.89 ±0.65）、过失归因（1.88 ±0.57）。

2. 大学生道德推脱的人口学差异

（1）性别差异

考察大学生道德推脱是否存在性别差异，t 检验结果显示发现，男生与

---

① Podsakoff P. M. Mackenzie S. B. Lee, J. Y. &Podsakoff, N. P. （2003）. Common method biases in behavioral research: A critical review of the literature and recommended remedies. *Journal of Applied Psychology* 88 （5）, 879 – 903.

女生在委婉标签（t＝2.72，p＜0.01）、歪曲结果（t＝2.99，p＜0.01）、过失归因（t＝4.22，p＜0.001）、道德推脱机制总分（t＝2.73，p＜0.01）存在显著差异，在有利比较（t＝1.93，p＜0.05）存在差异，而在道德辩护、责任转移、责任分散、非人性化不存在差异。

（2）年级差异

对不同年级的大学生道德推脱在道德推脱总分，及其在各维度上的得分进行方差分析发现，责任转移达到显著差异（F＝6.66，p＜0.01），道德辩护（F＝3.19，p＜0.05）与过失归因（F＝2.48，p＜0.05）达到差异水平。事后比较发现：二年级的道德辩护显著高于一年级；一年级组的责任转移显著高于二年级组和三年级组；三年级组的过失归因显著高于二年级组。

对不同生源地、是否独生子女、不同家庭来源、是否学生干部的道德推脱机制分别进行独立样本 t 检验，结果显示差异都不显著，说明生源地、是否独生子女、家庭来源、是否学生干部与道德推脱机制不存在必然联系。

（三）各变量的描述性统计与相关分析

对家庭社会经济地位、父母教养方式、道德推脱进行相关分析，结果发现财富与父母温暖（r＝0.12，p＜0.05）正相关，与父母严厉（r＝－0.13，p＜0.05）、父母拒绝（r＝－0.14，p＜0.01）、过失归因（r＝－0.12，p＜0.05）负相关，教育和职业与父母教养方式及各维度分都不相关，主观 SSS 与父母拒绝显著负相关（r＝－0.15，p＜0.01），与道德推脱各维度都不相关；父母温暖与道德推脱机制总分、道德辩护、过失归因、有利比较、非人性化负相关，父母严厉与道德推脱机制总分、道德辩护、委婉标签、责任分散、歪曲结果、过失归因、有利比较、非人性化正相关，父母拒绝与道德推脱机制总分、道德辩护、委婉标签、责任分散、歪曲结果、过失归因、有利比较、非人性化正相关；财富、父母拒绝与过失归因之间两两相关。

（四）父母拒绝在财富与过失归因中的中介效果检验

由上述的相关分析可知，财富、父母拒绝与过失归因之间两两相关，本研究根据中介效应的检验程序，采用强迫进入法进行了 3 次回归分析：模型 1 中财富负向预测过失归因（$t = -2.29$，$p < 0.05$），回归系数 c（-0.13）显著，模型 2 中财富负向预测父母拒绝（$t = -2.59$，$p < 0.05$），回归系统 a（-0.14）显著；模型 3 中用财富和父母拒绝同时预测过失归因，结果发现父母拒绝正向预测过失归因（$t = 6.21$，$p < 0.05$），回归系数 b（0.34）显著；a 与 b 都显著后，再观察模型 3 中财富对过失归因的预测作用，结果显示，财富对过失归因的负向预测作用消失（$t = -1.74$，$p > 0.05$），回归系数 c'（-0.09）不显著，说明存在完全中介效果。

四、讨论

（一）部分大学生道德推脱的性别差异与年级差异

本研究显示，大学生道德推脱存在性别差异，这与前人结果研究一致（Bandura，1986，Bandura et al.，2001，潘清泉，周宗奎，2011；杨继平 et al.，2010），从整体水平而言，女生的道德推脱总分显著低于男生，从道德推脱维度来看，女生在委婉标签、歪曲结果、过失归因显著低于男生，有利比较低于男生；而在道德辩护、责任转移、责任分散、非人性化不存在性别差异。这与男性更注重个人权利，在进行道德推理的时候更善于歪曲现实（Gilligan，张栋玲，2010）有关。

本研究表明，大学生道德推脱在责任转移、道德辩护与过失归因这三个维度存在年级差异。一年级组的责任转移显著高于二年级组和三年级组，这也许是因为一年级的学生刚入学，看重自己在新群体中的地位，因而在道德情境中倾向弱化责任，保持自己的"好形象"，而采用责任转移的策略。二年级的道德辩护显著高于一年级，其他年级比较不明显，这也许是因为大二的学生是参与校内校外各项活动的主体，他们在参与活动过程中倾向维护自己的利益，因而采取更多道德辩护的策略；三年级组的过失归因显著高于二年级组，其他年级比较不明显，这也许是因为三年级对学校的熟悉度以及学业的压力，使他们更加关注自身的需要，而不太关注其他的方面，习惯采用过失归因的策略。

（二）家庭社会经济地位各维度与父母教养方式、道德推脱机制各维度的关系

本研究发现客观家庭社会经济地位（SES）与主观家庭社会经济地位（SSS）正相关，这与以往的研究一致。经过进一步的研究发现，家庭 SES 的三个指标中，财富、教育和主观 SSS 相关，而职业与主观 SSS 相关不显著，这说明影响大学生主观 SSS 的主要是其家庭的财富与教育。因此，在研究客观 SES 对个人的影响时，不能采用单一的职业标准进行分类，要综合考虑财富与教育的影响。

本研究通过相关分析发现，构成客观 SES 的职业、财富与教育三个指标中，职业、教育与父母教养方式各维度均不存在有统计学意义的相关，仅有财富与父母温暖正相关，与父母严厉负相关，与父母拒绝显著负相关；主观家庭社会经济地位与父母拒绝显著负相关。这说明客观 SES 主要是通过财富的维度影响父母教养方式，即家庭财富水平较高，父母在养育孩子的过程中给予孩子更多的温暖、更少的严厉与拒绝。

通过父母教养方式与道德推脱各维度的相关分析发现，父母教养方式与道德推脱相关，正性的父母教养方式与道德推脱机制及其维度负相关，如父母温暖与道德辩护、有利比较、非人性化负相关，与过失归因显著负相关；而负性的父母教养方式与道德推脱机制正相关，如父母严厉与道德辩护、委婉标签、责任分散、歪曲结果、过失归因、有利比较、非人性化显著正相关，父母偏爱与道德辩护、委婉标签显著正相关，与责任分散正相关，父母拒绝与道德辩护、委婉标签、责任分散、歪曲结果、过失归因、有利比较、非人性化显著正相关；而比较中性的父母教养方式（父母干涉）与道德推脱机制各维度不具有相关性。这与以往的研究结果（Pelton et a 2004；刘国雄 2014）一致。

（三）父母严厉在家庭财富与过失归因中的中介作用

本研究发现，在控制性别与年级差异后，父母拒绝在财富对过失归因的影响中起了部分中介的作用。即财富既可以直接影响过失归因，又可以通过影响父母教养方式中父母拒绝的维度，进而影响过失归因。这表明低财富水

平的父母会表现出更多的决绝，进而使得孩子使用更多的过失归因，而高财富水平的父母则会表现出更多的温暖、更少的拒绝以及更少的严厉，从而使得孩子使用更少的过失归因。

五、德育策略

（一）立足道德认知的研究视角，拓展高校德育建设目标

传统的高校德育建设目标重点放在促进大学生形成良好的道德规范，增加大学生的道德行为以及减少不道德行为，而很少关注他们在违反相应的道德规范之后是否会反过来认同对应的违规行为。因此，立足道德认知的研究视角，将影响道德行为的重要认知因素——道德推脱引入高校德育建设的体系中来，将改善大学生道德推脱机制也列为高校德育建设的目标，从而能够起到拓展高校德育建设目标的作用。

（二）依托道德推脱的差异，提升高校德育工作针对性

根据道德推脱的性别差异、年级差异等特点，有针对性地开展德育工作。如，针对男生开展道德情感教育，减少权力感，增强其对他人的同情心及勇担后果的义务感。如针对大一新生开展责任感教育，强化个人的责任意识与责任行为，将个人形象与责任感紧密联系起来，从而减少其责任转移的策略；针对大二学生开展与校外勤工俭学相关的法律与社会保障制度的宣传工作，让其能用合理合法的方式解决问题，而减少其道德辩护的策略；针对大三的学生开展道德情感教育与利他行为教育，减少其过失归因的策略。

（三）重视父母教养方式的影响，扩展高校德育工作中的家庭探索

重视父母教养方式对道德脱离及道德行为的影响，在高校德育工作中加大对原生家庭的探索的内容，如了解父母的教养方式及对自己行为的具体影响、自己价值观与父母价值观的代际传承、利用团体活动或是小组讨论的方式探索如何减少父母消极教养态度对自己道德脱离机制的影响。

新时期大学生犯罪问题分析及教育预防

——以高校思政课教学为视角

王　乐①

（肇庆学院　马克思主义学院）

　　近二十年来，随着我国高等教育事业的蓬勃发展，大学数量的剧增和办学规模的不断扩大，越来越多的青年学子有机会进入大学校园，接受高等教育的学习与熏陶，人才培养的数量超过改革开放前数十倍。天之骄子的大学生群体成为肩负我们实现中华民族伟大复兴的希望而备受社会各阶层的高度关注。然而，我们在肯定成绩的同时，绝不可以忽视大学校园内的刑事案件甚至是恶性刑事案件发生的数量也逐年增加的事实。特别是震惊全国的2004年的"马加爵案"，2010年的"药家鑫撞车杀人案"、2013年的"复旦大学林森浩投毒案"到最近人们热议的"北大学霸吴谢宇弑母案"。这一起起残忍、令人无法理解的被网络和社会热议的案件都反映出这样一个问题，那就是当前在预防大学生刑事犯罪方面，高校在法治教育、构建学生健全人格的"三观"教育、心理辅导和干预方面还有很多亟待完善和建设的地方。本文将以高校思想政治教育为视角，研究探讨当前大学生刑事犯罪产生的原因特征，以期通过优化和调整当前高校教育层面的相关内容来促进大学生的身心

---

　　①　作者简介：王乐，男，甘肃兰州人，肇庆学院马克思主义学院讲师，硕士。研究方向为思想政治教育。

健康，预防降低校园刑事案件发生率，促进校园和谐稳定，使我们的大学能为党和国家培养出更多的有用人才。

一、新时期大学生犯罪的特征

近年来，大学生的犯罪案件呈逐年增加趋势，大案要案也明显居多。校园刑事案件种类呈多样化趋势发展。除了盗窃、诈骗、打架斗殴以外，杀人、强奸、抢劫以及敲诈勒索等案件的比率也明显增加。具体来说，有如下几个特点：（1）案件发生具有一定的突发性和偶然性。由于年龄小，社会阅历少，心智不成熟、情绪波动大等特点，一些大学生在遭遇生活中的一些突发事件或是和他人发生争执矛盾时，往往无法控制情绪，做事冲动不计代价后果。所以有些犯罪案件的发生本身具有突发性，行凶的大学生也并不是蓄谋已久而作案。情绪化的杀人或是伤害在大学生犯罪案件中一直占有很高的比例。例如发生在2011年广东肇庆某高职院校同一个宿舍的两个大学生，仅仅因为中午吃饭有舍友拿错了盒饭，其中一个大学生竟然拿刀把上来劝架的一个舍友一刀给捅死。（2）专业性特点突出。由于大学生本身文化水平比较高，又掌握一定的专业技术，所以在进行犯罪活动时往往会利用自己所学的专业。因此这样的作案往往具有相当的隐蔽性。最典型的要数2013年的"复旦大学林森浩投毒案"了。复旦大学研究生林森浩仅因琐事，就利用自己所学的专业知识盗窃实验用的剧毒化学品二甲基亚硝原液，将原液投放到室友黄洋所饮用的水中，造成黄洋中毒死亡。在黄洋中毒住院期间，医院和警方由于不知道黄洋所中何种毒药而使黄洋错过了最佳抢救时间最终导致其死亡。（3）手段残忍。一些大学生由于家庭成长环境中缺失父母亲爱的浸润，从小就存在一定人格的缺陷，长大后又受到网络游戏中一些凶杀暴力文化的影响，这些人在犯罪行凶时往往手段残忍，为达到目的不择手段。在"药家鑫案"中药家鑫先是开车无意撞倒被害人张某，事故只是造成了张某轻微骨折，但药家鑫因为害怕张某记车牌而找他麻烦，这个平常以弹钢琴为专业的大学生，下车后直接拿起车内匕首连续捅刺张某数刀导致其死亡，手段之残忍令人不寒而栗。

二、大学生犯罪原因之剖析

造成当前大学生犯罪案件增加的原因有很多，情况也颇为复杂，但认真剖析，不难发现，原因大体分为两大类，即外部因素和内部因素。就外部因素来说有如下几点：

（1）多元化价值观的存在使得社会环境日益复杂，而其中一些消极内容恰恰是大学生滋生犯罪思想的根源。随着网络和智能手机应用技术的普及，自媒体时代背景下，人人似乎都可以在网络上自由表达自己的价值观主张而不受到任何约束。在每个人都可能成为"网红"的今天，在追求流量关注和获取更多金钱利益的驱使下，网络上一直存在着这样一类人，他们要么是通过直播或是图片等方式来炫富，要么赤裸裸地宣传"拜金主义""享乐主义""不劳而获"。而这些思想对于"三观"正在建立当中、心智尚不成熟的在校大学生的负面影响其实是很大的。有的大学生在这样的影响下，很容易产生金钱至上、超前消费追求享乐、追求奢侈物质生活的错误人生目标和追求。为了实现自己的这些目标，他们中的一些人甚至会铤而走险，走上违法犯罪的道路。

（2）家庭教育的忽视和缺失所造成的人格缺陷。良好的家庭教育，源于父母自身的教育方式，教育方式决定子女个性的形成。父母作为孩子成长的第一位老师，其言行有着非同凡响的影响。① 现如今的社会，每个人的生存压力都很大，人们为了生活得更好而终日忙碌。一些家长忙于生计而无暇教育孩子，生而不养，认为孩子只要送到学校里让老师教育就可以了。实际上他们恰恰错过了教育孩子的最佳时期。因为在一个孩子人格和性格塑造过程中，父母对孩子的家庭教育是起决定性作用的。如果家长把一个孩子健全人格的养成的美好愿望全部寄托在学校和老师对他的教育上，而忽视孩子的家庭教育，这样是不切实际也是不负责任的。从近些年很多大学生犯罪案件来

---

① 胡晓岩，杨舒砚. 家庭对青少年的犯罪和预防 [J]. 长春师范大学学报，2016（3）：73-74.

看，早年家庭教育的缺失和从小缺乏父母关爱造成了一些孩子在成年后形成了不健全的人格和畸形的世界观、价值观，这也是他们后来很多人进行犯罪的重要诱因。时代的发展，给每个为人父母的家长提出了更高的要求，为人父母要用更积极的态度，更合理的方式教育子女，使子女在平等、民主、和睦、友爱的家庭关系中成长，① 从而形成一个健全的人格和积极向上的性格。

（3）高校对大学生思想政治教育和法律教育的重视程度依然不高。高校思想政治理论课（以下简称高校思政课）一直以来都是我国对大学生进行素质教育和法律意识教育的主要途径。如果能充分发挥学科优势和教学实效性，在防范和降低大学生犯罪率方面将会起到不容置疑的决定性作用。党和国家领导人也历来很重视高校思想政治教育课程的建设。然而"上面重视，下面轻视"的现象依然存在。客观地说，这些年高校思政课在高校中的地位有所提高，然而不重视思政课程发展建设，忽视青年思政课教师发展培养、同工不同酬的现象依然存在。一部分高校对于思想政治课程的建设和重视仅仅停留在某些学校领导开会时的口头支持上。长期以来，高校里面对大学生进行的具体普法教育的实效性一直不高。2006 年高校"思政课"将原来的"思想道德修养"与"法律基础"整合为"思想道德修养与法律基础"教程，课程涉及法理性的内容居多，实体法的内容较少。同时，法律基础部分相关案例很少，相关知识点概括性过强也比较抽象，对于大多数法律基础为零的学生来说，如果没有一个高水平的老师比较专业的讲解，想要通过自学掌握相关知识点基本上是不可能的。同时，由于学科学时和教学计划过于紧凑的安排，再加上很多"基础课"教师非法律专业出身，本身理论水平有限，这使得法律知识的讲授更容易照本宣科而流于形式。在这种情况下，大学生对法律的权威和作用无法产生深刻认识，更谈不上产生法律信仰以及对法律心生敬畏之情。另一方面，虽然这些年来思政课教学模式的改革取得了一些成绩，例如慕课和翻转课堂等新教学模式的出现及逐渐普及，改变了一

---

① 袁希. 挫折教育与大学生犯罪原因探析 [J]. 重庆大学学报（社会科学版），2017
（4）：141.

些以往课堂中照本宣科，理论枯燥的一言堂式教学模式，似乎学生和过去比起来也能稍微静下心来听听课。然而，大班教学模式，课堂教学中缺乏师生互动，少部分思政课教师由于缺乏坚定的马列主义信仰，无法将理论知识和现实生活相联系等等现象依然客观存在，这使得相当一部分大学生依然对课程提不起兴趣，严重影响课程教学的实效性。对学科的不重视和当前思政课教学实效性差使得课程本身在预防犯罪和法律教育层面的作用大打折扣。

从内因角度来看，以"95 后""00 后"为主体的大学生由于他们这一代人独特的心理特点和行为特征，在以上几点外部因素的影响下，他们中的有些人很容易误入歧途甚至走上犯罪道路。和过去"80 后"的大学生不同，新时代的大学生在心理上和行为上有着很显著的特征。

（1）身心发展不同步，心理承受能力差。大部分大学生从小生活优越，衣食无忧，习惯了父母的细心照顾。进入校园后，客观环境的变化使得他们必须学会独立处理问题和面对生活中的压力。从身体上来说他们已经成熟了，但心理尚未成熟，这就造成他们内心容易自大也容易自卑。面对着相比"80 后""90 后"大学生在就业、住房、感情和人际关系等方面的更大压力，他们更容易产生迷茫、困惑、浮躁、焦虑、情感孤独、自卑等不良心理；再加上缺乏理想信念的支撑和心理方面的辅导和干预，在面临生活中的挫折和考验时，他们很容易产生用攻击性的方式保护脆弱的自尊心的行为，同时出现自暴自弃、自我放纵、寻求刺激甚至是"破罐子破摔"的心态，而这些心态往往是产生犯罪的心理根源。

（2）习惯以自我为中心，功利性倾向比较明显。一方面，他们待人热情，做事有干劲。思想活跃开放，乐于接受新事物，不喜欢人云亦云，有独立思考的习惯。但另一方面，由于他们中的绝大多数人是独生子女，从小受到家人的宠爱，养成了遇事先考虑自己的思维模式，因而在待人接物和看待问题等方面功利主义倾向比较明显。一些学生过于偏重自我利益，特别是个人的物质利益的追求和满足。当感觉自身利益受到侵害时他们会坚决维护自己的利益甚至是不惜代价。还有的人遇事不冷静，情绪上来容易冲动且做事不考虑后果。这就能解释为什么"激情犯罪"一直在大学生犯罪案件中占有相当高比例。

（3）对智能手机的依赖严重，网络不良文化更容易"催生"犯罪。随着智能手机近些年的普及，它所带来的便捷性、智能性、开放性、交互性颠覆了人们以往的生活方式和消费模式，智能手机俨然已经成为我们"身体的一部分"，它使得我们的生活更加智能和便捷，知识的传播和学习也更加容易。在这样一个信息爆炸的时代，大学生群体对智能手机和网络的依赖更加是前所未有。然而，网络和智能手机的普及所产生的社会危害也显而易见：一方面新型的刑事犯罪案件开始出现；另一方面，网络上的色情暴力等信息使得性侵、诈骗和故意伤害等案件数量在青少年群体和大学生群体中大幅增加。据有关专家调查，在互联网上不良的非学术性信息中，有47%与色情有关，网络使色情内容更容易传播。据不完全统计，60%的青少年虽然是在无意中接触到网上黄色信息的，但自制力较弱的青少年往往出于好奇或冲动而进一步寻找类似信息，从而深陷其中。同时，含有暴力内容的手机网络游戏泛滥，而很多大学生往往是这些网络游戏最忠实的拥趸。同样，网络中暴力色情内容对当前大学生犯罪案件的激增同样"功不可没"。

（4）法律意识淡漠。为了贯彻党的十八届四中全会关于"将法治教育纳入国民教育体系，从青少年抓起，在中小学设立法治知识课程"的要求，教育部、司法部、全国普法办在2016年颁布了《青少年法治教育大纲》，明确从义务教育到高等教育阶段都要加强法治教育，标志着我国的青少年法治教育进入了一个全新阶段。虽然这几年青少年的法治教育得到了相应的强化，很多学校里中小学法治副校长和法治辅导员的配置也已基本普及，但在当前应试教育的背景下，法治教育在绝大多数学校里是要排在提高升学率和培养专业技能任务后面的。相当一部分教育工作者在工作当中把学生的升学率、就业率和专业技能的培养放在首位，而疏忽了学生的素质教育和法治教育。在这种背景影响下，相当一部分学生法律意识淡漠，对法律毫无敬畏之心。重视专业技能培养而忽视学生人格的塑造和完善必然会导致犯罪率的增加。

三、加强思政教育，预防大学生犯罪

高校思政课一直以来都是对大学生进行人生观、价值观和法律教育的主

阵地。加强思想政治教育，能够及时引导教育大学生正确认识社会，使其具有正确的目标和追求，提高应对挫折的能力，从根本上解决和消除大学生犯罪滋生的根源。加强大学生思想政治教育，有利于稳固大学生思想基础，使大学生在实践中逐步认识社会，积累社会生活经验，学会用辩证的观点正确分析和解决现实生活中的各种问题；更能使大学生对法律知识掌握得更加牢固，在生活和实践运用中进行内化，在遇到困难或者问题时，知道用法律来保护自己，而不是选择简单粗暴的方式处理问题。结合当前引起犯罪的社会客观诱因以及新时期大学生的心理和行为特征，学校相关管理者和思政教育工作者必须正视当前在思想政治和法律教育中出现的问题，高度重视课程的建设和教学的实效性，这样才能真正发挥思政教育在预防犯罪方面的巨大作用。具体来说，以下几点，将是今后工作的重点和努力的方向。

（1）高校必须加强思政课学科的建设，对学科的重视落到实处。面对现在校园犯罪案件频发的严峻局势，既然知道思政课程在帮助大学生建立正确人生观、价值观和预防犯罪方面的巨大作用，高校领导层就更加应该重视课程的建设。这种重视不是仅仅停留在某些领导的口头上的，而是应该落到实处。例如学校可以给予思政课程在学科建设方面更多的经费来构建适合本校思政课程的"线上"教学和考核模式。通过打造自己本校的思政课程线上与线下相结合的教学模式来激发教师在思政教学方面的创造力。在课酬计算方面，尊重和肯定思政课教师的劳动，要做到思政课程和其他学科至少同工同酬；在青年教师培养方面，既要重视青年思政课教师教学技能的培养，更要重视他们的马列主义信仰教育和法律知识方面的学习。对学科的落到实处的重视和行之有效的建设是发挥课程实效性的大前提。

（2）思政课教师应该不断加强自身的道德修养和法律知识方面的学习，以身作则影响学生。思想政治教育在预防犯罪中要有所作为，教师本身也是关键。当前多样化的社会思潮对道德领域主流话语权产生冲击，使得一部分高校思政课教师自身持有的价值观与教学中应传递的价值观出现了差异。这些差异也使得大学生在对道德和价值观进行甄别和选择中愈加迷茫。作为一名合格的思政课教师，首先一定要树立坚定的马列主义信仰和正确的世界观、人生观和价值观。只有自己在平时的生活和教学中以身作则，才有可能"言传身教"影响到学生。教学中教师应积极传递正能量，帮助大学生建立正确的人生观和价值观，培养他们的自律意识。在实现人生价值层面，不能只偏重和追求个人利益的满足。教师还要注重对大学生逆商和情商的培养，教导他们面对困难要积极、乐观和进取。另一方面，思政教师要积极主动提高自己的法律素质，特别是担任"思想道德修养与法律基础"（以下简称"基础课"）课的教师，要把对法律知识持之以恒的学习作为自己的一种职业要求和习惯。因为上文曾说到过，当前高校中很多"基础课"教师并非法律专业出身，本身自己理论水平有限；同时由于学时和教材内容设置等客观原因，法律知识的讲授更容易照本宣科而流于形式，大学生对法律的权威和作用很难产生深刻认识。因此，思政课教师必须要拥有坚定的社会主义法律信仰，积极学习和充实自己的法律知识，这样才有可能通过自己的教学提高学生的法制观念和法律意识。在"基础课"法律部分进行教学时，个人认为教师在教学时应该充实实体法部分的教学内容，特别是刑法相关部分的教学内容。在课堂教学时，教师应运用通俗的语言来讲述相关理论，同时加强案例教学。因为通过案例教学，学生更容易理解相关法律概念和知识。其次，多播放和大学生犯罪相关的真实案例视频让学生观看并讨论，通过视频案例教学让学生们更生动直观地看到犯罪行为对社会和个人的危害，从而感受法律的威严，对法律产生敬畏之情。

（3）思政教师应充分发挥智能手机端教学 App 的优势，加强师生间的交流与沟通，时刻关注学生的心理状态。现在的大学生对话语权的要求很高，传统的"一言堂"思政教学模式往往是最受他们抵触的教学方式。在学习过程中，他们实际上都有参与课堂教学过程，与他人交流分享或是发表自己见解的渴望。随着这几年手机应用程序技术的发展，对于把手机当作"身体的一部分"的大学生来说，通过手机程序进行学习逐渐成了最受他们欢迎的学习模式。类似"云班课""学习通"等手机程序的应运而生，大大改变和颠覆了传统教学模式。这些程序在管理班级、线上教学、线下沟通、推送视频、慕课、考勤和考试方面的便捷性和高效性，使得越来越多的教师愿意在教学过程中利用手机端 App 进行辅助教学，这也成了当前思政课教学发展的一种趋势。和过去单调乏味的传统教学模式相比，教师在利用学习类 App 进行辅助教学后，学生学习的参与度、满意度、积极性和配合性和过去相比都明显提高。过去的思政课课堂，大班教学往往是常态。一个老师在课堂上往往要面对一百多位学生。无论是课上还是课下学生参与教学过程和与老师沟通交流的机会都不多。久而久之，思政课原本强大的理论指导生活并帮助学生"排忧解难""答疑解惑"的现实功能被大大削弱，教师也很难及时了解到学生的心理状态和精神状态。现在，移动端教学 App 在教学中的使用，不仅仅使得思政课教学实效性增强了，还使得教师逐渐成了一部分学生心灵的倾听者和行为的引导者。在课前和课中，教师运用程序通过"慕课"和"翻转课堂"激发学生的学习兴趣；课下，教师能够运用程序及时帮助那些生活中遇到挫折、困难甚至是遇事想不开的学生，在线上"一对一"对他们进行安慰、鼓励和开导。同时，教师也更容易及时了解到班级里一些需要更加关注的学生的心理状态。当他们出现问题的时候，对他们进行心理上及时的辅导和干预，避免他们产生极端和偏激的思想，从而自暴自弃走上犯罪道路。移动端的教学 App 的存在使得师生间交流不会由于课程结束、距离以及假期等客观原因而出现困难和障碍。

（4）加强高校心理辅导机构的建设，培养大学生健康心理。心理健康对当代高校大学生尤为重要，较好的心理素质有助于学生的学习与成长，更是避免犯罪的基础保障。大学生犯罪心理的产生、发展和矫正是一个漫长的过程，需要我们耐心地发现、分析和解决，而这些都需要高校心理辅导机构和思想政治教育工作者共同努力应对。在这个过程中，除了加强素质教育和普法教育外，高校也应加强本校心理辅导机构的建设。虽然说，当前绝大多数高校都设有专门的心理辅导机构，但客观来看，很多辅导机构在目前高校中发挥的作用并不尽如人意。常见问题主要出现在这两个方面：（1）心理机构宣传不到位，在校影响力小。很多心理辅导机构虽然存在已久，但由于平时对本机构的工作意义和内容宣传不到位，很多学生都不知道校内有此机构。（2）心理辅导机构专业人员的配备比例小，使得心理咨询工作流于形式。一些心理辅导机构里面的相关负责老师，并非心理学专业出身，本身专业能力欠缺，名不符实、滥竽充数，这使得那些本来抱有很大希望并鼓足勇气的、需要心理干预的学生在咨询后大失所望。因此，高校心理机构想要在预防大学生犯罪心理产生过程中真正发挥其应有作用，就必须在当前建设和完善中做到以下三点：（1）面向学生，在学校大力开展以心理健康为主题的多类型活动，对相关心理辅导机构加强宣传，对其工作内容进行足够详细的介绍，让学生们充分了解心理健康的重要性并认识到出现问题求助专业人士进行心理干预和咨询是非常正常的。（2）加强机构建设的专业性。心理辅导机构配备的指导老师必须是相关专业的教师或是从业人员。（3）建立大学生心理档案，对特殊学生实行心理辅导老师责任制。在进行心理辅导和干预工作方面，建议建立本校相关大学生的心理档案并实施教师责任制。老师在对高危个体进行心理干预后，必须详细记录相关信息和干预治疗方案，事后进行有计划地跟进和观察并建立完善的心理档案。① 只有思想政治教育和心理辅导干预双管齐下，才可能最大程度上遏制犯罪行为的发生。

最后，建议高校根据自身情况，制订在校大学生四年的法律教育计划。因为任何人法律信仰的养成都是一个逐渐形成的过程，而不是一朝一夕之功。坚持最为重要。学校应在四年内有计划地向大学生进行不间断的法制宣传和教育。同时，积极建立校外法制教育基地进行法律实践活动。例如组织学生旁听庭审、参观监狱或劳教所、邀请司法部门相关人员来校进行法制教育宣传。以此帮助大学生们在知法、懂法的同时，自觉守法，不断提升法律观念和意识。

---

① 李瑞平. 在校大学生犯罪的学校原因及防范路径思考——以思想政治教育为视角 [J]. 法制与社会，2015（9）：228.

结 语

大学生是祖国未来的希望。他们肩负着实现中华民族伟大复兴的神圣使命。他们的思想政治和法律教育做得到位与否很大程度上决定了他们今后能不能成为一个合格的社会主义接班人。预防大学生犯罪是一个持续、漫长而又系统的工程。要想真正降低犯罪案件发生的数量,达到一个比较理想的结果,需要调整和完善的不光是高校思想政治教育层面,更需要全社会引起足够的重视。从国家角度来说,不断营造健康的社会环境,大力提倡社会主义核心价值观;从家庭角度来说,父母应重视家庭教育和孩子健康人格的养成。只有这样,才能避免曾经的那一幕幕悲剧再次发生。

第二章

02

| 跨学科视野下的思政课方法创新 |

"翻转课堂"在思政课教学中的变通与应用

胡庆亮①

（佛山科学技术学院 马克思主义学院）

思政课是学校意识形态教育的主阵地和立德树人、铸魂育人的主渠道，在促进学生政治认同、提升学生思想道德水平方面发挥着举足轻重的作用。然而，随着经济社会的快速发展、科学技术的不断进步以及社会思潮的跌宕起伏，当今学生的言语表达和学习方式都被打上了深深的时代烙印，有着与以往截然不同的特征。在这种情况下，传统的思政课教学模式面临日益严峻的挑战，急需进行调整和改变。正如习近平总书记2019年3月在学校思政课教师座谈会上所指出的，"推动思想政治理论课改革创新，要不断增强思政课的思想性、理论性和亲和力、针对性"。② 事实上，近些年我国各地各级学校一直在对思政课教学进行探索，并取得了积极成果。其中，翻转课堂作为一种改革尝试备受关注，但在具体操作中，诸如翻转课堂的适用性、适用范围等问题一直争论不休，需要从理论和实践上做进一步澄清。

---

① **作者简介**：胡庆亮，男，佛山科学技术学院马克思主义学院副教授、博士，主要研究方向为党的建设与思想政治教育。

② 习近平主持召开学校思想政治理论课教师座谈 ［N］. 人民日报，2019 - 03 - 19 (1).

一、翻转课堂的比较优势与应用局限

翻转课堂译自"Flipped Classroom"或"Inverted Classroom"，最早起源于美国。有别于传统的灌输式教学，它通过对课堂时间的重新规划和对师生角色的重新定义，旨在建立"以学习者为中心"的新型教学模式。简而言之，就是重新布置和调整课堂内外的学习时间，将学习的决定权从教师转移给学生，从而激发学生的学习兴趣，提升课堂的教学实效。与讲授为主的课堂模式相比，翻转课堂具有明显优势，也存在很大局限。

首先，优势方面。（1）有利于提升学生自主学习能力。翻转课堂的目的在于引导学生主动而非迫于压力开展学习活动，本身就是学生自主学习的过程。学生可以根据学习进度观看教学视频和从事网络学习，不受空间和时间的限制。在学习过程中如遇困惑和疑难，还可以停下来反复思考或重新观看。这无形中减少了学生对教师的依赖，在经过一定时间积累和强化训练后可以明显提升学生独立发现问题的意识和解决问题的能力。（2）有利于满足学生个性化的学习需求。由于学生的成长经历、知识结构、认知特点、学习兴趣等多有差异，因此其接受程度也不尽相同。传统的以教师为中心的讲授式学习往往将学生视为一个整齐划一的整体，难以做到"因材施教"。而在翻转课堂上，因为做了课前准备，学生往往会带着问题询问教师；由于免去了视频内容的讲授，教师会有更多时间解决具体问题，故而可以为每位学生提供指导和帮助。（3）有利于实现优质教学资源的共享和优化。借助网络载体，翻转课堂能够汇集众多资源并使之在同一个平台呈现出来，让共享变成现实。不仅如此，教师和学生可以通过网络随时随地查阅微课资源，使用过程中如发现不足，可提出修改建议和意见，使之更加完善。（4）有利于加快良好师生关系的形成。[①] 对角色的重新定义使学生成为课堂和课程的中心，教师与学生的关系从上与下、教与学变成了平等的讨论和对话。这不仅对学生掌握知识大有裨益，而且大大拉近了师生之间的距离。

---

① 　王涛. 浅议翻转课堂教学的优势［J］教堂内外·教师版，2016（12）：89.

其次，局限方面。（1）从适用范围看，翻转课堂并非全能，它在知识点清晰、结构严谨的学科中更为有效，如数学、物理等；而对那些在学习过程中需要教师进行情感渗入、人格配合才能准确把握和深刻理解的课程，实效性会大打折扣。（2）从学习要求看，因为翻转课堂的一个重要目的就是解放教师的有效时间，有针对性地就学生的困惑、疑难或感兴趣的问题予以重点解析。这一方面需要学生具备主动学习的内驱力，在课前做好充分准备；另一方面也需要教师具备更加合理的知识结构和更为理论化、系统化的知识储备，以应对学生随时可能在正式课堂上的提问。（3）从实施条件和可能的影响来看，翻转课堂要求学校和学生必须拥有相应的影像录制装备和移动互联设备。不可否认，目前多数学生有能力满足这一要求，但仍有少数家庭需要学校、社会予以额外支持才能顺利完成。此外，翻转课堂是否会加剧学生对电子设备的依赖，或者给学生过度使用电子设备提供合理借口，也一直受到质疑。

二、思政工作的特殊性与思政课翻转课堂的变通

"学校思想政治工作本质上是做人的工作，必须始终围绕学生、关照学生、服务学生，把立德树人的根本任务贯穿全过程。"[①] 其主要任务就是要解决学生的思想认识问题，更确切地说是解决学生的政治认同和道德品质问题。思政工作的特殊性，决定了思政课教学和思政课教师的与众不同。相比而言，思政课教学具有更严格的规范和更高的要求，因为思政课不仅仅是知识的传播和传授，更重要的是价值的传递和传承。它通过教师的讲解和示范来帮助学生认识、理解、认可和接受主流价值观，进而内化于心、外显于行。所以，思政课教师需要具有更高的政治素养和更多的情感投入。从这个意义上说，翻转课堂应用于思政教学也必须以此为前提，并在此基础上做出不同程度的调整和变通。

---

① 习近平主持召开学校思想政治理论课教师座谈 [N]. 人民日报，2019 – 03 – 19 (1).

其一，在内容上进行梳理和分类。翻转课堂的选用有着相对固定的标准，通常有三条：以技能性学习为主；便于学生自主学习；知识点是有规律的讲解。事实上，思政课并不完全符合上述要求。所以，教师要把课程内容进行细化和归类。

其二，在时间分配上做好规划设计。如前所述，思政课不只是传授知识，更重要的在于情感、价值、理想、信仰的塑造与培育。因此，翻转课堂中对视频的使用可以相对减少，而将部分学习任务放到相关书籍的阅读和基础知识的补充上。

其三，在实施原则上，教师应坚持习近平总书记提出的八个"相统一"，尤其是政治性与学理性、统一性与多样性的统一，不能为了达成知识目标而忽略了过程与方法、情感和态度以及价值观等目标的落实。具体来说：（1）把握翻转课堂的正确方向，把姓"马"的政治纪律挺在前；（2）掌握翻转课堂的主导权，把"立德树人"、铸魂育人的使命扛在肩；①（3）探索线上线下混合教学模式，增强思政课教学的亲和力和针对性。

其四，从现实来看，将翻转课堂与慕课等结合起来的混合式学习正日趋流行。思政课的"混合式教学模式"具有四项要素，一是慕课视频，主要讲解基本知识和基础理论；二是课堂讲授，主要讲解疑难问题和高精尖学术问题；三是小班讨论，主要进行生师互动和生生互动；四是课下作业，主要锻炼学生研究和写作的能力。② 由此，翻转课堂才实现了从"小翻转"向"大翻转"的转变。

三、翻转课堂在思政课教学中的具体应用

翻转课堂主要分为两个阶段，即课前教学准备、课中知识传授和知识内化。具体而言：

----

① 卓爱平. 高校思政课翻转课堂教学的若干思考［J］思想政治教育研究，2018（5）：76-78.

② 冯务中. 思政课的"混合式教学模式"具有四项要素［EB/OL］. http：//www. bjcipt. com/Item/16208. aspx，2017-11-30.

（一）课前教学准备阶段

在本阶段，教师要根据教学目标进行教学设计，即按照教学任务、教学对象、教学内容、教学进度，利用移动互联平台和信息网络技术完成课程资源的开发与发布等工作。主要内容包括：

1. 将教材体系转化为网络课程教学体系，向学生提供以教学计划为单元的教学资源以及辅助性学习资料。其中，教学视频的拍摄和制作是十分重要的一环，须把握三条：第一，内容聚焦、主题集中，做到事实清楚、逻辑清晰、语言风趣、感情充沛、说理透彻，以便引发学生兴趣并有助于他们理解；第二，视频时间不宜过长，通常在 10 分钟以内，以便于学生集中注意力；第三，尽可能以启发性的问题导入，以递进式的问题结束，以便于学生进一步思考。从实践来看，目前全国不少学校已使用了专门的在线平台，思政课与互联网＋的结合已经初具规模，包括教学课件、教学视频、教学案例、阅读资料、参考文献、单元练习、在线测试等各类教学资源都能进行个性化的供给和编辑，这为翻转课堂的顺利实施提供了强有力的技术支撑和资源保障。

2. 设计并向学生提供学习导案，建立重要知识点的信息链接，提示学生单元学习的内容要求、时间安排、学习方法、注意事项等，引导学生按要求开展自主学习。实际上，翻转课堂的成败很大程度上取决于学生能否进行充分的课前准备，所以及时地提醒督促以及指导性的学习导案和辅助资料必不可少。教师把课前资料发布到网络后要积极鼓励和引导学生在线学习，学生通过阅览课件、观看视频、进行练习和自测等方式，完成概念性、事实性等基础知识的记忆与理解。如在学习法律知识时，学生可以通过视频浏览和资料查阅，对法律基础知识和核心概念形成初步印象，然后再就相关问题进行相互交流。

3. 搜集、整理学生自主学习中出现的共性和个性问题，强化以问题为中心的师生、学生之间的课堂和网络交互关系，提升学生自主学习的质量。尽管学生素质参差不齐，水平高下不一，但关注的问题和疑难却有相似之处，尤其是对正在发生的重大国内外理论和现实问题，要及时进行跟进和更新。

4. 设计有针对性的应用问题和实践项目，引导学生开展探究性学习和社会实践，为促进学生的知识内化、情感优化、态度培养和价值观形成创造条件。① 目前，国内众多学校已在这方面开展了大量实践，积累了丰富经验。如将党的十九大精神制作成慕课，通过将内容进行分解并重新排列组合制作成专题等。

（二）课中的知识传授和知识内化

在本阶段，课堂教学可以分为课堂检测、进阶作业、协作探究、展示质疑、综合评价等五个环节。

其一，课堂检测，即课程开始前先检测学生自主学习的效果，目的是让学生体验自主学习的成就感，同时查漏补缺，帮助学生巩固学习成效。

其二，进阶作业，即让学生现场完成作业，并逐步增加作业难度。这有助于学生学习的深度拓展，发展他们分析、解决复杂问题的能力。

其三，协作探究，即学生通过相互提问、解析、评价，从传统灌输模式下的被动接受者逐步成为翻转模式下的主动探究者、参与者、协作者。这不仅能够帮助学生分享信息与碰撞思想，而且有利于他们提升表达能力和社交能力。

其四，展示质疑，即各学习小组推荐成员展示本组协作学习的成果，包括取得成果的方法、存在的困惑等，其他学生对此可以提出质疑。② 在具体操作上，主要有三种方法：（1）任务驱动法，即教师给学生布置探究性学习任务后，学生先要查阅资料并整理和整合相关知识，再选出代表进行讲解，最后由教师做总结。此方法需以小组或个人的形式进行，能够使学生在完成任务过程中培养分析、解决问题的能力和独立探索、协同学习的意识。（2）讨论法，即在教师指导下，学生以班或小组为单位，围绕教材的中心问

---

① 郑卫荣. 思政课翻转课堂教学改革探索 [J]. 高教论坛, 2016 (11)：34 – 38.
② 张肖，张慧. "翻转课堂" 网络教学模式在高校思想政治理论课中的应用研究 [J]. 中国管理信息化, 2017 (18)：242 – 243.

题，通过讨论或辩论表达观点，从而获得和巩固知识。（3）项目教学法，即以实际应用为目的，通过师生共同完成教学项目而使学生掌握知识、提高能力。它提倡"个性化"的学习，主张以学生学习为主，教师指导为辅。其实施以小组为学习单位，步骤一般为咨询、计划、决策、实施、检查、评估。

其五，综合评价，即在课前学习、课中的讨论交流和成果展示后，教师从内容到形式、从优点到问题等进行一一点评，进而从知识的传授转移到价值引导上。这种引导要逻辑缜密、循序渐进，既要情感四溢也要理性张扬。同时，有针对性地就学生提出的疑难问题、重大理论和现实问题进行探讨，例如为什么说中国共产党的领导地位是历史的、人民的选择。整个过程教师要把握节奏和尺度，坚持平等对话，以理服人。

总的来说，翻转课堂作为一种新的教学模式正日益受到重视，虽然由于其固有的局限性，在不同课程中的应用空间和作用效果不同，却给包括思政课在内的诸多课程的教学改革带来了启示。事实上，随着教育思想的不断变化和教育技术手段的日益丰富，多种方式糅合的混合式教学正在兴起，但从翻转课堂中反映出的教育教学理念，如以学生为中心的"先学后教、以学定教"和"生进师退、生本师导"，正促使教学由教师"预设性教学"向学生"生成性学习"的转变，直接推动了教育改革和教学实践。在此过程中，思政课不仅获得了整体质量的提升，而且实效性也在逐步彰显。

行动导向理念在高职高专思政课教学中的应用

邓婵娟①

（广东环境保护工程职业学院 思想政治理论课教学部）

高校思想政治理论课承担着对大学生进行系统的马克思主义理论教育的任务，是对大学生进行思想政治教育的主渠道，是帮助大学生坚定理想信念，树立正确的世界观、人生观和价值观的重要途径，是社会主义高等教育的本质特征；是树立青年大学生正确的政治方向和政治信仰的重要阵地，重点是培养学生关注国家大事、关心国家发展前途的思想政治素质，以及用马克思主义立场、观点、方法分析问题和解决问题的综合素质。

一、高职思政课问题现状调查

近几年来，笔者每学期都会在思政课堂上对学生进行调查，主要集中在三个方面的问题：一是学生对该课程设置的看法；二是学生对教师的教学方法、方式的看法；三是学生对教师的教学能力、教学态度及综合素质的看法。根据调查结果分析，高职高专思政课的教学主要存在以下问题。

---

① 作者简介：邓婵娟，女，广东环境保护工程职业学院思想政治理论课教学部讲师，硕士，研究方向为高校思想政治教育。
基金项目：广东环境保护工程职业学院 2019 年校级质量工程项目"高校'思政课获得感'与'学生主体性'深度融合的实证研究"的阶段性研究成果，课题批准号：J441520022102。

1. 学生认知偏见。在教育理念上，目前很多高校仍然存在着重智育轻德育、重专业技能轻人文素养、重知识传授轻价值引领等不正确的教育观念，这导致大学生对思政课存在认知偏见。虽然学生思想意识形态上肯定，但内心排斥思政课程，认为思政课可有可无，大多数是消极被动地接受教育内容，没有意识到正确三观的树立将会是决定学生未来发展高度的一股隐形力量。

2. 内容流于形式。思政课教学内容具有时代性、科学性、综合性等特征，教学内容如不能及时根据形势变换和调整侧重点，会导致教学内容僵化死板，思想跟不上潮流变化，与时代精神相脱节，以至于教与学处于失衡状态。教学内容流于形式，大学生懵懵懂懂，只能掌握皮毛，积淀不成系统条理的理论素养，不能实现教育内容的内化于心与外化于行。

3. 教学模式单一。教学既包括课堂教学、实践指导，也涵盖课下自学引导，生活中树立榜样等手段和方式。教师过多注重传统的教学方法，不能根据时间、环境变化的要求来调整变化，不能及时满足学生和教学的需求，教学方法利用率低，会对思政课有效性形成一定的制约。有些教师不能跟上新媒体发展的步伐，为了教学更简便，很少发挥传统媒介的作用。

针对调查的结果和反馈，笔者在自我反思的基础上，在思政课的教学方法改革方面做了一些探索和尝试，将德国职业教育专家特拉姆的"行为导向"理念融入本门课程的教学中，采用"行动导向"与"学生主体性"相结合的教学法，效果显著。

二、行动导向理念和行动导向教学

德国职业教育专家特拉姆在《综合经济形势中的学习、思维和行为——在商务职业培训中运用新的工艺》中对行为导向界定为："是一种指导思想，培养学习者具备自我判断能力、懂行和负责的行为。它可视为主体得以持续发展的过程，也就是说在这一过程中，他们所获得的知识和能力在实践活动中得以展现。"在他看来，行动导向是一种职业教育教学理念，它以学生行为改变为教学目标，追求在真实的工作环境中，由师生的交流和活动，使学生形成符合生产需要的行为规范。①

　　所谓行动导向教学是根据完成某一职业工作活动所需要的行动以及行动产生和维持所需要的环境条件以及从业者的内在调节机制来设计、实施和评价职业教育的教学活动。行动导向教学的目的在于促进学习者职业能力的发展，其核心在于把行动过程与学习过程相统一。它倡导通过行动来学习和为了行动而学习，是"由师生共同确定的行动产品来引导教学组织过程，学生通过主动和全面的学习，达到脑力劳动和体力劳动的统一"（Meyer，1989）。它通过有目的地、系统化地组织学习者在实际或模拟的专业环境中，参与设计、实施、检查和评价职业活动的过程，通过学习者发现、探讨和解决职业活动中出现的问题，体验并反思学习行动的过程，最终获得完成相关职业活动所需要的知识和能力。在行动导向学习中，行动是学习的出发点、发生地和归属目标，学习是连接现有行动能力状态和目标行动能力状态之间的过程。② 因此，对高职高专思政课的教学改革有一定的指导作用。

三、基于行动导向理念的思政课教学模式的构建

　　笔者根据思想政治理论课教学规律和高职高专生的认知特点，采用行动导向教学法，以"历史与现实""理论与实际""学习与行动"和"实践与考试"四个相结合为基准，以培养解决实际问题能力为中心，选取教材中的重点内容做成专题，做到根据教学内容的需要分别采用不同的教学法开展教学，让学生在"做中学""学中做"，通过自己的行动学习知识和培养职业能力，把所学的知识内化为觉悟和素质，推动学生能力的发展和思想的升华。笔者坚持"能力本位和以生为本"的原则，构建了一个基于行动导向理念，辐射教学目标、教学内容和教学方式的思政课教学模式。

---

① 姜大源. 当代德国职业教育主流教学思想研究理论. 实践与创新［M］. 北京：清华大学出版社，2007.

② 韩茂源. 行动导向教学法的理论释义及实践解读. 黑龙江高教研究（J），2011（6）：146 – 148.

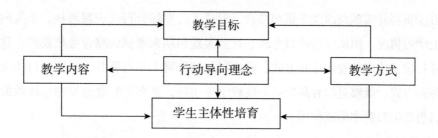

1. 历史与现实相结合，实现思政课的教学目标，培养高职学生的政治素养和成长成才。思政课的教学目标包含了知识、能力和情感三方面，通过史论结合，以论为主的方式，让学生获取理论知识，更重要的是培养学生的能力和情感。

2. 理论与实际相结合，构建思政课的教学内容，丰富学生的理论知识和培养思想情操。思政的教学内容设计非常重要，可以将以前的理论背景置换到当代政治上，与现在的政治环境结合起来分析，不仅让学生掌握和理解教材的理论知识，还要学会将这些理论知识运用到实际生活中，并通过实际生活的反馈来更加深刻地理解和体验所学到的知识，从而推动学生思想上的升华。

3. 学习与行动相结合，创新思政课的教学方式，锻炼学生学以致用、解决问题的能力。行动导向教学重要特点是"从做中学"，它充分体现了学与做的结合，知与行的结合。因此，在教学方式上，根据教授内容的不同采用各种不同的教学方法，倡导学生主动参与、乐于思考、勤于实践，让学生在活动中提高分析和解决现实问题的能力，增强关注社会现实问题和承担社会责任的意识。

4. 实践与考核相结合，完善思政课的考核方式，调动学生学习积极性、主动性和创造性。"行动导向学习的核心是有目的地扩大和改善个体活动模式，其关键是学习者的主动性和自我负责。"① 根据这个理念，笔者在考核

---

① 易传英. 基于行动导向教学理念的思想政治理论课考核方式改革探索——以我校"毛泽东思想和中国特色社会主义理论体系概论"课改革试点为例. 成都纺织高等专科学校学报（J），第 29 卷第 3 期（总第 105 期），2012（7）：51－54.

方面将课外实践与课堂考试相结合，形成了注重综合行为表现考核、个人网上学习情况、团队学习项目考核、社会实践和期末考试的综合考核模式。这样打破了传统的卷面考核方式，代之以如制作网上学习资料、团队项目体验等新方式，能够更切合高职高专院校学生实际，更充分有效地发挥思政课的思想政治教育主渠道作用。

四、"以能力为本位，以学生为中心"，探索思政课程教学的新方法

行动导向有许多具体的方法，比如项目教学法、思维导图教学法、头脑风暴教学法、情景教学法、角色扮演教学法等，这些方法的重要特点是有目的地布置学习任务，或设置情景以充分发挥个体的积极性、主动性和创造性，从而更直接地培养学生实践能力和创新能力。

（一）历史教育教学法

历史知识以其丰富内涵给一代代人留下宝贵的遗产和丰富的智慧，历史教育的状况直接影响着传人的素质。从历史的角度讲，思政课是一门需要大量丰富的历史知识的课程，通过一个国家的历史来对学生进行思想政治教育是最具有感染力的，美国就是一个典型。美国的历史教育并不以了解"真相"自夸，更不以达到对某个历史事件的评判为终点，而是鼓励学生不断地探索对历史事件的多重解释，保持开放的视野，以加深对国家、社会和人性的理解。比如在讲授课程最后一章"中国共产党是历史的选择，是人民的选择"这个知识点时，可以通过回到历史，还原历史的方式，讲述历史事件和播放历史视频，让学生去感知在那个年代，中国共产党为新中国的成立是如何抛头颅洒热血的；再通过设问"如果没有中国共产党，现在的中国会是怎样？"来引发学生的探讨，达到加深学生对历史的了解，增强学生的国家历史使命感；同时实现了树立学生信仰的目的。

在笔者看来，历史教育对于当代青年大学生而言是非常重要的，只有对国家的历史有着深入和理性的了解，才能够全面地去看待问题。

（二）项目教学法

项目教学法是指教学过程中以专题为载体，创造一种类似项目研究的情境和途径，让学生通过收集、分析和处理信息来实际感受和体验知识，进而了解社会，学会学习，培养分析问题、解决问题的能力和创新能力的教学法。① 在教学中，笔者选择与课程内容中息息相关，具有重大理论意义和实践意义的重点、热点问题，如贫富差距问题、环境保护问题、经济发展不平衡问题、传统文化迷失问题、幸福感问题、农民工问题、反腐败与廉政建设问题等，让学生进行项目设计，如就本地区农民工的问题向有关方面提出建议，就传统文化迷失、信仰缺失等问题从高职学生的角度就学校的校园文化建设向学校提建议等，形成有一定深度的专题化教学内容。学生就教师提供的项目，自行分组、自行选题，自行进行专题研讨，自行完成本组的专题研讨并写成小论文，设计 PPT，然后通过扮演教师的角色在课题上进行授课；讲课结束后教师和其他学生进行提问，师生共同探究和评分；最后，教师进行归纳、总结。这样，既强化了学生对基础理论和基础知识的掌握，又提高了学生收集信息、使用信息的能力，以及分析、解决实际问题的能力。学生扮演教师授课在参与教学活动中提高了逻辑思维能力、分析问题能力、语言表达能力、公众演说能力。

（三）情境式教学法

情境式教学法是指在教学中通过表演或通过影视媒体创设一定的道德情境，把学生引入情境中，让学生在情境迁移中获得道德体验，并实现道德升华。如在讲授道德时，笔者选择社会热议的道德问题，课堂上对同学提问并让学生讨论："在构建和谐社会中，从微观角度看，作为社会的个体应该怎样做？"笔者根据学生的回答，运用了中国著名哲学家冯友兰先生写的一篇

---

① 李革. 行动导向教学法在高职毛泽东思想和中国特色社会主义理论体系概论课教学中的应用. 卫生职业教育（J），2012（17）：59-61.

文章《论命运》，通过连线游戏的方式创设了一个教学情境即人生成就（学问、事业和道德）与成功要素（努力、天资和命运）之间关系，由学生来完成一对一匹配，然后得出唯有道德靠努力的答案；最后通过呈现大学生原创视频《九点之前》，让学生扮演视频中的主人公进行道德体验，进而实现道德升华。正所谓不仅要知其然，还要知其所以然，最终引发学生对于课堂上最初提问的深思，并得出自己的答案。

（四）讨论教学法

高职高专思政课教学要达到对高职生进行思想政治教育的目的，关键在于让学生开动脑筋，思考问题，互相交流，取长补短，相得益彰。采用讨论式教学法，可较好地达到这一目的。如在讲授《改革开放》时，笔者对学生提出了以下讨论题目：为什么要改革开放？改革开放带来了什么？如果没有改革开放，你们会怎样？通过巧设疑问，活跃课堂气氛，学生得到任务后纷纷以小组为单位讨论、交流并汇报发言。学生通过这样的自主学习了解了改革开放这一历史进程，将历史与现实相融合，深刻体会到改革开放这一历史进程存在的意义以及对今天中国产生的影响，并且知道了中国的历史与现在是紧密结合的，不能用片面的视角去看待一段历史或者现在的中国。这就改变了思政课教学中长期存在的教师一言堂、满堂灌的现象，学生在参与教学活动中提高了逻辑思维能力、分析问题能力、语言表达能力，还学会用马克思主义和中国化马克思主义理论中所蕴含的思想观点、认识路线和分析方法，指导自己未来的学习、工作和生活，从而实现了思政课的课程目标。

"行动导向"理念与思政课教学的有效结合是高职高专思政课教学的一次有益探索，它充分发挥了学生在教学中的主动性，调动了学生思维，培养了学生分析问题、解决问题及归纳总结问题的能力，学生在课堂中不仅学习到了知识，更重要的是锻炼与培养了自己的综合能力，这正是高职高专教育的目的所在。行动导向教学法是将高职高专思政课带出困境的一种值得推荐和尝试的方法，是思政课教学的一次有益探索，也必将进一步深化高职高专院校的教育教学改革。

爱国主义音乐与思想政治教育
相互渗透的教学模式

林 典①

（广东环境保护工程职业学院 思政部）

孔子有言："兴于诗、立于礼、成于乐。"这是儒家思想中的教育思想的概括，古人眼中对于音乐的价值持高度肯定的态度，体现了音乐在人成长中的重要性。在现代教育环境中，音乐成为美育教育的主要形式。随着教育改革的相关研究逐渐增多，围绕教育的深度挖掘和跨学科融合的探索不断推进。有学者认为，爱国主义音乐中蕴含着诸多德育思想，且思政德育教育实践中也可以妙用音乐，让两者走向融合，在相互辅助和相互促进中，发挥出"1+1>2"的效果。②

一、爱国主义音乐的核心价值解读

爱国主义音乐是一种独特的音乐形式，爱国主义是一面具有最大号召力的旗帜，是中华民族的优秀传统。爱国主义音乐包含着中国革命歌曲，是历史和时代留给我们的宝贵遗产，在中华民族和中国革命发展过程中，爱国主

① 作者简介：林典，男，广东环境保护工程职业学院讲师，研究方向为艺术教育。
基金项目：本文系广东省教育科学规划课题"新时代钢琴教育的德育渗透机制与影响力研究"（2018GXJK130）成果论文。

② 张昕. 以乐育人——基于高校思政课音乐德育渗透的几点思考［J］. 北方音乐，2020（11）：220-221.

义音乐渗透了中国革命的红色基因，既让青年学生接受中国革命和爱国主义的教育，又更明确人生目标，把握正确的政治道路方向，为祖国统一、国家富强、民族团结、人民幸福而努力奋斗。我国的爱国主义音乐类型多元，种类繁多，流传至今的爱国主义音乐更是有着独特的感染力，每每聆听，能激活心中爱国主义热情，感受爱国主义音乐的感染力。

（一）爱国主义音乐是保卫祖国的精神武器

爱国主义是一种光荣传统，宣传爱国主义思想的音乐可以称之为爱国主义音乐。作为一种先进阶级的艺术表现形式，是不同历史时期人们对于真善美的追求过程。如《义勇军进行曲》在当时的历史背景下创作，写作动机鲜明，为的是抗日救国，拯救中华民族于危难之中。歌曲曲调激昂，歌词生动。① 又如《黄河大合唱》传递的是一种坚忍的意志品质和抗战胜利的决心，歌曲在当时引起了巨大反响，即便是在今天同样能敲响人们热爱祖国、为祖国献身的心灵大门。对不同时期的爱国主义音乐的内涵挖掘可以发现，爱国主义音乐是保卫祖国的一种精神层面的武器，有其自身深远的价值。

（二）爱国主义音乐是时代要求和时代精神的反映

音乐艺术的漫长发展历史中，每一个阶段的音乐就像是不同时代的一面镜子，对音乐内容的深刻解读，能够让时代精神生动呈现。在民主革命时期，受到时代要求的影响，爱国主义音乐表现的是抗战到底的决心，有传递报国之情的音乐、忧患之情的音乐、祈盼之情的音乐。在社会主义革命和建设时期，该时期的爱国主义音乐风格发生变化，曲调优美，轻快。有批判类型的音乐，有反映生产斗争的音乐，有歌唱领袖、歌唱人民的音乐。这一时期的音乐，让真善美得以呈现，是一种社会理想的高度反映与表达过程。改革开放以来，《走进新时代》《我的中国心》《龙的传人》等等，都是时代精

---

① 胡爱丽. 高校思想政治教育中高雅音乐的应用价值 [J]. 佳木斯职业学院学报，2020，36 (06)：122－123.

神的具体表现形式。①

（三）爱国主义音乐是青少年成长的"养料"

爱国主义音乐是青少年成长的关键"养料"，广大青少年是祖国的花朵，民族的未来，这一群体的爱国主义精神培养显得至关重要。② 在当前的教育领域中，爱国主义音乐成为主要的教育内容之一。在多元文化的冲击和影响下，青少年群体极容易受到不良文化的影响，道德品质的形成面临挑战。充分利用爱国主义音乐传递和弘扬的精神品质，挖掘其中蕴含的精神内涵，对青少年思想道德品质的改善有重要作用。可以说，爱国主义音乐的内涵丰富，是青少年成长的核心"养料"，对青少年的成长有重要意义。

二、思想政治德育教育现状及其必要性

思政德育教育工作是重要内容，对广大青少年的身心健康有重要意义。要积极尝试和探索教育改革的新方向，为思政德育工作的有效性提供保障。结合目前学术领域的相关研究成果和教学实际，展开系统分析。

（一）现状分析

在思想政治道德教育的实践中，爱国主义教育是其中的重要内容，但由于传统教育理念的限制和影响，所展现出的效果有限。为此，对思政德育教育工作的现状展开分析，具体如下面几点。其一，教学目标不够明确。在现有的教育框架中，围绕思政德育教育的目标不够明确，对于青少年而言很难把握思政德育教育的核心内容，对内容的理解不够充分，严重影响教学质量。其二，教学内容不够具体。在传统的道德教育框架中，内容上主要是以生硬的理论知识为主，缺乏生动的内容呈现和案例的支撑。在这种情况下造

---

① 张国芳，张义光. 经典音乐融入高职思想政治教育的实践探索［J］. 教育科学论坛，2020（15）：61－63.

② 景晓悦. "大思政"视域下音乐德育模式的构建分析［J］. 科教导刊（中旬刊），2020（04）：89－90.

成教学内容对学生的吸引力有限，涉及的德育教育内容无法有效呈现在青少年的眼前。教学内容是德育教育的核心组成部分，其内容本身的表现力不足，造成教学内容呈现和诠释受到一定程度的影响。其三，教学方法缺乏生动。德育教育工作的开展，关系到学生的成长。但在传统的教学模式中生硬的教学方法限制了学生对德育内容的理解，内容缺乏生动，并不利于学生的成长。从思政德育教育的现状出发，围绕德育工作的创新还在不断推进中，传统的德育教育模式无法适应青少年成长需要，探索德育教育创新显得至关重要。①

（二）德育教育的必要性

德育教育对青少年的健康成长有重要意义，有其必要性。在孔子的教育思想当中，提及人格完善的内容较多，如"君子怀德""君子务本，本立而道生"等，强调人要有教养，最高的道德修养来源于自身。② 对于广大青少年而言，接受教育是达成自身品德修养提升的关键途径。德育教育工作的价值则充分展现出来，作为一种实实在在的实践活动形式，德育教育并不是抽象的概念。加强青少年的德育教育，能帮助青少年树立远大理想，培养优良品德，关系到国家命运。通过参与实践，德育教育能促进学生德智体美劳全面发展。同时，德育教育是学校教育的一项重要的战略任务，居于重要的位置上，德育教育工作的有效性直接关系到教育现代化目标是否达成。德育工作要全面贯彻到学校教育工作的全过程中，与学生的日常生活相关联，达成处处育人的目标。③

三、爱国主义音乐与思想政治德育教育相互渗透

爱国主义音乐中蕴含着德育内容，需要在深刻的挖掘中找到明确目标和方向。在思政德育教育的实践中，可以借助音乐的感染力，让传统的德育工

---

① 蔡兆梅，李晓梅，李思涵. 音乐教育与思政教育的融合性研究——以兰州城市学院小学教育专业为例［J］. 甘肃高师学报，2020，25（01）：42-44，67.
② 刘友福，王玥，刘程程，等. 词之情感美融入思政课教学探析［J］. 山西青年，2020（03）：23，25.
③ 刘书娟. 研究思想政治教育和音乐的有机融合策略［J］. 艺术品鉴，2019（30）：116-117.

作的魅力充分展现，学生的道德品质得到强化，更好地肩负起社会主义接班人的重担和使命。

（一）在爱国主义音乐中挖掘德育的"影子"

在爱国主义音乐的教学实践中，对其中内容的深刻解读，能够让学生的爱国主义精神得到激活，作为音乐教育的主要内容之一，这一点显得至关重要。在当前各学段的音乐教育大纲中，其中的音乐内容设置上均安排了爱国主义音乐的内容，旨在通过这样的方式让学生的爱国主义精神被激活。在当前的音乐教学框架当中，不再是以西方文化为主，而是开始着手将更多的关注点聚焦到爱国主义音乐上，课堂之上也开始尝试打破传统音乐鉴赏的模式，通过多种途径去挖掘和探索音乐的核心价值与内在魅力。例如，尝试在爱国主义音乐中挖掘德育教育的相关内容，则需要革新传统的教学模式。在爱国主义音乐的欣赏之前，可以围绕爱国主义音乐的核心内涵，播放一些围绕音乐背后的历史事件，可以是纪录片等表现和诠释方式，以此来激活和引导学生进入到由教学资源构筑的情境之中，在情感层面实现情感基础的搭建。在视觉资源的赏析完成之后，可以进入到爱国主义音乐的欣赏中，并最终以视频和音乐整合的方式，在视听觉共同作用下带来良好的学习体验。整个过程的层次性，让内容呈现更具体、青少年的主观感受更强烈，更便于对德育教育精神的深度挖掘。在赏析完成后，就爱国主义精神品质和音乐诠释的核心内涵进行讨论，形成专题，用于课后的深度探究。在爱国主义音乐中能够看到爱国主义的精神实质，使得青少年更珍惜今天来之不易的生活。①

（二）在思政德育教育的实践中妙用爱国主义音乐

思政德育教育的实践是现代教育不可或缺的组成部分，关系到广大青少年的健康成长。但传统的德育教育工作的开展面临困境，不够明确的目标、

---

① 刘菲儿. 新时代用艺术表现形式引领大学生思想政治教育［J］. 青春岁月，2019（09）：209.

枯燥的方法和单一的内容，都严重影响德育教育工作的有效性。在这种情况下，利用新的教学形式来打破僵局显得十分必要。

在思政德育教育工作中，爱国主义音乐的呈现能够带来良好的教学效果。德育工作中，爱国主义品质的培养就显得至关重要。如在讲到红色文化时，则可以通过播放爱国主义歌曲来进行情境的渲染，让围绕红色文化的德育教育工作氛围逐步形成。如课前播放《江西是个好地方》让大家跟随演唱，从而引出红色文化和红色精神；又如《长征组歌》对长征精神的诠释；革命歌曲《挑粮歌》和《十送红军》讲解井冈山精神和苏区精神。[①] 这些精神品质的讲解和传递，以红色歌曲为讲解的核心，内容诠释更具体。相比于传统的德育教育工作的开展，爱国主义音乐的灵活运用，让传统的教学环境发生了根本性的变化。且通过音乐的灵活运用，学生对德育教育本身并不排斥，甚至会主动地参与其中，通过爱国主义音乐的引领，更全面、更充分地了解爱国主义精神的本质，从而有效培养自身爱国主义精神，为建设社会主义和谐社会提供保障。

四、爱国主义音乐与思想政治德育教育的融合教学策略

爱国主义音乐与思想政治道德教育走向融合，还需要确定具体的教学策略和方案，让两者的融合更紧密，在相互促进和相互影响中共同进步，为广大青少年的健康成长提供必要支持。

（一）打造明确的教学框架

无论是对于爱国主义音乐教育还是德育教育工作而言，都需要坚持明确的教学框架，在有序、科学的环境中，为学生的健康成长提供必要支持。在音乐教学实践中，要突出爱国主义音乐的重要地位，根据教材当中的内容进一步地扩充爱国主义教育的重点，挖掘爱国主义教育的本质，将其中的爱国主义精神以音乐的方式完美呈现出来，带给学生良好的学习体验和学习感

---

① 汤玮琳. 思想政治教育与音乐欣赏结合的必要性及策略 [J]. 艺术评鉴，2017 (20)：75 – 76.

知。在思政德育教育的实践中，教学框架中要将方法的创新作为主要的一项，融入音乐作为一种主要的教学方法，对德育教育框架走向完整有重要意义。明确的教学框架，让两者的融合与渗透更有序。

（二）开展多元的文体活动

为推动两者走向融合，可以开展相关的文体活动形式，让音乐和德育工作有效融合，塑造联合的教育空间。如开展相关的红歌竞赛活动，以班级为单位等多种形式有序展开。或者是以"中国梦"为主题，精选爱国主义相关音乐开展"K歌大赛"活动等等。以多元的形式让爱国主义音乐的德育功能和德育工作的爱国主义精神的培养得到具体诠释。从两者的教育本质出发，作为一种实践过程，文体活动的实践性和有效性，让内容诠释更具体，对学生成长有重要意义。①

（三）做好融合教学评价

在爱国主义音乐与德育工作走向融合的具体实践中，教学评价显得不可或缺。在爱国主义音乐中挖掘德育元素，从而达成爱国主义精神的培育目标，要对教学全过程学生的体验进行系统分析，提出可行方案和具体策略，让内容呈现更具体、更完整，也更突出有效性。得出的评价方案要完整地作用到教学实践中，促进学生健康成长。对德育工作的评价过程，要让爱国主义音乐全面融入教学实践中，考察德育工作的有效性，根据反馈回来的结果来判定爱国主义音乐的融入效果。

综上所述，爱国主义音乐的内涵丰富，其中蕴含着爱国主义精神。在德育教育实践中，爱国主义精神是重要内容。两者在爱国主义精神层面有一定的共性，实现两者的有效融合显得至关重要。从实践中发现，两者的有效渗透带来了良好的实践效果，为广大青少年提供了广阔的实践空间。德育和美育的融合，发挥了"1+1>2"的效果。

---

① 张家璇，宋超. 音乐素养培养结合德育工作实现双赢发展 ［J］. 通俗歌曲，2015（08）：107－108.

"原理"课专题教学中"中国话语"体系构建

——以"马克思主义物质观与党的思想路线之内在关系"专题为例

周春晓①

（肇庆学院　马克思主义学院）

一切从实际出发，理论联系实际，实事求是，在实践中检验真理和发展真理，是我们党在长期革命、建设和改革实践中逐步形成、发展和完善的思想路线。这条正确的思想路线有效地指导中国特色社会主义事业取得一个又一个伟大的成绩，其核心是"实事求是"，是马克思主义物质观的升华。

一、旧唯物主义物质观的局限与马克思主义物质观的出场

自古以来，人类对于"世界本源为何"的思索从未停歇，但总体上看，归根到底可以划分为"唯物主义"和"唯心主义"两种根本对立的立场。唯物主义认为世界的本源是物质；与此相反，唯心主义认为世界的本源是意识或者是"灵魂"。尽管一切唯物主义哲学都将"物质"范畴视为自己的理论基石，肯定物质的逻辑优先地位，但是不同时期不同唯物主义派别对"物质"的理解却是千差万别的。唯物主义对"物质"概念的理解，也经历了从

---

① 作者简介：周春晓，女，广西北海人，博士，肇庆学院讲师，主要研究方向为马克思主义理论及其当代价值。

基金项目：肇庆学院 2020 年质量工程项目"'原理'课专题教学中'中国话语'体系建构研究"（项目编号：zlgc201966）

朴素到科学的发展过程。

古代朴素唯物主义将"物质"理解为自然界中一种或几种具体物质形态，认为这些具体的物质形态是世界的本原。如我国古代先哲们提出的"五行说""元气说"等思想；再如古希腊哲学家泰勒斯所提出的"水本原说"，认为"水"是万物的始基；赫拉克利特提出的"火本原说"，认为火是万物的本原等。与唯心主义相比，古代朴素唯物主义思想无疑具有一定合理性和进步性。因为它坚持唯物主义的根本方向，而不是用精神的因素去解释世界。然而，它把物质等同于物质的具体形态，又具有直观性、猜测性和朴素性，这也是它的局限性。近代形而上学唯物主义对"物质"的理解建立在自然科学发现的基础上，将物质等同于原子。如古希腊哲学家德谟克利特提出"原子论"就认为世界万物包括灵魂在内，都是由不可分割的物质粒子——原子所组成的。尽管近代形而上学唯物主义克服了古代唯物主义在"物质"方面的直观性和猜想性，然而随着自然科学的发展，物质结构中发现原子当中还有原子核和电子，打破了之前"原子"不可分割的神话，因此经不起自然科学进一步发展的检验。在这种科学发现面前，唯心主义高声欢呼。需要指出的是，近代形而上学唯物主义在自然领域坚持唯物主义方向，而一走进社会历史领域便陷入了唯心主义泥淖，往往把人们的"思想动机""理性"看作社会历史发展的决定因素，因而仍然没有从根本上和唯心主义划清界限。

马克思主义物质观的出场突破了旧唯物主义物质观对"物质"的直观、僵化、孤立和消极理解，实现了唯物论与辩证法、唯物主义自然观和历史观的统一。一方面，马克思主义物质观实现了唯物论与辩证法的统一。恩格斯指出，"物、物质无非是各种物的总和，而这个概念就是从这一总和中抽象出来的"，① "'物质'……这样的词无非是简称，我们就用这种简称把感官可感知的许多不同的事物依照其共同的属性概括起来"。② 这种"抽象出来

---

① 马克思恩格斯文集（第9卷）[M]. 北京：人民出版社，2009.500.
② 马克思恩格斯文集（第9卷）[M]. 北京：人民出版社，2009.500.

的""共同的属性"就是客观实在性。事实上，不管是将物质等同于"具体的物质形态"，还是将物质理解为作为物质结构的"原子"，都存在明显的局限性。因为随着科学的发展，人类认识水平的提高，更多更广阔的微观世界为人们所发现，人们之前所了解的那些物质结构和形态会发生巨大的变化，然而，唯一没有发生改变的是物质客观实在性。当然，这种对物质内在本质的哲学抽象并不是排斥自然科学以及生活中所看到的个别的、特殊的具体物质形态和物质结构，恰恰相反，这种"共性"的哲学抽象来自作为"个性"的后者，两者属于共性和个性的关系。这是马克思主义物质观所体现的唯物辩证法。另一方面，马克思主义物质观实现了唯物主义自然观和历史观的统一。近代形而上学唯物主义是不彻底的"半截子"唯物主义，在自然领域内它坚持唯物主义方向，而一走进社会历史领域便陷入了唯心主义泥淖，认为社会意识决定社会存在。与近代形而上学唯物主义不同，马克思主义物质观从能动的实践出发，不仅揭示了自然的物质性，还揭示了社会的物质性，实现了唯物主义自然观和历史观的统一，解决了旧唯物主义所无法解决的社会历史观问题。

此外，更为重要的是，马克思主义物质观还强调物质的可知性，这就与否认客观事物可知性的不可知论划清了界限。客观实在性是物质最本质的规定，这就强调了物质对于意识的独立性以及意识对物质的依赖性，同时还指出物质的可反映性，即物质能"为我们的感觉所复写、摄影、反映"。① 可见，马克思主义物质观是全面的、科学的辩证唯物主义物质观。

二、党的思想路线是马克思主义物质观的升华

作为一种科学的辩证唯物主义物质观，马克思主义物质观具有丰富而深刻的理论价值和实践意义，为我们认识世界、改造世界提供了强大思想武器。它要求我们在认识世界和改造世界过程中，坚持彻底的唯物主义一元

---

① 列宁专题文集·论辩证唯物主义和历史唯物主义［M］.北京：人民出版社，2009.35.

论，坚持能动反映论，即"坚持一切从客观实际出发，而不是从主观愿望出发"，① 反对本本主义、教条主义、经验主义。事实上，一切从实际出发，理论联系实际，实事求是，在实践中检验真理和发展真理，这一条在长期革命、建设和改革实践中形成、发展和完善的党的思想路线其核心是"实事求是"，它有效地指导中国特色社会主义事业取得一个又一个伟大的成绩，是马克思主义物质观的升华。

（一）实事求是的思想路线体现了彻底的唯物主义一元论

思想路线问题实质上是如何认识世界和改造世界的立场、观点和方法问题。马克思主义物质观科学地揭示了物质的唯一特性——客观实在性，这就同旧唯物主义和唯心主义一元论、二元论划清了界限。党的实事求是思想路线同样坚持这样的立场和观点。"实事"指的是客观存在着的一切事物，② 只有从"实事"出发，才能研究和发现客观事物的内在联系和规律，才能更好地指导我们的社会实践。我们党始终强调从客观实际出发，具体问题具体分析，因地制宜制定相关政策和推进国家治理，而不是"唯意志""唯神祇""唯教条""唯本本"，充分体现了彻底的唯物主义一元论。

历史和现实证明，"什么时候坚持实事求是，党就能够形成符合客观实际、体现发展规律、顺应人民意愿的正确路线方针政策，党和人民事业就能够不断取得胜利；反之，离开了实事求是，党和人民事业就会受到损失甚至严重挫折"。③ 新中国成立初期，党的八大第一次对我国社会主要矛盾做出明确表述："国内的主要矛盾，已经是人民对于先进的工业国的要求同落后的农业国的现实之间的矛盾，已经是人民对于经济文化迅速发展的需要同当前经济文化不能满足人民需要的状况之间的矛盾。"④ 这是结合我国当时的国情做出的正确论断，但是这一正确论断在当时受"左"的思想的干扰而未

---

① 习近平. 辩证唯物主义是中国共产党人的世界观和方法论 [J]. 求是，2019，(1).
② 毛泽东选集（第3卷）[M]. 北京：人民出版社，1991. 801.
③ 习近平. 坚持实事求是的思想路线 [N]. 学习时报，2012－05－28.
④ 习近平新时代中国特色社会主义思想三十讲 [M]. 北京：学习出版社，2018. 66.

能被有效贯彻和落实。由于党的指导思想严重脱离了当时的客观实际，这也因此导致我们在探索发展道路中遭受了严重挫折。党的十一届三中全会以后，我们党科学分析我国的国情，继续肯定了党的八大的论断，进一步提出"我国所有解决的重要矛盾是人民日益增长的物质文化需要同落后的社会生产之间的矛盾"，① 并提出社会主义初级阶段理论。也正是因为在正确思想路线的指引下，我们党始终立足于我国初级阶段的基本国情，自觉围绕这一主要矛盾制定和执行正确的路线方针政策，我国改革开放和社会主义现代化才取得了举世瞩目的成就。

当前，伴随着中国特色社会主义进入新时代，我国社会主要矛盾也随之转化为"人民日益增长的美好生活需要和不平衡不充分的发展之间的矛盾"，② 但是我国仍处在社会主义初级阶段这一最大国情没有改变，这是需要我们清醒认识、准确把握和深刻理解的。新时代实事求是的思想路线就是要从我国尚未改变的最大的国情以及已经变化的社会主要矛盾出发，并以此作为推进新时期党和人民事业的基本依据，不断推进新时代中国特色社会主义事业的发展。

(二) 实事求是的思想路线体现了唯物辩证法

实事求是的基础和前提是把握我国的国情和社会主要矛盾，离开对这个客观实际的把握，就会陷入唯心主义和旧唯物主义的窠臼。但是，我国基本国情的内涵和社会主要矛盾是具体的、变化的，我们需要全面地、辩证地看待这一变化和发展，否则就会脱离客观实际，容易走向形而上学。如果说在改革开放初期很长一段时间里，我国社会主要矛盾形式表现为生活必需品为主的商品短缺，严重制约着人们的自由和发展。那么，随着经济社会的发展，"粮票、布票、肉票、鱼票……等百姓生活曾经离不开的票证已经进入了历史博物馆，忍饥挨饿、缺吃少穿、生活困顿这些几千年来困扰我国人民

① 改革开放三十年重要文献选编（上）[M]. 北京：人民出版社，2008. 212.
② 习近平. 决胜全面建成小康社会　夺取新时代中国特色社会主义伟大胜利——在中国共产党第十九次全国代表大会上的报告 [N]. 人民日报，2017-10-28.

的问题总体上一去不复返了",① 生产力的极大发展将人们从物质贫乏的牢笼中解放出来,极大促进人的发展。而伴随着中国特色社会主义进入新时代,我国社会主要矛盾也随之发生变化,这一矛盾形式突出表现为公共产品的供给不足和人的片面发展。"我国稳定解决了十几亿人的温饱问题,总体上实现小康……人民美好生活需要……不仅对物质文化生活提出了更高要求,而且在民主、法治、公平、正义、安全、环境等方面的要求日益增长。"② 这也是中国特色社会主义进入新时代这一新的历史方位的重要依据。

旧唯物主义物质观离开辩证法,片面、孤立、静止地看问题,因而事物整体联系被割裂化,发展过程被凝固化,对事物的把握和认识简单化。如果以此为方法论,我们就无法看到新的历史方位中国发展出现的新特点、新变化、新机遇、新挑战,因而也就无法在发展中解决各种深层次矛盾和现实问题。对于这些改革和发展中出现的新特点、新变化、新机遇、新挑战,我们需要全面地、辩证地加以分析。我们既要肯定改革开放以来我国所取得的巨大发展成就,以及看到在新时代这一历史方位中所面临的前所未有的发展机遇,同时也要看到所面临的诸多矛盾和问题,特别是已经发生变化的新时代主要矛盾。这样才能充分利用有利的制度优势和发展机遇,着力解决好发展不平衡不充分的问题,注重改革和发展的整体性、协同性,以更好满足人民日益增长的美好生活需要,更好推动人的全面发展和社会的全面进步。全面地、辩证地看待客观实际,是唯物辩证法的要求,它也是实事求是的思想路线的基本要求。

(三) 实事求是的思想路线体现了能动的反映论

马克思主义物质观强调从能动的实践出发去把握"物质"的意义,因而物质这一客观存在具有可知性的,并且这种可知性不是主体被动地接受外界

① 习近平总书记在庆祝改革开放40周年大会上的讲话 [N]. 人民日报, 2018-12-19.
② 习近平. 决胜全面建成小康社会 夺取新时代中国特色社会主义伟大胜利——在中国共产党第十九次全国代表大会上的报告 [N]. 人民日报, 2017-10-28.

的"映射"，而是主体积极地发挥主观能动性去认识和把握这一客观存在。此外，这种对物质客观存在的认识和把握是随着实践的发展而不断深化。这就与否认客观事物可知性的不可知论以及形而上唯物主义的直观、消极被动的反映论划清了界限。

实事求是的思想路线体现建立在实践基础上的能动的反映论。这种能动的反映论不仅承认作为客体的客观实际的可知性，而且承认主体的能动性和创新性。当然，不管是前者还是后者，都必须建立在实践基础上。第一，客观实际中的"实事"来源于实践。客观实际中的"实事"不是拍脑袋想出来的，也不会自动映现在我们脑海里。只有深入实践、深入群众中调研，才能真正掌握现实中的突出问题，才能倾听人民群众的呼声，真正了解人民群众诉求，进而掌握进行科学决策所必需的"实事"。质言之，只有真正掌握了客观实际中的"实事"这一前提和基础，才能为解决问题"出实招"，而不是"喊口号"；才能为人民群众"办实事"，而不是"搞花架子"。调研中的"走马观花"，扶贫攻坚中的"刷白墙"，抗击疫情中的"表格战役"等，都是典型的形式主义和官僚主义，显然这些都违背了实事求是思想路线的要求。第二，通过实践"求是"能动改造世界。在实践活动中，对客观规律性的认识能够帮助我们能动地去改造世界。然而，规律不会自动呈现，我们对规律的认识也不能停滞不前，它需要我们在实践中加以探究、总结、检验和发展。一方面，"从群众中来"，获得真理性认识。我们只有"及时发现、总结、概括人民创造的新鲜经验，才能获得正确反映客观规律的真理性认识"，① 才能更好地制定出科学决策，指导实践活动；另一方面，"到群众中去"，能动改造世界。"要按照已经认识到的规律来办，在实践中再加深对规律的认识"，② 理性认识只有回到实践中去，才能对其自身正确性与否加以检验，进而实现理性认识自身的完善和发展。

---

① 习近平. 坚持实事求是的思想路线 [N]. 学习时报，2012 – 05 – 28.
② 习近平关于全面深化改革论述摘编 [M]. 北京：中央文献出版社，2014. 43.

三、新时代坚持党的思想路线的基本遵循

如何毫不动摇地把坚持党的实事求是思想路线贯穿于新时代党的治国理政当中？这就需要我们在实践中着重把握好以下四个方面。

（一）坚持马克思主义物质观，认清和把握"实事"

马克思主义物质观的出场克服了唯心主义先验论的缺陷，突破了旧唯物主义物质观对"物质"的直观、僵化、孤立和消极理解，实现了唯物论与辩证法、唯物主义自然观和历史观的统一，为我们认识和把握客观实际提供了科学的世界观和方法论。坚持党的实事求是思想路线，首先就必须坚持马克思主义物质观，认识和把握客观实际中的"实事"。从总体层面上看，就推进新时代中国特色社会主义事业而言，我国当前最大的实际就是我国的基本国情没有变化——我们处于并将长期处于社会主义初级阶段，然而社会主要矛盾已经出现了新变化——转化为人民日益增长的美好生活需要和不平衡不充分发展之间的矛盾。深刻认识和把握这"变"与"不变"的客观实际，是我们制定各项路线、方针、政策的根本立足点。围绕着"变"与"不变"，我们对于"发展为了什么"，"发展为了谁"这一根本问题有了更加清晰的答案——我们更加注重发展的质量和效益，注重各要素之间的整体性和协同性，强调"五位一体"的统筹发展，强调"四个全面"的协调推进，强调以人民为中心的发展。从局部层面上看，就我们具体工作而言，同样需要避免陷入本本主义和教条主义，客观实际中的"实事"是具体的，不是抽象的，只有深入调查研究才能认清和把握本地区本部门本单位的"实事"，进而为科学决策提供可靠的、有效的依据，这也是我们实践取得成效的必由之路。

（二）尊重客观规律，更好地发挥主观能动性

坚持党的实事求是思想路线需要探求和尊重客观规律，按客观规律办事。伴随着我国进入新时代，广大人民对美好生活的向往更为强烈，而制约人民这一强烈向往实现的主要因素是发展的不平衡不充分，而解决这一矛盾

之根本，仍然是需要不断解放和发展生产力。然而，需要指出的是，第一，生产力的健康发展须遵循发展的客观规律。这就需要确实发挥市场在资源配置中的决定性作用和更好发挥政府作用，转变经济发展方式和优化经济结构，进一步推动社会生产力的解放和发展。长期的发展实践告诉我们，生产力的健康发展不能无视或违背客观规律而片面和盲目地追求 GDP 增长率，否则"杀鸡取卵、竭泽而渔式的发展"势必会带来更大的破坏效应，人民群众的物质利益也势必受到影响。第二，随着生产力的发展，生产关系也需要不断调整以适应生产力的发展，上层建筑需要不断完善以适应经济基础发展，并反过来促进生产力的发展。《宣言》深刻揭示了生产力和生产关系、经济基础和上层建筑这两对社会基本矛盾在推动人类社会发展中所发挥的"根本动力"的作用，它们是"引爆"社会革命发生的根源之所在，而生产力则是推动整个矛盾运动最基本的动力因素。因此，"对生产力标准必须全面准确理解，是不能撇开生产关系、上层建筑来理解"。① 只有很好地把握和尊重客观规律，才能更好地发挥主观能动性，确实解决好发展不平衡不充分这一时代问题。

（三）以人民为中心，坚持群众路线

坚持党的实事求是思想路线与坚持群众路线在本质上是互相统一的，两者须臾不可分割。客观实际中的"实事"从何而来呢？按照马克思主义物质观的观点，对"实事"是认识和把握绝不是产生于凭空想象，而是来源于实践。而作为党的实事求是思想路线的认识基础和实践基础就是群众路线。"只有坚持了党的群众路线，才能真正做到坚持党的思想路线。"② 一方面，与各种阻碍人民发展和危害人民利益的问题做斗争，切实保障人民的根本利益。中国共产党所进行的一切伟大斗争，不是为了一己私利，斗争的最大意

---

① 习近平. 坚持历史唯物主义不断开辟当代中国马克思主义发展新境界 [J]. 求是，2020，（02）.

② 邱霞. 坚持党的思想路线是坚持党的基本路线的根本 [J]. 红旗文稿，2017，（14）.

义在于基于人民立场。质言之，中国共产党全部实践的现实指向就是以人民为中心。当前，我们进入了新的历史方位，需要面对许多具有新的历史特点的风险和挑战。习近平总书记强调，"凡是危害我国人民根本利益的各种风险挑战"，"只要来了，我们就必须进行坚决斗争，而且必须取得斗争胜利"。① 我们只有始终基于人民的立场，深入群众，重视社会问题，才能找到那些我们真正要与之斗争的"实事"。另一方面，充分发挥人民主体作用，紧紧依靠人民。群众中蕴藏着巨大的智慧和力量，我们不仅要善于从人民群众的实践中总结、概括经验并上升为真理性认识，还要将这些真理性认识拿回到群众中去宣传，这样才能获得人民群众的理解、信任和支持，充分调动和发挥人民群众的积极性和创造力。事实上，理论一经掌握群众，也会变成强大的物质力量。反映客观规律的真理性认识也只有通过回到实践中，才能为人民群众所掌握，"成为群众实践的思想武器，转化为改造世界的实际行动"。② 质言之，我们只有紧紧依靠人民，才能赢得斗争的胜利，最终破解"实事"难题。

（四）求真务实，推进党的自我革命

习近平总书记指出，"党要领导人民推进伟大社会革命、实现民族伟大复兴，就必须发扬自我革命精神，深入推进全面从严治党的决心不能动摇、要求不能降低、力度不能减弱"。③ 就共产党自身而言，当前党内仍存在"损害党的先进性和纯洁性的因素和侵蚀党的健康肌体的病毒"。④ 部分党员"在一片喝彩声、赞扬声中丧失革命精神和斗志，逐渐陷入安于现状、不思

---

① 习近平. 发扬斗争精神增强斗争本领 为实现"两个一百年"奋斗目标而顽强奋斗 [N]. 人民日报，2019－09－04.

② 习近平. 坚持实事求是的思想路线 [N]. 学习时报，2012－05－28.

③ 习近平在中共中央政治局第五次集体学习时强调：深刻感悟和把握马克思主义真理力量 谱写新时代中国特色社会主义新篇章 [N]. 人民日报，2018－04－25.

④ 习近平. 决胜全面建成小康社会 夺取新时代中国特色社会主义伟大胜利——在中国共产党第十九次全国代表大会上的报告 [N]. 人民日报，2017－10－28.

_*101*

进取、贪图享乐的状态",① 政治生活上扮演着"两面人"的角色，理想信念淡漠、脱离群众、作风漂浮甚至存在腐化变质问题，这严重违背了实事求是的要求，严重影响党的形象和破坏党内政治生态环境。广大党员、干部要大力弘扬我们党的优良作风，坚决与各种形式主义、官僚主义等"四风"问题作斗争。不仅要"求真"，更要"务实"，这就要求广大党员、干部要勇于担当，勇于自我革命。一方面，密切与群众的联系，为民办实事。广大党员、干部要牢记初心使命，敢于"亮剑"，善于抓住人民群众最关心最直接最现实的利益问题，而不是喊"假大空"口号，更不是提不切发展实际的目标任务；另一方面，不断提升斗争本领，力求确确实实出成效。发现问题是为了最终能更好地解决问题，而解决问题靠的不仅仅是一种担当精神，更重要的是解决问题的本领和能力。在实际工作中，广大党员、干部要不断提升预判形势、驾驭风险、社会治理、狠抓落实等善于解决问题的能力和思维，努力克服能力不足所带来的危险，注重解决问题的方法和策略，为民出实招，力求出实效，不断增强人民群众的获得感、安全感和幸福感。

（五）解放思想，坚持理论创新

新时代毫不动摇坚持党的实事求是思想路线，还必须解放思想，坚持理论创新。理论需要回应现实的关切，与实际紧密联系在一起，才能推动实践的发展，而理论本身也因此实现其内在的意义和价值。反之，如果脱离实际情况，思维僵化，盲目套用理论，将理论视为"万金油"，最终理论的指导只会给实践带来巨大的危害，而理论本身也会失去活力和生命力，变成僵化的教条。事实上，解放思想，坚持理论创新是实事求是的内在要求。一方面，只有解放思想才能摆脱僵化思维方式的束缚，深化对客观实际的认识和把握。客观实际本身是具体的，它会随着社会发展的变化而变化，指导客观实际的理论本身也要与时俱进。因而，我们要解放思想，在实践中不断深化对客观事物内在规律的认识；同时，理论本身也在实践中不断得以丰富和发

---

① 习近平. 牢记初心使命，推进自我革命［J］. 求是，2019，（15）.

展。"解放思想，就是使思想和实际相符合，……就是实事求是。"① 另一方面，只有不断加强理论创新，才能指引新时代伟大斗争，不断推动我国各项实践的发展。当前，我国处于新的历史方位，必须与许多具有新的历史特点的风险和挑战进行伟大斗争。伟大斗争需要伟大理论的回应和指引。党和人民的事业要不断发展，理论就需要在实践中不断突破和创新，推进新时代马克思主义中国化，以实现和实践创新的良性互动。

---

① 邓小平文选（第 2 卷）[M]．北京：人民出版社，1994．364．

榜样示范法在"基础"课程中的运用

黄晓旭①

（佛山科学技术学院 马克思主义学院）

中国教育的性质是中国特色社会主义教育，中国教育的目的是"培养一代又一代拥护中国共产党领导和我国社会主义制度、立志为中国特色社会主义事业奋斗终生的有用人才"，思想政治理论课是落实立德树人根本任务的关键课程。"思想道德修养与法律基础"是高等院校思想政治理论课的开篇，旨在引导和帮助大学生正确认识自身所处的人生发展阶段和当前所处的时代方位，树立正确的世界观、人生观、价值观、道德观和法治观，促进德智体美劳全面发展，做担当民族复兴大任的时代新人。

"每个时代都有每个时代的精神，每个时代都有每个时代的价值观念"，社会主义核心价值观是当代中国社会的时代精神和价值理念。习近平总书记指出："核心价值观，其实就是一种德，既是个人的德，也是一种大德，就是国家的德、社会的德。""思想道德修养与法律基础"课程就是要培养学生形成以社会主义核心价值观为标志的当代中国社会道德品质。

在"思想道德修养与法律基础"课程的教学中，榜样示范法是一种最为常见的教学方法。班华提出："榜样教育即榜样示范，它是以高尚的思想、

---

① 作者简介：黄晓旭，男，佛山科学技术学院马克思主义学院讲师，研究方向为思想政治教育。

模范的行为、优异的成就教育影响受教育者的一种方法。"班杜拉认为："榜样教育，就是教育者通过树立模仿对象，让个体在社会情境中对某个人或某团体行为进行观察学习，获取社会技巧，掌握社会道德行为规范，以使个体顺利实现社会化的道德教育方法。"榜样示范法也可以视作范例教学法在品德教育中的具体表现形式，社会主义核心价值观是教学内容，榜样是范例，通过对榜样行为与语言的展示与分析，使学生达到举一反三掌握其中蕴含的社会主义核心价值观的目的。榜样示范法通过具备优秀品德的榜样的行为和语言把抽象的社会价值观和道德规范以更直接、更亲切、更典型的方式展现出来，从而影响学生的思想、情感和行为。从具体到抽象的人类认识发展规律，以及崇拜英雄、模仿英雄的社会心理规律，使得榜样示范法能给人以极大的影响、感染和激励，教育、带动和鼓舞人们前进。

榜样示范法发挥作用的心理机制是什么？"思想道德修养与法律基础"课程的教学需要怎样的榜样？英雄人物在当今社会还能发挥榜样作用吗？如何看待大学生对榜样教育既认同又不积极参与的现象？如何充分发挥榜样示范法的作用？本文将从这几个方面谈谈自己的看法。

一、用好榜样示范法，激励大学生进行道德品质的自我培养

道德品质不是与生俱来的，也不是一蹴而就的，而是过程的、潜移默化的，即"个体在社会化的过程中、在社会道德舆论的熏陶和道德教育的影响下，通过自己的实践活动逐渐形成发展起来的"。从品德的心理因素来看，品德的形成离不开道德认知、道德情感、道德意识、道德行为四个方面的全面培养、协调发展，因而在德育中提倡"晓之以理，动之以情，导之以行，持之以恒"这十六字原则。从品德的动态形成过程来看，态度或价值的形成是品德形成的核心，个体的态度决定其行为。行为的形成主要来自观察学习，经历着注意、保持、生成、动机四个学习过程。品德与态度的形成经历着接受、反映、评价、组织的过程，品德是道德价值内化达到高级水平的态度体现。在品德形成过程中，榜样起着重要的作用，榜样不仅能吸引学习者模仿其行为，还能使学习者在模仿中逐步领悟榜样的价值含义，更能激励学

习者在自身的行为中展现出这种价值。

习近平总书记提出："榜样的力量是无穷的。大家要把他们立为心中的标杆，向他们看齐，像他们那样追求美好的思想品德。"我国历史上有很多英雄的故事，在中国共产党领导人民进行的革命、建设、改革事业中也涌现了大批英雄，这些英雄人物就是我们"思想道德修养与法律基础"课程教学最宝贵的财富，在课程教学中善于运用这些榜样，就能吸引学生向榜样学习，起到激励学生自觉培养良好道德品质的作用。2020 年的春季，新冠病毒疫情肆虐神州大地，以钟南山为首的白衣战士屹立于抗疫战役的前沿阵地，英勇捍卫人民的生命健康，为中国最终获得新冠疫情防控战的胜利做出重大贡献。当我们将白衣战士的英雄事迹与"思修"课程第一专题的教学相结合时，使命与担当不再抽象，而是如此的鲜活生动，学生们自己站出来讲述英雄的故事，总结新时代青年的历史使命，凝练白衣战士所展现的担当精神。

崇尚英雄、学习英雄的社会氛围大大增强榜样对学生自我培养的激励作用。习总书记特别重视培育榜样教育的社会氛围，提出"要宣传那些秉持理想信念、保持崇高境界、坚守初心使命、敢于担当作为的先进典型，形成学习先进、争当先进的良好风尚"。面对一段时间以来"历史虚无主义"的泛滥，习近平总书记明确提出"要铭记一切为中华民族和中国人民做出贡献的英雄们，崇尚英雄，捍卫英雄，学习英雄，关爱英雄"。2016 年 1 月 1 日，《中华人民共和国国家勋章和国家荣誉称号法》颁布施行，2020 年 9 月 8 日，国家主席习近平向"共和国勋章"获得者钟南山，"人民英雄"国家荣誉称号获得者张伯礼、张定宇、陈薇颁授勋章奖章。至此，已有于敏、申纪兰、孙家栋、李延年、张富清、袁隆平、黄旭华、屠呦呦、钟南山等九位同志获颁共和国勋章，大批个人和集体获得国家荣誉称号。崇尚英雄、学习英雄的社会氛围逐渐形成，学校教育和社会教育同向而行，大大增强了榜样对学生自我培养的激励作用，甚至有些大学生看到网络上出现抹黑抗疫英雄、歪曲中国抗疫的声音后，挺身而出，维护英雄，为中国抗疫正言，让世人看到中国年轻一代充满希望的精神风貌。

榜样在品德形成中的无穷力量和中国社会崇尚英雄、学习英雄的良好氛围告诉我们，在"思想道德修养与法律基础"课程的教学中，榜样示范法的运用是有必要的，也是能发挥重要作用的，我们要充分发挥英雄人物的榜样示范作用，激励大学生向英雄学习，自觉培养优良的道德品质。

二、榜样示范教学要突破时代距离、领域距离和心理距离

在生活中我们常听到有人说，榜样示范法已经过时，榜样示范法只适合中小学，不适合大学生。为此，蒋慎之曾对湖南农业大学 364 位大学生做过问卷调研，结果显示，94.78％的受访者认为"榜样教育并不过时，我们仍然需要榜样教育"，74.18％的受访者表示"受到了榜样教育的影响"，但却有 59.34％的受访者表示"不一定积极参与榜样教育活动"。认为榜样教育有需要却不积极参与，是什么在造就这种矛盾的心态？有学生提出"榜样离生活太遥远、太虚幻"；有学生提出，愿意选择"不完美但有着优秀品质、行为的朋辈榜样"。

大学生对于榜样这种遥远和虚幻的感受来源于学生与榜样的时代距离和领域距离。例如以钟南山为榜样进行示范教学，如果是在三十年前，物理专业的学生很难对钟南山的事迹产生共鸣，相反，医学专业的学生对于邓稼先的认同和敬仰也远远不如物理专业的，这就是领域距离所带来的遥远和虚幻感，是现代社会发达的传播媒体向人们补充了丰富的信息资源，物理专业学生对钟南山的崇拜和学习热度不亚于医学专业的。再例如以雷锋为榜样进行示范教学，雷锋生活在二十世纪五六十年代，而我们的学生生活在二十一世纪，时代距离加大了学生对雷锋事迹的理解难度和雷锋精神的接受难度，同样的教学内容在当年已足够产生教育效果，但放到现在则远远不够，我们需要给学生大量补充那个年代的背景材料和雷锋的成长经历，才能帮助他们理解雷锋的事迹、把握雷锋精神的本质。这种补充看似增加了教学难度，增加了教学时间和精力的付出，但学生由此建立的结合历史背景理解历史人物的客观科学态度却是令其终身受益的。

由此可见，榜样教育要特别重视榜样的选择，要依据学生所处的时代和专业领域，尽量选择时代距离和领域距离较近的榜样，但是，时代距离与领

域距离是不可能完全消除也没有必要完全消除，时代距离与领域距离不是不可克服的。只要依据学生现有认知水平与榜样的距离，补充相应的背景材料来帮助学生理解榜样，领悟榜样的精神实质，而对时代距离和领域距离的穿越更能让学生把握到榜样精神的实质。

作为学生愿意选择"不完美但有着优秀品质、行为的朋辈榜样"的应对策略，许多研究者把解决方案定在"既让大学生们看到榜样身上值得学习的一面，也让大学生看到他们身上不能免俗的小瑕疵"，这可为难了，因为我们所报道的英雄人物的事迹总是来源于生活又高于生活，集中突出英雄的优良品质，现在要刻意加上一些瑕疵，恐怕要犯历史虚无主义的错误了。况且，加上这些小瑕疵，是增加了可信度还是弱化了优良品质的示范效果，并没有切实可信的研究证据。也有人提出，既然如此，不如把榜样换成学生中的优秀分子，甚至由学生来选榜样。不论是学生选还是学校选，确实可以起到让榜样更亲近、更具有真实感的效果，甚至可以通过这种评选起到激励学生争当道德模范的作用，但在榜样的感召力和品德呈现的鲜明性方面都难以与英雄人物相比拟，评选过程中各种复杂的情况和不完善的程序更是削弱榜样的威信。

其实，学生愿意选择"不完美但有着优秀品质、行为的朋辈榜样"，所反映的心理本质是希望更多地触摸到榜样的心灵和生活，拉近心理距离，寻找精神上的结合点，实现价值的认同和内化。因此，解决这一问题的方法是教师要掌握更多与英雄有关的信息，选择其中能让学生与榜样进行心灵对话的资料提供给学生，从而拉近学生与榜样的心理距离，促进学生对榜样精神实质的领悟和接纳。例如，我们选择任正非作为爱国敬业的榜样，除了学生使用的手机可能来自华为之外，任正非的创业史与学生存在时代距离乃至领域距离，任正非与学生的年龄差距更是带来巨大的心理距离，但是，当我们给学生补充任正非的自述"我的父亲母亲"，当我们带着学生诵读其中"回顾我自己已走过的历史，扪心自问，我一生无愧于祖国，无愧于人民，无愧于事业与员工，无愧于朋友，唯一有愧的是对不起父母，没条件时没有照顾他们，有条件时也没有照顾他们。"读这段文字时，学生们顿时泪如雨下，同样的亲情拉近了学生与任正非的心理距离，同为离家的游子，这种情感的共鸣使得任正非有了温度，学生们更愿意去了解任正非，更容易理解什么是忠孝两全，更容易理解任正非父子爱国爱党，忠于事业的道德品质，从而完成对这种品质的认同和内化。

学生与榜样的时代距离、领域距离、心理距离是客观存在的，除了选择距离更近的榜样外，有意识地通过教学设计突破障碍，拉近距离，更能帮助学生把握榜样的精神实质。

三、榜样示范教学要从"榜样规范"上升到"榜样思考""榜样共情"

在培育和践行社会主义核心价值观的问题上，习近平总书记特别重视榜样在道德信念的培养上的作用，而且不同年龄段的学生道德培养的侧重点应有所不同。少年儿童要"心有榜样，就是要学习英雄人物、先进人物、美好事物，在学习中养成好的思想品德追求"。青年则要"见善则迁，有过则改"。可见，青年比少年更多了对道德的理性认识和与自身生活实际相结合的自省。

蒋慎之的调研结果显示，62.91%的学生认为榜样教育的表达方式太过官方、不接地气，22.25%的学生认为榜样教育的语言太呆板、不生动。从表面上看，解决方案似乎应该是改善表达方式，提高语言的生动性，而实质上是学生对榜样教育中学生参与度不足的反映。历经小学、中学榜样教育的学生，榜样所对应的道德规范，早已了然于心，对于毫无新意的高校榜样教学。他们可以冷静到以旁观者的角度来评价老师的"表演"。没有思维参与、没有情感卷入的榜样示范教学是无法满足大学生道德品质培养的时代需要的，"思修"课堂运用榜样示范法不能停留在"榜样规范"的层次，而要上升到"榜样思考""榜样共情"的层次。

"思修"课堂运用榜样示范法要从"榜样规范"上升到"榜样思考"。大学生对道德教育的要求已从道德规范的理解上升到获得道德规范如何在复杂的社会生活中落到实处，如何在个人私欲与社会利益间取舍的指导，这是他们从校园走向社会最直接感受到的困惑，也因此常常感到英雄高不可攀，对英雄的事迹产生怀疑。"师者，解惑也"，"三人行，必有我师焉"，以教师为主导、以学生为主体深化榜样示范教学是完成这种转变的途径。

在实际教学中，坚持以教师为主导，以学生为中心的民主集中的教学原则，确保学生平等表达对榜样的看法与感受，鼓励学生表达自己内心的困惑、怀疑，通过师生互动、生生互动的质疑、论辩、补充学习等环节引导学生理解英雄之所以成为英雄的道德坚守，领悟道德追求的社会共性和个人品德的多面性，寻求个人利益与社会利益的平衡点，形成社会主义核心价值观的道德追求落实于实际社会生活的个人选择。例如，我们把马克思作为青年树立理想信念的道德榜样，通常只重视马克思为人类幸福而奋斗的崇高理想，而已经在思考就业的学生首先面临的是如何在社会中找到一个生存的空间，崇高的理想与个人生存需要之间的关系如何处理是他们最需要解决的"困惑"，"榜样思考"就是要让学生从马克思的人生中寻找解决自身"困惑"的钥匙，崇高的历史地位、流离困顿的个人生活形成鲜明的对比，恩格斯在经商与真理探索中的平衡，恩格斯与马克思的友谊，马克思的《青年在选择职业时的考虑》都成为学生讨论思考、辩论的热点，学生似乎在马克思的《青年在选择职业时的考虑》中找到了解决困惑的答案："在选择职业时，我们应该遵循的主要指针是人类的幸福和我们自身的完美。"但又苦恼于这种结合所看到的马克思生活的拮据。老师的价值就在于最后一公里的一锤定音，点明马克思和无数革命先烈的伟大就在于为了这种结合放弃原本优渥的生活条件去追求人类的幸福，正是他们的付出推动社会的进步，使我们今天能够让这种结合建立在良好的生活条件下，使学生更加敬仰马克思，更加珍惜今天的幸福生活，激励其将个人前途与中华民族的伟大复兴事业相结合的志向。

"思修"课堂运用榜样示范法要从"榜样规范"上升到"榜样共情"。"共情"也称作心理换位、将心比心，即设身处地地对他人的情绪和情感的认知性的觉知、把握与理解。"榜样共情"是通过设置各种情景帮助学生接近榜样行为产生时的情感体验，从而理解榜样行为，产生心理共鸣，促进其道德情感的形成。正因为"榜样共情"在品德形成中的重要作用，学生才会提出愿意选择"不完美但有着优秀品质、行为的朋辈榜样"。所以,"榜样共情"是榜样教学法中不可或缺的一环。

榜样道德情感的形成与其个人成长的经历、所处的社会环境、所接受的文化影响紧密联系,道德情感虽隐于内心,却表现于其言语和行为。所以,我们不仅在教学中要通过讲述榜样的英雄事迹感受英雄的道德情感,更可以让学生通过诵读榜样的经典话语或诗歌来获得对榜样道德情感的深度觉察,还可以通过对榜样所处时代的文艺作品的欣赏来接受榜样所接受过的心理震撼。例如,我们介绍"最美退役军人"谢彬蓉,就采用了其为大山里的孩子作的一首小诗"风和蒲公英"来实现"道德共情":"老师,什么是风和蒲公英的约定?每到春天,风儿就会带着蒲公英的孩子们,去远方旅行,看缤纷的世界。你们就是蒲公英,刚一放假,就开始了对老师的期待。老师是风儿,刚一开学,就回来了。这就是我们的约定。"学生在诗歌诵读的练习中反复感受着谢彬蓉对大山里的孩子的眷恋,感受着谢彬蓉甘做"候鸟"支教大山的高尚道德情操。再例如我们介绍抗美援朝的英雄黄继光,就采用了与抗美援朝密切相关的两首歌曲"志愿军军歌"和"英雄赞歌",学生们对歌曲从陌生到熟悉,从唱得满头大汗到唱得热血沸腾,仿佛回到了那个激情燃烧的岁月,感受到黄继光英勇无畏的力量源泉。

高校"思修"课堂不仅要运用榜样示范法告诉学生道德规范是什么,还要通过对榜样精神的深入挖掘完成道德规范与生活实际的结合,实现道德规范从认同到内化的飞跃,同时,通过文学、文艺作品使学生获得与榜样的共情,促进其道德情感的形成。

总的来说,在高校"思想道德修养与法律基础"课程教学中,榜样示范法依旧能够发挥重要作用,能够激励学生向榜样看齐,自觉培养高尚的道德情操。榜样示范法的运用要解决好学生与榜样的时代距离、领域距离、生活距离,通过巧妙的设计拉近距离,帮助学生理解榜样、接受榜样、领悟榜样的精神实质。榜样示范法的运用要从道德规范的理解上升到引导学生将道德规范与复杂的社会实践相结合,上升到帮助学生通过"共情"促进道德情感的形成。

抗疫精神融入本科职业大学社会主义
核心价值观教育新探

陈益华①

（广东工商职业技术大学　马克思主义学院）

　　高等职业本科教育是教育部为了适应新时代我国高级技能人才紧缺的国情，结合国际职业教育发展的总趋势提出的一个新的教育体系。2020 年《政府工作报告》指出，今明两年高职院校要扩招 200 万人，要使更多劳动者长技能、好就业。然而，突如其来的新型冠状病毒性肺炎，对本科职业大学生的心理、思想和行为产生了深刻影响，给本科职业大学社会主义核心价值观教育带来严峻挑战，同时也提供了引导青年学生在疫情防控中历练成长的重要契机。本科职业大学应充分利用重大疫情这一特殊时期、特殊情境，将抗疫精神有机融入社会主义核心价值观教育，提高社会主义核心价值观教育工作的针对性和有效性。

一、抗疫精神与社会主义核心价值观相融相通

（一）抗疫精神体现社会主义核心价值观的深刻内涵

　　什么是抗疫精神？2020 年 9 月 8 日，全国抗击新冠肺炎疫情表彰大会隆

---

　　①　**作者简介：**陈益华，男，湖南邵阳人，法学硕士，广东工商职业技术大学马克思主义学院副教授。

重举行，习近平总书记发表重要讲话，在讲话中特别概括、阐释了伟大抗疫精神，他深刻指出，在这场同严重疫情的殊死较量中，中国人民和中华民族以敢于斗争、敢于胜利的大无畏气概，铸就了生命至上、举国同心、舍生忘死、尊重科学、命运与共的伟大抗疫精神。① 伟大抗疫精神同中华民族长期形成的特质禀赋和文化基因一脉相承，是爱国主义、集体主义、社会主义精神的传承和发展，是中国精神的生动诠释，丰富了民族精神和时代精神的内涵。②

2012 年 11 月，党的十八大提出社会主义核心价值观，其基本内容可以归纳为"三个倡导"：国家层面，倡导富强、民主、文明、和谐；社会层面，倡导自由、平等、公正、法治；个人层面，倡导爱国、敬业、诚信、友善。2018 年 3 月，十三届全国人大一次会议通过宪法修正案，把国家倡导社会主义核心价值观正式写入宪法，进一步凸显了培育和践行社会主义核心价值观的重大意义。

抗疫精神体现社会主义核心价值观的深刻内涵。首先，抗疫精神是最生动的爱国主义教材。在这次疫情防控实践中涌现出了大量模范人物和经典案例，为社会主义核心价值观教学提供了爱国主义教育的鲜活案例和丰富的素材。社会主义核心价值观的精髓是民族精神和时代精神。民族精神就是一个民族赖以生存的精神支柱，是民族文化最本质、最集中的体现。而时代精神是中华民族精神在新的历史条件下的继承和发展。以爱国主义为核心的民族精神和以改革创新为核心的时代精神相互交融，共同熔铸了中华民族自立自强的精神品格。在全民抗疫斗争中形成的抗疫精神是社会主义核心价值观的生动展现。

在抗击疫情的斗争中，中国人民在党的集中统一领导下，同心同德、齐心协力，显示出强大的凝聚力和向心力，让世界看到中国人民团结奋进的强大决心，展现了中华民族不屈不挠的民族精神和众志成城的磅礴力量。在抗

---

① 习近平. 在全国抗击新冠肺炎疫情表彰大会上的讲话 ［N］. 人民日报，2020 - 09 - 09（02）.

② 陈益华. 将孝亲敬老融入社会主义核心价值观 ［J］. 管理学文摘，2019（2）：5.

疫斗争中彰显的为了人民生命安全和身体健康不惜一切代价的生命至上精神、举国同心的团结精神、舍生忘死的奋斗精神、精准统筹的科学精神、命运与共的守望相助精神，是我们在打赢抗疫斗争中留下的一份宝贵的精神财富，是全国人民用行动诠释和弘扬的抗疫精神。抗疫精神为中国精神注入了崭新的时代元素，丰富了中国精神的宝库，为中国精神增添了新的内涵，为打赢抗疫斗争提供了强大的精神支撑。我们要继续大力弘扬抗疫精神，凝聚中国力量，坚决打赢疫情防控的人民战争、总体战、阻击战，向着实现中华民族伟大复兴的奋斗目标砥砺前行。①

（二）抗疫精神彰显社会主义核心价值观的时代价值

当下，新冠肺炎肆虐全球，对人类身心健康和生命安全构成重大威胁，或将影响整个国际格局的演变。从历史上来看，重大疫情过去有，现在有，将来还会有，因此，疫情防控常态化、制度化将是一个趋势。弘扬抗疫精神，坚持以马克思主义中国化理论为指导，是青年大学生树立正确世界观和价值观的重要思想保障，也是青年大学生不断增强道路自信、理论自信、制度自信、文化自信的重要法宝，充分彰显了抗疫精神融入社会主义核心价值观的时代价值。

（三）抗疫精神蕴含社会主义核心价值观的价值归依

每当经历一些重大事件、重大任务，或面临重要关头、关键时刻，常常会孕育并诞生一种崇高而伟大的精神。冬末春初的这场新冠肺炎疫情，是新中国成立以来在我国发生的传播速度最快、传染范围最广、防控难度最大的一次重大突发公共卫生事件。在这场艰苦卓绝的人民战争中，孕育并诞生了伟大的"抗疫精神"，既为打赢这场总体战、阻击战注入了强大动力，又必定以它的深刻内涵而载入中华民族发展史册。

---

① 宋宏. 在抗击疫情中践行社会主义核心价值观 [N]. 哈尔滨日报, 2020 - 05 - 14 (08).

2017年10月18日，习近平总书记在十九大报告中指出，要培育和践行社会主义核心价值观。要以培养担当民族复兴大任的时代新人为着眼点，强化教育引导、实践养成、制度保障，发挥社会主义核心价值观对国民教育、精神文明创建、精神文化产品创作生产传播的引领作用，把社会主义核心价值观融入社会发展各方面，转化为人们的情感认同和行为习惯。抗疫精神和社会主义核心价值观在价值追求和奋斗目标上具有一致性，都以实现中华民族的伟大复兴作为远大理想和最终奋斗目标。

二、抗疫精神融入本科职业大学社会主义核心价值观教育的要旨

（一）有利于促进本科职业大学生在重大疫情防控中快速成长

人无精神不立。在新冠疫情防控中，本科职业大学生社会主义核心价值观教育要善于危中寻机、化危为机，把"战场"转化为大学生的成长"课堂"。要加强对大学生的解疑释惑，引导他们明辨是非曲直，拓宽眼界格局，学会用历史的、理论的、实践的逻辑来理性审视时代境遇，在重大疫情面前要跳出"小情境"，直面宏大的时代叙事，强化自己的时代担当。要引导本科职业大学生树立集体主义观念，坚守为国家、为社会、为人民做奉献的高尚情怀。要强化习惯养成，大学生在疫情防控期间要养成良好的学习生活习惯，学会自主学习，提高自律能力，促进身心健康，以良好的精神风貌应对疫情、迎接未来，① 快速成长为又红又专、德才兼备、全面发展的时代新人。

（二）有利于本科职业大学完成立德树人的根本使命

立德树人是本科职业大学的根本使命。立什么样的德，树什么样的人，是本科职业大学首先要回答的根本问题。众所周知，本科职业大学肩负着培养面向生产、建设、服务和管理第一线需要的高素质的应用技术型和职业技能型高

---

① 孙楚航，许克松. 重大疫情防控工作中大学生思想政治教育功能与实践路向 [J]. 思想理论教育，2020（3）：99.

等专业人才的使命，如何理解高素质的应用技术型和职业技能型高等专业人才？蒋辉霞一针见血地指出，在科技迅猛发展和价值观念多元化的今天，人类本性的两大文化——工具理性文化和情感精神文化日渐冲突，如果教育对人的培养只追求功利化、实用化、工具化，其结果只能是大学异化为生产流水线，批量化地培养出"半个人""局限眼前，醉心功利，遗忘未来，失却崇高"。①

笔者认为，高素质的应用技术型和职业技能型高等专业人才的基本内涵是德才兼备，具备抗疫精神，牢固树立社会主义核心价值观。融入抗疫精神的社会主义核心价值观是一种大德，如果缺乏这一大德，本科职业大学培养出来的就是次品，甚至是危险品。因此，将抗疫精神融入本科职业大学社会主义核心价值观教育有利于完成本科职业大学立德树人的根本使命，更好地为改革开放和社会主义现代化建设服务。

（三）有利于中华民族伟大复兴

习近平总书记指出："精神是一个民族赖以长久生存的灵魂，唯有精神上达到一定的高度，这个民族才能在历史的洪流中屹立不倒、奋勇向前。"②"抗疫精神"是中华民族精神的剪影，它可歌可泣、可圈可点，也无坚不摧、无往不胜。将抗疫精神融入本科职业大学社会主义核心价值观教育绝不能止于疫情防控，必须要与时偕行，与决战脱贫攻坚、决胜全面小康社会等结合起来，与克服新时代面临的各种风险挑战结合起来，从而不断筑牢思想根基，向着实现中华民族伟大复兴的奋斗目标砥砺前行。

三、抗疫精神融入本科职业大学社会主义核心价值观教育的路径

（一）抗疫精神融入本科职业大学社会主义核心价值观教育的课堂实践

本科职业大学应有针对性地把抗疫精神融入课堂教学，使大学生深入了

---

① 蒋辉霞. 对培养物质人教育的评析与纠正策略 [J]. 中国校外教育，2007（17）：68.

② 习近平谈治国理政第二卷 [M]，北京：外文出版社，2017：47 - 48.

解抗疫精神的内涵和外延。首先，思想政治理论课教师应加强对抗疫精神内涵的研究与理解，既要做到内化于心，深谙其精髓，增强讲授抗疫精神的驾驭力和信服力，又要做到外化于行，将自己所学、所思、所悟转化为具体行动，增强抗疫精神的说服力和实用性。其次，要在思想政治理论课教学内容中融入抗疫精神。思想政治理论课教师应主动把党领导全国人民抗击新冠肺炎疫情的伟大实践以案例分析、人物故事和理论阐释等方式充实到课程教学中，使学生深入了解抗疫精神产生的背景，深刻体悟抗疫精神的时代意义，进一步领悟中国制度、中国力量、中国治理和中国贡献的真正含义，引导学生树立正确的世界观、人生观、价值观。同时，还可在课程体系中设立抗疫精神专题课程，开设相关专业选修课程、通识教育课程等供全校学生选择学习。再次，应在高校思想政治理论课教材体系中融入抗疫精神。应组织相关专家、学者编写简易读本等教辅材料，将全国人民在习近平新时代中国特色社会主义思想指引下的伟大抗疫实践编入教材，注重挖掘疫情防控中涌现出来的先进典型、英雄人物和感人事迹，全面展现中国人民团结一心、共克时艰的精神风貌，最终实现"教材体系向教学体系、知识体系向价值体系"的转化。最后，在专业课程教学中融入抗疫精神。高校每门专业课程都具有育人功能，所有教师都有育人职责。专业课程教师通过课程思政，结合教学目标和内容，将抗疫精神链接、内嵌于专业课程中，把知识传授与立德树人有机结合起来。例如，在艺术类课程中讲授如何通过漫画等作品来以艺抗疫；在电子课程中讲授电商平台如何为抗疫提供物资供应保障，在工程管理课程中讲解火神山医院和雷神山医院的建设过程，通过这些生动鲜活的事例向大学生一点一滴播撒抗疫精神。

（二）抗疫精神融入本科职业大学社会主义核心价值观教育的校内实践

校园是大学生价值观形成的关键场所，是传播和弘扬社会主义核心价值观的重要空间。营造良好校园文化氛围，能够发挥精神层面隐性思想政治教育载体对大学生成长的潜移默化作用。由此，本科职业大学应根据新冠肺炎疫情防控实践，把抗疫精神融入社团建设、网络文化、校园文化活动中，让抗疫精神蕴含的品格成为校园的主旋律、最强音。首先，在社团建设中弘扬抗疫精神。本科职业大学学生社团作为群众性的学生组织，是开展大学生社会主义核心价值观教育的重要载体。本科职业大学应积极引导大学生成立"抗疫精神研究会""抗疫精神宣讲团"等社团组织，在思想政治理论课教师的带领下，一方面促进大学生之间的思想交流和学术探讨，基于自己的视角、自己的体会、自己的语言，形成研究成果，深化对抗疫精神的认知；另一方面，要通过鼓励大学生参加志愿服务、抗疫精神宣讲等工作，传播健康理念，分享思考体悟，强化价值理念。其次，在网络文化中弘扬抗疫精神。要积极把握大学生阅读和接收信息所呈现出来的快餐式、碎片化的特点与规律，主动运用网络新媒体，积极占领网络宣传和舆论高地。例如，利用微博、微信、视频网站、社交媒体、抖音、快手等网络平台以及校园新媒体等，以文字、图片、表情包、短视频等图文并茂、形象生动的形式集中宣传抗疫精神，进一步激发大学生爱党爱国爱社会主义的热情，引导大学生坚定强国之志、实践报国行动。最后，在校园文化活动中弘扬抗疫精神。在疫情结束后，本科职业大学不仅应积极开展先进人物进校园活动，广泛邀请疫情防控先进个人、战"疫"英雄等走进校园，以先进事迹报告会、座谈会的形式，引导学生以英雄模范为榜样，毕业后到祖国最需要的地方建功立业，还要积极组织以抗疫精神为主题的读书会、辩论赛、情景剧、书画展等校园文化活动，鼓励学生利用文艺创作、文艺演出等诠释抗疫精神，通过这样的方式，使学生在参与的过程中获得真实感受，培育家国情怀。

（三）抗疫精神融入本科职业大学社会主义核心价值观教育的社会实践

抗疫精神不仅体现在理论层面，还展现在具体的社会实践中。在新冠肺炎疫情全面解除后，本科职业大学应积极把抗疫精神融入社会主义核心价值观教育社会实践中，组织大学生走向社会实践大课堂，通过行为外化激励大学生将抗疫精神内化于心。首先，基于思想政治理论课开展实践教学。本科职业大学可结合暑期社会实践活动等，组织学生到武汉市武汉客厅、洪山体育馆、武汉国际博览中心等"方舱医院"抗疫遗存地参观学习，触摸疫情防控印记，了解广大医务工作者不畏艰险、顽强不屈的奋斗史；还可前往提供疫情防控物资保障的典型单位、抗疫先进集体等开展学习调研，感受中国力量、中国精神、中国效率的鼓舞；还可以到部队、医院、社区、农村进行社会调查，在访谈和学习中使大学生增强责任感和担当意识，使大学生做出"扎根人民、奉献祖国"的正确选择。其次，本科职业大学要引导大学生发挥自身的专业优势，自觉践行抗疫精神。例如，可借助校地、校企合作项目，引导学生积极投身疫苗、药品、设备等的研发工作中，参与国家应急管理体系建设、公共服务、民生保障、法治建设和生态环境治理等战略规划项目的研制，引领更多优秀学生到国家需要的重点行业、关键领域就业，服务于国家治理体系和治理能力现代化建设，让青春在党和人民最需要的地方绽放绚丽之花。最后，本科职业大学应在大学生创新创业教育中渗透抗疫精神。抗疫精神的内涵与大学生创新创业能力培养具有内在的一致性，抗疫精神所展现出的爱国情怀、团结作风、奋斗精神和担当品格，对本科职业大学生创新创业能力的培养具有较好的启发意义，能够激励大学生始终牢记初心和使命，从而增强团结意识，保持创新激情，做到脚踏实地、艰苦奋斗，努力克服创新创业道路上的一切困难，为自己的人生创造无限的可能。①

　　综上所述，大学生思想政治教育工作必须紧密结合中国特色社会主义道路建设中的重大事件，深度挖掘重大事件中蕴含的时代精神。将这些时代精神历史地联系起来，以发展的眼光不断丰富社会主义核心价值观的内涵，拓展大学生培育和践行社会主义核心价值观的空间，使社会主义核心价值观真正成为大学生在人生航向上的价值指针。

　　继续进行抗疫精神融入本科职业大学社会主义核心价值观教育的后续研究。在这次疫情防控实践中涌现出了大量模范人物和经典案例，为我们思政课教学提供了鲜活案例和丰富的素材。本科职业大学可以在未来的大学生社

---

　　① 陈晨. 抗疫精神融入大学生思想政治教育的价值与路径 [J]. 教育探索，2020（4）：66 – 67.

会主义核心价值观教育工作中把疫情防控实践变成生动的思政教材，将疫情防控实践有效融入社会主义核心价值观教育中，用抗击疫情中的真实案例加强青年大学生的爱国主义教育、责任与担当教育、道德教育、法治教育、感恩教育。抗疫精神融入本科职业大学社会主义核心价值观教育后续研究对大学生成长成才，对重大疫情防范长效机制的建立都具有重要的意义。

将抗疫精神融入本科职业大学社会主义核心价值观教育工作中，引导大学生深化对马克思主义基本理论的认识，不断加强大学生的社会主义核心价值观教育，不仅有利于对重大疫情防控中的本科职业大学社会主义核心价值观教育规律、方法进行理论研究，还对于本科职业大学的思想政治教育教学工作具有重要的理论指导和借鉴意义。

第三章

03

| 网络信息与思政课程的深度融合 |

全网络授课模式下教师定位和教学质量提升分析

徐 爽①

（佛山科学技术学院 马克思主义学院）

2020 年春季，全国为了应对疫情期隔离和减少集聚的要求，教育领域基本全部采用全网络授课模式，这是一种前所未有的情况，无论对学校、教师还是家长、学生都是全新的体验和挑战。以往网络教学基本上都是作为传统教学的辅助手段而出现，2020 年春季学期授课则是全部专业、全部年级都统一采用网络授课模式，且没有传统教学手段来配合。由此，教师和学生的角色变化以及教学质量如何得到保证等问题，是值得深入探讨的问题。经过一段时间的全线上授课之后，本人不揣简陋，特将个人不成熟的体会写出，以就教于行家。

一、全网络授课模式对学生学习自主性和自制力提出了更高要求

网络授课的特点是开放性和自主性。开放性指的是学习内容、学习时间甚至考核内容都是开放的，学生可以在任何时间选择任一知识点进行学习和回放，甚至连考试的答案都可以在现如今的搜索器中轻松地搜索出来。自主性则是指学生学习的主观能动性，以及相应的自制力。全网络教学模式下的

---

① 徐爽，女，佛山科学技术学院马克思主义学院历史学博士，主要研究方向为中国近现代史。

开放性和较强的自主性，导致很多自制力较差的学生很难取得好的教学效果。该模式对学生个人的主观学习愿望以及自制力都提出了更高要求。其次，真正有效的学习是脱离人类舒适区的认知过程，尤其在涉及艰深或枯燥乏味的知识、技能时更是如此。传统的课堂授课由于教师与学生的互动，教师可以随时观察到学生学习的即时反应，并根据学生认知状况或学习状态进行学习内容和授课方式方法的调整。然而这一线下授课的优点在网络授课模式中很难较好地实现，教师对于学生学习状况和成效的把握，更多地是通过测验或作业的情况来进行分析和把握。学生的即时学习情况和学习状态，比如学生们学习时是不是漫不经心或者根本没有真正进行学习，这些情况教师很难有即时的观察。因此对于学生来说，学习的自主性和面对相对艰深知识时的意志力就显得尤为重要。再次，网络环境的不规范也可能会使一部分学生的身心健康受到影响，有些孩子由于认知水平不够，可能会受外界不好的影响而耽误学业。这也是现在网络环境带给人们的一大担忧，同样会体现在全网络授课模式之中。

二、全网络授课模式下教师的定位

在传统教育中，教师担当着传道、授业、解惑的角色，但对于网络教育，这样的角色定位正在逐步弱化。网络空间中师生的匿名性，师生主体的去中心化特质，打破了面对面教育中以身份地位为主导的教育社会分层结构；教师角色中知识源泉的作用将部分由网络资产替代。这些正加速促进教师角色与功能的重大改变。[①] 教师部分传统功能被网络的取代，势必导致教师需要在其他方面做出更多改变以适应网络授课模式的转变。在全网络授课模式之下，这种功能就体现在教师应当更多地充当网络学习中的引路人、管理人与评价人，对网络学习实行全流程管理，帮助学生更好地掌握网络所带来的知识，同时能够通过多种教学手段切实提升教学质量。

---

① 张青：《教师的权威性角色在网络教育中的变化及其社会学原因》，《湖南师范大学教育科学学报》，2010 年第 5 期，第 63 - 65 页。

对网络学习进行全流程的管理，并不意味着教师在传道授业解惑这个基本功能上的完全抽离，恰恰相反，由于目前全网络授课模式下各学校对教学资源的建构、统筹管理方面还有许多的不足，以及网络教学资源"去精英化"的特点，决定了网络教学在教学深度、质量方面还有待提升，这个部分实际上就是教师能够发挥个人所长的地方。如何切实提高教学质量，就是教师们能够发挥传统功能所在的部分。

三、全网络授课模式教学质量提升的探讨

如前文所述，全网络授课模式既然对学生的学习自主性和自制力带来了极大的挑战，这也就客观上要求学校和教师两大主体根据网络教学的特点做出相应的改变。从学校的角度来说，建立科学的、完整的网络教育质量内部控制系统，应本着以需求为中心，以促进学生学习为旨归；以教师的知识和技能为重点，重视教师专业化成长；聚焦内容和平台建设，由此形成一套完善的、行之有效的全面质量管理系统。① 从教师个人角度而言，在开展教学活动时应针对以上特点，合理设置课程流程，增加课堂趣味性，分层级设置问题难度，及时对学生学习情况进行数据分析和把握，以便更好地对学生进行引导。

（一）交叉运用多种教学手段，合理设置课程流程

全网络授课模式下，学生仅仅依靠听慕课、微课等录播视频这一个环节是不够的。教师应该将微课、测试、直播、话题讨论以及其他教学手段、其他教学资源合理地进行组合，让学生对课程内容产生足够兴趣，不会觉得看了太长时间视频以致索然无味、昏昏欲睡，或者直接一边开教学视频空放，一边打游戏。这样的教学模式下，学生的学习效果肯定不会好。但全网络教学模式一个很突出的优势就在于，教学模块的设计是完全可控的、精准度很

① 曹中一、王红霞、朱颖：《论网络教育质量全域管理：战略择定与系统建构》，《中南大学学报（社会科学版）》，2015 年第 4 期，272 页。

高的，并且每个教学模块都可以进行考核，学生的学习进度、考核成绩可以完全量化。这就意味着教师可以通过控制教学模块，使其更加合理化，来达到提升学生学习效果的目的。这就要求教师对教学资源进行精准的整合，在有限时间内对微课、测试、讨论、直播等教学手段很好地交叉运用，并设置合理的考核机制，学生必须在完成一系列流程之后才能得到相应的分数，这样，无论是出于学习兴趣也好，还是出于拿到分数的渴望也好，都增加了学生参与学习的概率，提高了教学效果。

（二）微课与直播的优缺点与内容侧重

全网络授课模式下，出于对学生们视力保护以及注意力持续时间的考量，通常来说一个知识点，其微课或录播的时长都以 10 分钟左右为宜。每一讲课程，此类的知识点设置应在 4—6 个为宜（以 45 分钟一节课，每次上两节课进行统计）。其余的时间则应用其他教学手段来加强学习效果。时长的限制，决定了老师们相比于传统教学来说，没有足够的时间对学生进行知识引导和铺垫，教师必须力求在较短时间内让学生对每讲的课程结构和基本内容有一个清晰全面的了解。对教师来说，必须力求在较短的时间内，既要把知识结构和层次讲得很清楚，又要兼顾趣味性，这实际上给教师的备课和教学能力带来了很大的挑战。因此教师应该对既有的授课方式和流程做出相应的改变，将既有的知识和结构进行整合。

（1）全网络授课模式中应该兼顾微课和直播两种教学手段。微课以教师录屏为基本手段，学生们可在任意时间进行观看。而直播模式下，教师可以实时与学生们进行互动，语音连线、抢答、举手等模式可以给学生们一种"真实上课"的感觉，基于网络平台的实时文字发送，也可以让学生即时表达自己的想法，弥补了微课模式下教、学两主体零互动的情况。

（2）微课和直播的内容应各有侧重。由于微课和直播的优缺点不同，且全网络授课模式下，课堂时长肉眼可见地缩短，导致微课和直播这两种教学手段应该有不同的内容侧重。课程录播设计应该以简单的基础知识为主。目前在大部分课件采用录屏的情况下，应重点在这部分讲解基础知识，让学生在较短时间内对课程的结构、层次和基本内容有一个大致的了解。而课堂直播应该以知识串联和讲解重难点为主。在学生对基本内容有大致了解的前提下，教师最好能够在课堂上进行一定时长的直播，对微课的基础内容进行总结，并在基础内容之上，对课程的重难点进行讲解和串联，帮助学生更好地对整堂课的知识结构进行把握。此外，实际上直播环节更能体现出一个教师对于本门课程的创造性和教师本人的独特个性，使教师的个人魅力和学术涵养得到发挥，让学生真正喜欢上这门课程。

（3）直播环节教师应辅以能够较好调动学生积极性和引发学生思考的问题设计。一门课程，无论线上还是线下，能够设计出合适的、效果好的、启发学生思考的问题都非常重要。对于线上课程来说，更是如此。线上课程的知识点相对来说基础性比较强，有些可能比较松散，其知识点背后的深层次逻辑，学生可能很难有总体把握。这时候教师应该设计一些较好的能够将知识点串联起来的思考题或讨论题，让学生在思考和回答问题时能够调动所学知识，加深学习印象，从而达到较好的教学目的。

（三）全网络授课模式下的考核机制要更加精确

全网络授课模式下多手段教学方式的运用，客观上决定了学生成绩的核定来源非常多元化，因此教师必须因地制宜地设计考核标准，以求考核更加精确化。以本教研部所用的网络平台为例，其考核因素多达 8 项以上，包括了"课件学习成绩""课件学习时长""课件学习进度""作业""讨论""课堂点名"和"考试"，除此之外教师还可根据授课情况添加自定义评分项。由于每节课教师采用的教学组合手段不尽相同，所以每次课都应有针对性地重新设置考核机制。

四、全网络授课对未来线下课堂授课的经验参考

2020 年初的疫情之下不得已所采用的全网络授课，虽然只是一时权宜之计，但其中的优点也足资参考，可为以后的课堂授课提供较好的经验。

（1）全网络授课环境下搭建的知识平台，尤其是基础框架的部分，仍然

可以作为以后课堂授课的补充和辅助手段存在，以便有需要的学生进行个性化学习，以及进行知识的巩固和进一步拓展。

（2）应适当提高网络考核的力度和范围以促进教学反馈。学习的效果如何必须及时得到反馈，才能使教学有的放矢。近年来对于课程在前中后各个时期的考核，越来越多的学校开始借助网络平台来进行展开。其原因就是借助于互联网时代大数据处理的优势，可以在极大地减轻教师批改作业负担的同时，又能够帮助教师全面地了解学生学习和考试的情况，有助于加强教师对学生掌握情况的了解。对于那些学生错误多的知识点或知识体系，教师可以及时调整教学思路，或对某个知识点进行补强。同时，也有助于教师对学生个体的情况掌握，以便及时展开针对性辅导。

（3）思政课授课的一个重要方面，就是引发学生的情感共鸣。在这方面，视频或音乐类的教学资源因为可以带给人直接的视觉或听觉刺激，往往更能打动学生。但线下授课受限于时间和教学规定，教师往往不能够播放大段此类有助于加强情感交流的视频类教学资源。网络教学平台则可以很好地弥补这一缺憾。教师可以把此类教学资源发布到网络教学平台，让学生在课后有选择性进行观看，可以极大地提高思政课的教学质量。

多平台联动打造思修线上课堂，培育
学生自主学习能力

夏代云①

（佛山科学技术学院　马克思主义学院）

2020 年春，在 2019 新型冠状病毒（2019 – noV）肆虐全球的情况下，我国率先在全国大中小学果断开展线上教学。佛山科学技术学院坚持"停课不停学，停课不停思"，②"停课不停研"，③ 全校师生通过多种网络平台和联系方式联动开展线上课程。郝志峰立足于多年来从事计算机辅助教学的研究经验，提出了我国教育模式"换道超车"的理念，认为由于疫情隔离，举国上下全部课程进行线上教学，这是我国教育改革实现换道超车的绝佳机会，并且指出这也是培养学生自主学习能力和习惯的好时机。④ 2020 年春季学期笔者承担了"思修道德修养与法律基础"这门课程的线上教学，围绕着培育学生自主学习能力这个目标，笔者利用多平台联动打造思修线上课堂，虽然

---

① **作者简介：**夏代云，女，湖南益阳人，佛山科学技术学院马克思主义学院教授，博士，主要从事思想政治教育、更路簿、南海问题、民族文化、社会科学哲学研究。

② 郝志峰. 祖国需要我学习［Z］. 佛山科学技术学院的思政第一课，2020 年 3 月 9 日.

③ 佛山科学技术学院经济管理与法学院. 停课不停研，将论文写在祖国大地上：经法学院开展抗击疫情系列学术研究活动［EB/OL］. http：//web – fosu – edu – cn – s. webvpn. fosu. edu. cn：8118/91/30467. html

④ 郝志峰. 祖国需要我学习［Z］. 佛山科学技术学院的思政第一课，2020 年 3 月 9 日.

遭遇了多种问题，经历了各种坎坷，但最终还是顺利开展。

一、多平台多渠道联动打造线上课堂，实现远程管理和远程教学

在我国大学里，计算机辅助教学已经在一定范围和一定程度上实行了多年，但是线下教学依然是主流教学模式，教学流程里的诸多主要环节是通过线下教学的方式开展的。不可忽视的是，前些年里，一些大学的部分课程运用网络慕课开展教学，不过一般情况下，这些课程也设置有较大比例的师生见面课。今年由于新冠疫情影响，师生无法见面，所有教学流程全部在线上完成，这对于网络教学平台、教师、学生、教学管理、通信等都是一个不小的挑战。在此情况下，我国各网络教学平台迅速回应了这个挑战，如雨课堂、超星学习通、智慧树、腾讯极速课堂、钉钉等。各大直播平台和 App，如 QQ 直播、腾讯会议、腾讯课堂、钉钉等采用比线下课堂授课更丰富的交互式手段来吸引学生的注意力。[①] 也有些教师采用微信群或 QQ 群给学生人数较少的研究生上课。与此同时，我国电信部门也加强了对于线上教学流量和通讯畅通等方面的支持，中国知网免费开放电子资料库，满足抗疫期间社会各界对于学术资源的需求。到 2020 年 4 月份，霍普金斯大学的 Project Muse（缪斯计划）以及普林斯顿、康奈尔、佐治亚、哈佛、港中文、ACA、Early Theatre 等 40 多家出版社基本免费开放了自己的电子资料库。这一切都为抗疫期间线上教学提供了坚实的支持，因此师生通过多平台多渠道打造网课具备了必要的支撑条件。

在线上教学开展过程中，最为关键的问题是师生的教学理念和管理者的管理理念的转变问题。一则师生需要全面学习线上教学的技术，教师需要进一步加强备课，学生需要增强自主学习能力，加强自律，培育自主学习的良好习惯。二则管理者也需要学习线上管理技术，并根据线上课堂进展的实际情况革新教学管理模式，不断推进管理理念的转变。佛山科学技术学院根据

---

① 袁耀锋，林凌，王建，王心晨. 疫情防控期间线上教学的初步探索 [J/OL]. 大学化学：1 - 4 [2020 - 05 - 10]. http：//hns cnki. net/kcms/detail/11. 1815. 06. 20200508. 1729. 012. html.

教育部的指示，迅速采取应对措施，引进了雨课堂、超星学习通等多个线上教学平台，其中"思修道德修养与法律基础"课程统一采用超星学习通作为线上教学的首选平台，同时允许教师自己选择其他网络平台配合教学。学校要求各平台的技术人员在 2020 年 2 月份为师生提供线上教学的操作培训，在线上课期间全程跟踪服务。佛山科学技术学院在线上平台管理上既有统一性，也具有极大的灵活性和宽容性，体现出兼容并蓄、师生自主、实用为先、全程服务的先进管理理念。

在学校管理层的推动下，全校师生迅速投入线上教学中，2 月份完成线上教学技术培训，3 月初完成线上课堂测试，3 月 9 日正式开始线上课堂教学。在此氛围下，我承担的"思修道德修养与法律基础"的三个大班也开展了线上教学。在疫情肆虐的情况下，师生无法在线下开展见面课，因此建立师生远程联系的稳定渠道，教师及时了解学生的情况、问题和需求、布置课程学习任务点、实现远程教学以及加强对学生的远程管理成为开展线上课的第一步骤。

学习通具有管理学生完成学习任务点和学习进度的强大功能，教师批阅和统计也十分方便，成绩单可以显示学生完成学习任务点的数量和进度，而且有大量的共享教学资源，可以用示范教学包快速建课，教师可以把自己制作好的各种教案内容如 PPT 课件、文档、音频、视频、图片等存放到云盘、资料文件夹和章节里，学生随时可以阅读、聆听和观看。教师可以通过手机 App 在同步课堂用 PPT 课件讲课，学生可以用弹幕回答问题，还可以录制速课。但是系统囿于技术和流量等方面的困难，直播、投屏和班级群聊等功能受到限制，难以展开。2020 年在 2 月下旬和 3 月中旬，我在学习通线上课堂的试验、测试和教学中发现，在上午 9：50 之后很难进入学习通的同步课堂，有时候进去后也会被强行退出来。通过咨询学习通技术人员才知道，原来学习通在这个时间段把流量倾向于给中小学生上课，因此对大学课堂的流量进行了适当控制。而我有 2 个大班都是从上午 9：40 开始上课。另外我和部分学生经过反复测试，发现学习通的同步课堂网络传输速度较慢，学生端播放 PPT 课件时比教师端的延迟几十秒，师生交流也不能及时显示，时不时出现

PPT 课件解析出错，咨询结论是由于 PPT 课件里的图片太多，因此文件太大，进而导致解析时间较长或者无法显示。上课时，教师希望从 PPT 切换到视频或者文档，有时需要在网页上按步骤指导学生查找资料等，但是学习通不具备这些直播功能，按照学习通技术人员的指导安装外挂软件后也很难如意。于是我和学生商量，采用另一个可以兼顾这些功能的直播平台作为备选，学生们一致推荐腾讯课堂。接下来我们同时使用腾讯极速课堂和学习通作为线上课平台。学习通作为课后学习和管理平时成绩的主要平台。

腾讯极速课堂用于直播教学。教师端用一台主机连接 2 个显示屏，一个显示屏用于直播上课，另一个显示屏用于显示各类教学资源，如课件、视频、文档或网页等，教师在两个屏幕上随时调取各种教学资源，操作灵活快捷，节省时间，从而可扩大课堂教学的容量。直播上课的显示屏可以单独显示 1 个课件、视频、文档或网页，也可以同屏显示 2 个内容，如视频和 PPT 课件内容，又如课件和学习通里的教材内容，这样便于以动态流程的方式给学生指导各种学习方法。另外教师可以通过腾讯极速课堂实时监控学生的学习动态，能够快捷地实现师生课堂互动。后来学习通同步课堂也开发了实时监控学生学习动态的功能。

另外我们还有班委微信群、教学大班 QQ 群、电话等稳定的通讯联系方式作为辅助平台，及时反馈和解决问题。教学大班 QQ 群是主要的辅助平台，上传资料，发放通知，在群里以留言的方式沟通和解答疑难。如，教师从学习通下载成绩清单并经过统计后，发送到教学大班 QQ 群，让所有学生看到自己和同学的学习进度，对于进度很慢的同学，教师在必要时打电话了解学生的实际情况，督促其按要求和进度完成任务点，培养其自主学习的习惯。每次上课前，教师在教学大班 QQ 群发布学习通签到通知和腾讯极速课堂的课堂链接，通知学生按时签到和听课，上课时根据腾讯极速课堂的到课人数，在教学大班 QQ 群里及时督促未到的学生进入课堂听课。后来一班几个转专业的学生在线上课时，公共课和专业课在时间上发生冲突，经过协商，这几个学生转到三班听直播课，加入三班的 QQ 群一起管理，但是平时作业依然在一班完成。这种线上管理方式比线下课堂更为方便，同时也使得学生在这个学期能够一直跟着公共课班级修完本门课程，而不必等到下学期重修，让学生节约了宝贵的时间，从而能够更好地规划大学学习计划。

在线上授课、完成任务点和成绩统计过程中，学生们在学习通里偶尔会遇到一些技术问题。为了第一时间解决技术上的问题，我们专门建了一个超星技术问题解答微信群，请超星公司的技术经理及时解答技术问题。同时我也规定了群纪律，请同学们尊敬技术经理，尊重其劳动，同一个问题不要重复问，学生在发问之前先"爬群楼"，看看自己的问题在群里是否已经有了答案。

总之，这一段时间师生积累了多平台多渠道联动打造线上课堂的经验，教师也积累了对学生实行远程管理的许多宝贵经验。

二、培养学生的自主学习理念、能力和习惯

全部课程采用线上课堂对于学生提出了巨大的挑战，核心问题是学生要学会自主学习，即学生需要发挥主观能动性，增强学习自觉性。首要的是学生要转变学习理念，即由线下课堂的接受式学习为主，转换为线上课堂的自主性学习为主。二则，学生要提高自己的自学能力，培育自主性学习的习惯。教学活动是由教和学所组成的一个矛盾整体，学是这一对矛盾的主要方面，培养大学生自主学习理念、能力和习惯是摆在首位的。在这个过程中，教师首先要尽到指导和管理的责任。

认知科学研究显示，人类大脑有一个重要的特点，就是爱偷懒，因为大脑在思考问题时需要消耗能量，因此大脑在学会一种运动后，就会想方设法降低能耗。这就是人都有惰性的原因之一，也是快餐文化得以流行的原因之一。看电影电视剧，看幽默笑话，躺着睡觉，大脑所耗费的能量显然低于阅读高深的理论文章、聆听教师深奥的课程时大脑所耗费的能量。同样，学生自己阅读和钻研大学课程知识时大脑所耗费的能量，也高于被动地聆听教师讲课时大脑所耗费的能量。因此大学生自主学习理念和习惯的培养，首要在于教师的培育，毕竟青少年的自律性在总体上比教师群体相对差一点，因此教师需要特别加强对于大学生的教学指导和远程管理。

其次，不同学生还有兴趣爱好方面的差异，从国内高校教师多年的教学经验来看，大学生对于实操性较强的专业课程的喜爱和关注程度明显高于哲理性较强的思政课程。因此培养学生对于思政课程的自主性学习习惯，更需要教师加强教学方面的引导。

第三，大学课程的理论性比高中阶段强，特别是思政课程内容的思辨性更强。2019 年 8 月 14 日，中共中央办公厅和国务院办公厅联合印发的《关于深化新时代学校思想政治理论课改革创新的若干意见》指出，① 小学、中学和大学等各学习阶段思政课的内容设计，要遵循不同年龄阶段学生的认知规律的特点各有侧重：小学阶段重在开展启蒙性学习，初中阶段重在开展体验性学习，高中阶段重在开展常识性学习，本专科阶段重在开展理论性学习，研究生阶段重在开展探究性学习。既然本科生的思政课程侧重理论性学习，这就对大学生的学习方式、方法和深度提出了更高要求，需要增强对于高校思政课内容的理性思考，这就需要他们在思维方法上进行突破。更为要紧的是，在大学阶段，大学生需要更加着重对于思政课知识的自主性学习和身体力行，在较高层次上达到知行合一。就此而言，我们说大学一年级学生的自学能力还不是很强，思政教师需要大学生加强理论教学，培养其理论思维能力，并且要扩展学生的理论知识面，查找并学习教材知识点的重要原始文献来源，如中央文件、宪法、十九大报告、习近平总书记的重要讲话等，引导学生关注国内国际局势，紧跟主流意识形态，理性思考，培养全局性思维和大格局思维。特别是要注重培养大学生的思想道德和法治践行能力，做到内化于心，外化于行，在较高层次上达到知行合一。

大学生自学能力的培养可以通过学习各种自学方法逐渐积累的。教师在备课时，可以根据课程特点，结合自己的学习和教学经验，经常在课件、任务点、讨论区、作业区、QQ 群等进行自学方法指导，做到多次指导。笔者在"思修道德修养与法律基础"的线上教学中，经常讲授的学习方法主要有

---

① 中共中央办公厅和国务院办公厅. 关于深化新时代学校思想政治理论课改革创新的若干意见 [EB/OL]. 新华网：http：//www. xinhuanet. com/politics/2019 – 08/14/c_ 1124876294. htm

以下几种。（1）问题学习方法，即在学习具体内容时，按照科学问题的三种类型"是什么""为什么"和"怎么做"进行分析，让学生学会看到标题后先提问题，然后带着问题去学习。（2）分析各章节的写作逻辑。一是分析全书 7 个内容模块，二是分析章内各节的写作逻辑。比如，第四章"践行社会主义核心价值观"下面的三节就是按照"是什么"（社会主义核心价值观的意义和作用）——"为什么"（坚定社会主义核心价值观的三大原因）——"怎么做"（大学生如何践行社会主义核心价值观）这个逻辑展开写作的。这样可以让学生从整体上把握章节的结构。（3）概念分析方法，分析标题和句子里出现的概念，进行层层剥离，然后进行界定。如本书标题包含两个词，第一个词是"思想道德修养"，该词可以分析为"修养"和"思想道德"两个词，然后讲述"修养"的含义，再讲述"思想道德"这个词的含义和来源。"法律基础"一词可以分析为"基础"与"法律"，然后根据教材内容界定本课程所讲的"法律"是指"我国社会主义法律"。（4）句法分析方法，对核心句子和长句子进行句法分析，分析其逻辑结构。思政课程里有很多概念，其定义一般都是长句子，句子结构严谨，定语很多。我一般先分析出句子主语、谓语和宾语，然后逐层分析其定语。（5）逻辑分析方法。对于判断题，需要把题目里所包含的各个命题支剖析出来，然后用逻辑连接词对这些命题支进行分析。对于一个判断题的命题而言，如果其中含有两个以上的命题支，只要其中一个命题支是错误的，那么整个命题就是错误的。但是同一个的命题如果转变为辨析题，只要其中一个命题支是正确的，其他命题支是错误的，一般分析为"片面的"。（6）根据教材内容提炼知识点的方法，把每一节的知识点以简练而有重点的方式总结出来，培育学生总结知识点的方法和习惯。（7）习题练习方法。从黑箱原理看，输出是衡量大脑对于知识的接受程度的一个标准，也是大脑接受知识之后的重要目标。针对大脑爱偷懒的惰性特点，对学生的课程学习来说，最好的输出方法之一是做习题，通过做习题逼迫懒惰的大脑梳理知识点，通过考核结果的反馈检测遗漏了哪些知识点。比如针对概念的定义，可以把其中的定语部分设置为填空题，而且可以让学生换位为老师，去思考怎么出期末试卷。（8）培养大学生对抽象内容的形象思维能力。大学思政课内容的理论性和逻辑性相对较强，以形象的方式展示难点，尽量结合生活实际转换为日常表达，化难为易，训练形象思维方法。（9）培养大学生查找和学习参考文献的能力，如中央文件、法律法规、权威学者的期刊论文和网络讲座等。

从培养大一学生自学能力这个视角看，教师在线上课程的第一个阶段要尽可能适当分配授课与自学的时间比例。第一阶段根据教材内容精心备课，一步一步指导学生学会思政理论的阅读方法、分析方法、总结方法、习题练习方法、查文献的方法、带着问题学习的方法等。因此在第一阶段教师线上授课的时间不能比线下授课猛然缩减太多。否则学习方法指导难以到位。而且如果所有课程都更多地期待于学生课后自学，那么学生的课后时间是不够分配的。因为专业线上课中突然加大的课前预习任务和课后训练任务会占据他们更多的课后时间，那么对于思政课来说，学生在课后能够分配出来的时间是相对较少的。由此可见，学生自主学习能力的培养还需要学生在课后妥善平衡各门课程之间的学习时间分配。

再者，学生在线上课时期，还需要处理一些突发情况，如网络信号不畅、停电、手机损坏、电脑系统崩溃、网络流量不够等导致上课时掉线，不能及时完成课后作业等。有时候教师也会出现这些情况。

最后，学生要学会保健。处于正常上学状态的大学生特别是低年级大学生，在一个学期内需要学习多门课程，有专业课，公共课，选修课等，有些专业的同学还有虚拟实验课，这导致他们必须在手机和电脑上下载多个学习平台及其 App，学习多种线上课堂操作技术。另外，不同的课程有不同的 QQ 群和微信群，还有之前的班级群、朋友群、好友，还需要上各种网站查找或购买相关学习资料，加之大学生还有自己的业余爱好，比如打网络游戏，看网络作品，看电影电视剧，加上以前下载的各种出行 App，银行 App，外卖 App，购物 App，新闻 App 等等，有几个学生在 QQ 群里对我说手机都被各种 App 霸屏了，担心手机内存不够而引发系统崩溃。这势必让大学生成天陷于各种网络信息平台，查看各种通知，完成各种学习任务。因此大学生在线上课时期的身心保健也是一个需要妥善处理的问题。

如今，人们的学习、工作和生活节奏越来越快，信息技术日益发达与普及，当代大学师生越来越广泛而深入地利用多种信息技术和平台获得教学资源，自主学习渐成趋势，这为我国进一步改革教学模式、扎实推行多种信息交流平台联动教学奠定了扎实的基础。但是教育是一个复杂系统。线上教学并不能完全替代线下教学，二者必须互相配合，取长补短，相互促进。可以预见，在疫情结束后的大学教学中，线上线下融合教学的模式将会进一步得到切实推行。

自媒体时代网络舆情的传播路径与
思想政治教育创新

黄　慧　郑　烨①

（罗定职业技术学院）

　　现代科学技术的进步发展，自主化的传播者出现，通过微博、微信等传递信息。在思想政治工作会议中，习近平总书记强调思政工作中立德树人思想理念的重要性，重视要在教育教学活动中融入思政教育，从而实现全方位的育人，不断提升学生的整体素养。我们正处于信息飞速发展的时代，移动终端设备的普及，网民的数量急剧增加，信息以爆炸式状态增长。在各种事件的刺激下，人们对某一事件的认知和看法会通过互联网传播进行集合，对学生学习和生活产生了影响。不同思潮的出现，影响着学生的思想和行为。自媒体时代，缺少了信息把关人，信息的碎片化、不完全语境下对信息的理解等特点，人人都是信息的传播者，同时也是信息的接受者，在纷繁复杂的信息面前，必须对其加以正确引导，让学生学会利用自媒体表达自我，善于甄别信息，加强对自媒体网络舆情传播途径的分析，利用自媒体网络发展带来的有利因素，分析其带来的弊端，在学生中开展舆论引导工作，才能带动思政教育的创新发展，促进其健康成长。

---

　　① 作者简介：黄慧，郑烨，罗定职业技术学院教师。

一、自媒体时代网络舆论的生成及特点分析

（一）自媒体时代网络舆论的生成

传统媒体转型发展中，科学技术的应用水平不断加深，带动了媒介的革新演进，互联网的深入发展，其实时性等优势促进自媒体时代的到来。一方面，自媒体改变了信息传播的方式，而互联网也成了社会舆论的重要发展阵地。社会舆论的形成，除了来源于群众自发方面，也存在有目的性的引导，社会舆论正在逐渐改变着人们的方式，并对整个社会局势的发展产生影响。自媒体发展时代，公众信息接收渠道不断完善，草根编辑等深入人心，公众是舆论的主体，网络舆论的发展中，公众也存在很大的差异性，舆论滋生途径的互联网其自由、公开等特点，促使网络舆论呈现多元化的特质。

（二）自媒体时代网络舆情的特点分析

其一，快捷性。网络舆情主要是通过网络平台发表观点和意见，自媒体时代，微博、微信公众号、今日头条、百家号等网络平台走进大众视野，也是大众常用来发表意见、获取信息的平台，传播速度较快，简单的复制粘贴等，可以实现信息的重复传播。由于其快捷性特点，人们可以根据自身的兴趣爱好和浏览习惯，在最短时间内获取信息。同时，网络信息还能实现实时更新，进一步加快了其传播速度，受众能随时随地接收并发布信息，实现间断性的信息传递和交流。

其二，隐匿性。网络社会发展中，信息具有很高的隐匿性特点。网络信息平台中发布信息言论、进行交流等可以隐匿身份，实现虚拟化、匿名性交流，这样也促使网络舆情出现多元、非主流等特点，部分网民通过身份隐蔽特点，传播虚假信息和一些低俗信息，增加了网络平台监督管理工作的难度。在这种发展背景下，学生如果缺乏信息甄别的能力，容易沉迷网络，受一些人为打造的网络虚假信息的影响，自身的思想行为方式和价值观也会受其影响。

其三，多元化。网络信息是双刃剑，信息的共享和发展，使互联网时代信息更加便捷快速，人们拥有了更大的话语权，能自由表达观念，但是自媒体时代发展中，对网络空间的道德约束及相关的法制化管理不足，一些健康、积极向上的信息对人们的行为有正确的导向性，但是网络的特殊性，自媒体时代媒体把关人的缺失，会导致公众直接面对的是未经过严格审核的信息数据，难以判断其真伪，带来很大危害性。如学生就业过程中，一些人抓住学生就业心切的心理，发布虚假招聘信息，并从中诈骗，给学生的心理带来伤害。

其四，碎片化。自媒体时代，信息碎片化特点比较显著。互联网的超链接功能，信息发布中可以包含图文、音视频等内容，人们每天在海量的信息中，阅读大量的信息，但是对这些信息的记忆和理解较浅，甚至是在工作学习的同时获取信息，这与传统的纸质信息阅读相比，忽视了对信息内容深层次的研究，信息碎片化现象越来越明显。但是信息的碎片化也是不完整状态的信息，是将复杂的信息简单化，长期受碎片化信息的影响，学生养成了思维惰性，遇到难题直接去网上搜寻答案，了解别人的想法，逐渐在信息中失去了自我，对事物的理解也是知之甚少，浅尝辄止。

二、自媒体时代舆论传播路径

从传播学的角度分析，传播要素有五种基本要素，也就是"5W"模式，即谁，说了什么，是什么渠道，向谁说，有什么效果。网络舆情的传播要素与传统的媒体传播要素存在一定的差异，包括了舆情主客体、舆情本体和媒体。

自媒体发展时代，舆情主体可以分为几个部分，最常见的是广大网民群众，还有一部分是意见领袖，如记者、网络大V、网红等组成，还有专家、政府发言人等。最后是与事件利益相关的主体组成；舆论客体主要是引起人们共同关注的话题及事件，如新闻热点事件、话题等；舆情本体是指舆情信息，是人们对舆情的意见态度；自媒体时代舆情媒体包括移动终端设备，自媒体平台等，对舆情的发展有重要的推动作用。

自媒体发展时代，网络舆论传播路径主要包括以下几个方面。

（一）大众参与报道事件

自媒体平台中，每个人都享有信息发布的权利，同时手机、平板等设备的普及，为大众随时随地记录、分享信息创造了条件。当前，抖音短视频、西瓜视频、今日头条、微博等对人们的工作方式和思维有很大影响。一方面，人们可以通过这些平台更快捷获取信息；另一方面，也能将身边的事件通过图文、音视频等形式进行记录、传播、分享，将新闻现场的实时情况第一时间呈现在网络中，在传播中通过点赞、评论、转发等途径，让事件的传播更加广泛，越来越多的人关注，让事件的影响力不断扩大。但是在事件报道和传播中，通过图文及视频编辑等，也影响到事件报道的真实性，真假参半的信息引发网友的广泛讨论、争议，引发新闻热点、话题热点。

（二）碎片化信息蔓延加速

舆论事件爆发后，碎片化的信息通过网络极速传播，针对某一事件的不同传播版本在网上流传，一些片段视频、文字解读等涌现，为了寻求热点和更多的曝光度，很多传播者蹭热度，在此过程中一些不一样的声音出现，质疑和谣言也因此而产生，网络情绪化带来的信息呈现病毒式的蔓延，舆情形势更加严峻。自媒体传播模式下，信息发布具有较大的优势，面对一些突发事件，对现场的公众来讲，能第一时间了解现场，并通过快捷、低成本方式快速传播，传播的互动性较强，如微博故事发布，第一时间将信息传播出去，粉丝第一时间能获取信息，加上自媒体平台很多没有粉丝上限的限制，在遇到事件传播时会出现病毒式蔓延，关注度不断提升，从而不断将舆情推向高潮。但是存在对现场报道不完整的问题，一些片段化的信息和短视频，难以真实还原事件发生现场的过程全貌，一些零碎片段的传播，在传播过程中不断被过度解读，被再次传播，引发更多的关注。

（三）官方媒介和主流媒介的介入

舆情在不断升级和关注中，谣言、质疑等不断出现，不同传播者对信息传播各执一词，网络各种言论甚嚣尘上，人们对事件看法不一，需要权威机构和官方媒体发布事件始末，① 并正确深入解读"为什么""结果如何"等，引导人们理性看待事件，引导舆论正确发展。官方媒体报道更加客观真实，对舆论事件重新进行全面深入的调查，重视对真相的探寻，理性客观分析事件，引导受众在舆情高潮和争辩声中冷静下来，消除情绪化现象，对事件进行理性分析，从而步步逼近事件真相，还原事情本来的面貌。如今年疫情爆发期间，人们慌乱不安，各种对疫情情况的猜测和质疑声不断，随着人民日报、央视新闻等官方微博及主流媒体的积极引导，舆论逐渐冷静，在正面思想和积极心态的引导下，人们共同抗击疫情，最终取得胜利。

（四）大众情绪释放息止

舆情发展中，对着多方的参与，事件从开始关注较少，到成为网络热点话题，引发不同方的关注和争论，谣言争论不断，再后来官媒的介入和理性引导，最终将整个事件的真相加以呈现，谣言和臆测也慢慢被消减，公众对新闻事件有了全面的了解后，其诉求也逐渐得到满足，情绪已得到释放，话题逐渐息止，自媒体平台中舆论也慢慢回落。对自媒体疫情消息传播分析可知，不同信息在自媒体平台中不断交融和碰撞，微博等平台成为社会事件的重要曝光地，也是自媒体发展中舆论场的重要平台，微博、微信等媒介的图文微内容，通过掌上工具为载体的微介质，成为社会热点事件的重要发源地，也是公众可以发表话语的重要平台，正在改变着舆论传播的机制。

三、自媒体环境下学生网络舆情成因分析

（一）社会事件时是网络舆情孵化剂

00 后出生于网络发展时代，在学习和生活中对网络的依赖性较大。因

---

① 冯刚. 激发思想政治理论课改革创新的深层力量 [J/OL]. 学术论坛：1-6 [2020-05-12].

此，学生对当前的社会热点问题的关注度极高，而网络信息传播更加便捷，学生能随时了解新闻资讯、民生发展等问题；同时，学生思维相对较为活跃，具有一定的文化水平，热衷于讨论热点话题。分析当前学生的发展特点，其有着较强的社会活动参与意识和责任意识，热点事件能激发其热情，从而使信息交流更加火爆。

（二）校园事件是学生网络舆论的共情

高校教育教学改革的不断推进，教学管理、学生管理等工作的开展中，如果出现处理不妥当、处理延迟，或者是存在一些争议问题时，容易引起学生激动情绪的出现，学生会马上做出反应，也有学生个体在权益受到损害时，会形成共情意愿，使问题不断蔓延和扩大化，从而成为校园关注的重点，严重的甚至会产生校园危机事件。一些关系到师生安全、校园环境等带来严重影响的事件，也会引起学生的关注。

（三）网络平台是学生舆情的主阵地

互联网快捷、隐匿、虚拟、多元等特点，与当前学生获取信息的行为特点符合，也能更好地满足其情感需要和心理发展。学生有强烈的表达意识，需要一个自由的平台来表达自我的想法和思想，自媒体网络平台能有效实现这一功能。

四、网络舆情对思政教育工作带来的影响

（一）多元价值观念改变了思政教育的环境

互联网快速发展，信息传播呈现信息爆炸态势，国外的思潮和思想观念的融入，对学生原有的思想理念产生了冲击，如学生对国外节日、影视文化、饮食结构等的了解，一些学生受文化影响，更爱我国自己的文化；还有一些学生崇拜国外文化，出现文化自负心理；还有的学生能客观理智看待国外文化、多元价值观念的影响；一些学生受民主自由背后个人极端主义、狭隘的民族主义思潮的影响，影响到自身的政治取向。消极文化正在侵害学生的精神和心理，很多学生在其中迷失了自我。

（二）网络信息参差不齐，对思政教育有了更高要求

自媒体带动了网络信息的高速发展，海量的信息出现，学生在上网过程中，也会受到一些低俗思想和文化的影响。当前直播平台不断出现，很多平台缺乏监管，学生受到一些不良言论的影响较多。面对低俗信息，学生因知识体系不完善、社会经验不足等问题，对信息的甄别能力不足，难以抵御一些不良信息的诱惑，沉迷于网络虚拟世界，耽误了自身的学业。有的学生不思进取，缺乏正能量的引导，严重的甚至出现犯罪活动。

新的发展环境下，学生面临的信息环境更加复杂，思政教育格外重要。同时，学生接收信息的渠道增多，对教师的依赖性减少，学生遇到思想问题时，习惯了通过网络获取答案，通过搜索引擎或者是与网友敞开心扉交流，但是自身却难以分辨网络信息的真假。此外，因自媒体网络舆情的发展，思政教学内容亟需革新和完善，① 传统的教学内容和手段都需要革新。

（三）学生思想不成熟，网络依赖性大

学生在接受知识的过程中，思想相对单纯，社会实践活动参与较少，对外界网络环境的认识相对不足。很多学生容易产生愤怒等情绪，往往通过网络来宣泄自己的情感，在情感表达上也是一时意气，不会通过深思熟虑后来表达。面对这种不稳定的情感表达，要求思政教育者能分辨出学生发表的言论是否是一时情绪宣泄，通过学生在网络平台的动态，了解学生可能存在的消极思想和情绪，具备敏锐的洞察力对学生进行正确引导。

五、自媒体网络舆情背景下思政教育工作的创新策略探讨

信息爆炸式的网络传播中，学生的思想政治意识也不断复杂化，面对同

---

① 黄珊妹. 新媒体时代高校思想政治教育话语权创新探析 ［J］. 广西教育学院学报，2020（02）：93－96.

一事件同一观点和同样的社会问题，学生受家庭发展背景、成长经历过程不同等影响，舆论声音上也会出现很大的差异。信息传播模式的革新，信息量迅速增加，纷繁复杂的知识，大大削弱了教育者在知识传播中的地位，青年学生深受网络营销影响，参与舆论传播中，必须对其加以正确的舆论引导，重视结合实际，以生为本。在思政教育中，我们要重视人文教育和正确的心理疏导，促进自媒体时代思政教育工作的创新。

（一）树立网络舆情正确导向

网络舆情是高校校园文化的重要内容。在校园文化建设中，要结合高校的发展定位和人才培养目标，重视建设受到学生欢迎的网络服务平台，让学生在正确网络舆情方向指引下，引导学生树立正确思想。网络的开放性特点，使网络中负面的信息无法杜绝，只有通过提升学生自己对信息的甄别和分析能力，遇到问题时能冷静理智处理，才能更好地适应网络舆情的发展。①高校思政教育工作中，必须了解自媒体时代高校网络舆情的特点，在教学活动中关注学生的思想变化，了解学生会经常关注的社会热点事件，了解一些负面网络消息会给学生思想带来的影响，并积极加以疏导，在尊重学生言论自由的同时，也能让学生学会自主独立思考，善于分析，从而培养其理性思维，引导学生学会正确运用网络，避免长期使用网络而失去自我。

（二）完善网络舆情传播预警机制

校园网络平台建设和完善中，需要对其加以管理和维护。为了确保校园网络的安全性，需实行校园实名制上网，并建立科学的后台监督管理系统，完善预警机制。具体实践中，学校要从信息源头抓起，避免一些负面的、不良的信息进入校园中，并建立科学的网络舆情评估系统，及早发现并采取措施处理，对校园网络加以净化处理，为学生创建安全的网络环境。同时，要

---

① 翟新梅，陈盈盈，何芳. 网络自媒体时代高等职业院校学生思想政治教育创新研究 [J]. 校园心理，2019，17（05）：395－398.

重视建立舆情应对机制，对网络舆情进行风险评估，按照不同的等级制订有针对性的处理方案，并及时关注和化解校园舆情事件，在处理的过程中，要正视事件本身，避免采取信息封闭等一刀切的做法，要引导学生正确认识了解事件的始末，引导学生明辨是非，对事件的处理要得当妥善，侧重对学生的科学引导，防微杜渐，引导学生正确使用校园网络。

（三）推行大学生导师制

网络舆情的发展，影响着师生的交流和沟通方式，原有的师生交流主要是通过课堂教学中提问回答，或者是课外的沟通等，新的发展背景下，建立了新的对话模式，教师和学生的沟通不再受时间、空间限制，通过网络虚拟世界，借助网络舆情态势，教师通过关注学生的微博、微信等网络媒体的动态，能及时了解学生的思想状态，分析其在生活和学习中遇到的问题，在人际交往中的困惑，以及心理情绪的变化，学习和就业中的压力等，从而有针对性地加以指导。自媒体的不断发展，丰富了师生之间沟通的方式，在虚拟的网络世界中交流，没有了身份的限制，减轻了学生现实生活中与教师沟通的压力，也便于教师更好地疏导，有效增强了思政教育的说服力。思政教育中，教师需要树立较强的责任意识，提升洞悉问题的能力，首先自己能适应网络时代带来的影响，革新理念，在此基础上加深与学生的沟通，了解新时代学生的思想特点，从而更好地指导学生。

（四）加强网络师资队伍的建设①

自媒体发展环境下，网络舆论的发展给思政教育工作者带来了新的挑战，传统的教育教学模式中，教师除了具备良好的政治素养，提升自身的教学能力，还要具备网络舆情管理的能力。教师除了掌握相关的思政基础知识，还要提升自己的多媒体运用技术、计算机信息处理技术水平等，重视网

---

① 焦学峰. 探析微时代下的大学生思想政治教育创新发展 [J]. 科教文汇（上旬刊），2020（04）：34－35.

络技术培训，在教学中善于运用现代信息技术。在思政教育的学习中，还可以重视学生干部队伍的建设，选用思想政治水平较高的学生组建学生干部队伍，架起师生之间沟通的桥梁，加强沟通，及时了解学生学习生活中的心理问题，并做好思政宣传。在校园网络舆情工作中，要鼓励学生干部参与管理工作，有效遏制不良信息的快速传播，将学生自助管理与教师管理相结合。

（五）完善思政教育体系

思政教育工作者要扮演好舆论引导者的角色。新的背景下，网络传播虚拟化和符号化，学生群体是网络使用的重要人群，高校要借助微博、微信公众号等平台推送思政教育的内容，开展网络舆论引导；同时，做好思政教育内容的创新和完善，改变原有的单一、刻板严肃的理论内容，结合网络世界，及时挖掘素材，顺应网络时代的需求，积极转变教育方式，掌握与学生沟通的技巧，引导主流舆论。①

综上所述，自媒体发展时代，网络舆论与传统舆论发展存在很大差异，分析网络舆论的传播途径，才能更好地利用其优势。自媒体发展时代，高校思想政治教育工作也面临着新的发展环境，在思政教育工作中，要结合实际情况，发挥多方力量，将现代信息技术与传统思政教育结合，提升思政教育水平，引导学生树立正确的人生观、价值观和世界观。

---

① 陈曦艳. 自媒体视域下高职院学生思想政治教育新途径 [J]. 湖北开放职业学院学报，2020，33（08）：99 - 101.

微媒体对塑造当代大学生网络意识形态影响

简 奥①

（广东环境保护工程职业学院 思政部）

党的十八大以来，习近平同志高度重视网络意识形态工作，关注作为社会主义接班人的当代大学生网络意识形态工作则是该项工作必然要求。当代大学生获取信息和接触社会的主要方式是网络，微博及微信等社交媒体与即时通信软件更是成为当代大学生认识世界及人际交往的重要载体。因此，研究微媒体对当代大学生网络意识形态影响也变得极其重要。

一、微媒体是塑造当代大学生网络意识形态信息的重要来源

网络意识形态是当前各种社会思潮在网络上的反映，大学生网络意识形态则是大学生社会思想在网络上的反映。对于微媒体，目前学术界还未有明确定义。本文中微媒体主要是指微博、微信、微电影、微小说、微电台等类型，是塑造大学生网络意识形态信息的重要来源，下文将以微信及微博为例进行论证。

（一）微信方面

微信是深圳腾讯公司于 2011 年 1 月 21 日正式推出的一款可以对微信好

---

① 作者简介：简奥，广东环境保护工程职业学院思政部教师。

友发送文字、图片、语音或与好友进行视频聊天，并可以通过关注公众号看新闻的智能手机应用程序。张志坚在《大学生微信使用情况调查》一文中指出"大学生已经成为微信的重要用户"，并进行相关调查，最终结果显示"93.6%的学生正在使用微信，2.1%的学生曾经使用过微信，但现在不再使用；而不使用微信的仅占4.3%"。① 另蒋谊等人在《微信公众号对江苏高校主流意识形态传播的影响及策略研究》显示学生关注的公众号内容，"26.67%指向休闲娱乐，24.05%指向新闻资讯，21.14%指向社会媒体，17.65%指向学习工具，另有10.48%指向其他"，除去娱乐指向，有将近70%的学生关注新闻资讯、社会媒体和学习工具方面的内容。② 基于以上数据可见：微信现成为塑造大学生网络意识形态信息重要来源之一。

（二）微博方面

微博，"即微博客的简称，是一个基于用户关系的信息分享、传播及获取平台，用户可通过WEB、WAP以及各种客户端组建个人社区，140字左右的文字更新信息，并实现即时分享"。③ 目前，在我国微博市场，以网易微博、搜狐微博、腾讯微博及新浪微博为主，其中腾讯微博和新浪微博用户数量要远远高于搜狐和网易，其中新浪微博则占据着中国微博市场的主流。王亚煦④曾对广州10所高校学生进行问卷调查，调查结果显示97%的在校大学生开通了微博，而在没有开通微博的学生中，准备开通占38%。另新浪数据中心《2015年度微博用户发展报告》显示17～33岁是微博主力人群，占总人数79%，17～24岁适龄大学生则是最大人群占到全部使用人数40%（见图1）。

---

① 张志坚. 大学生微信情况使用调查［J］. 当代青年研究. 2015，（3）：90.
② 蒋谊. 杨宇航. 陈欣. 微信公众号对江苏高校主流意识形态传播的影响及策略研究［J］. 视听. 2017.
③ 中国互联网络信息中心. 2014年中国社交类应用用户行为研究报告（2014年7月）［R］. 北京：中国互联网络信息中心. 2014：8.
④ 王亚煦. 大学生使用微博的现状分析及对策研究［J］. 长春师范学院院报. 2012.（2）：132.

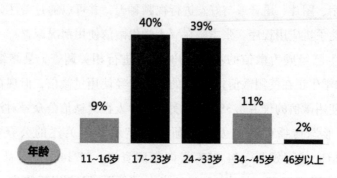

图 1　2015 年微博使用年龄分布（图片来源：新浪数据中心）

另王亚煦对广州大学生关注微博内容调查数据显示，生活资讯类占 44.2%，民生热点占 30.52%，文学艺术占 17.6%，时政要闻占 8.8%，微博现已成为大学生社会信息重要来源。

二、微媒体影响当代大学生网络意识形态塑造是基于大学生特点决定的

当代部分大学生对我国主流意识形态认同度偏低，网络意识形态安全意识不强，且信息辨别及筛选能力较弱，同时思想处于活跃却不稳定期等特点，决定了其极易受微媒体不良信息影响。

（一）当代部分大学生对我国主流社会意识形态认同感偏低

研究发现，当代大学生与我国互联网同步成长，获取信息的渠道不只来源于现实生活，更多来自互联网。目前，部分大学生在网络空间中对我国主流意识形态（社会主义意识形态）认识形式化，甚至抵触和漠视。究其原因，一方面我国主流社会形态意识传播主要依靠学校，且以理论授课为主，致使部分大学生对主流社会意识形态认识学习流于形式，且获取高分目的性极强。另一方面当代大学生获取主流社会意识形态信息大部分来自网络，且更多是以微媒体为载体，目前微媒体已成为各种意识形态、价值观传播、交锋新阵地，在受到不良社会信息影响下，部分大学生对我国主流社会意识形态产生抵触情绪。

（二）当代部分大学生网络意识形态安全意识不强

近年来，我国高度关注网络意识形态安全，习近平同志讲话指出"互联网已经成为今天意识形态斗争的主战场"，突破了高校对于学生国家安全教育集中在军事及国防领域等传统方面。因国家安全内涵广泛，但现状是当代大学生对国家安全观认识不足，认为维护社会主义意识形态在网络空间的主导权是国家的事，与个人无关，忽视自己网络行为及接受和反馈网络思想对于国家安全具有直接影响。实际上，确保意识形态安全是我国维护国家安全首要责任，网络意识形态则成为现在西方敌对势力颠覆我国发展的重要突破口，敌对势力更将当代大学生作为渗透重要目标。西方国家凭借其在互联网技术方面得到的微媒体支持，在互联网大肆宣传资本主义意识形态，利用微博和微信等境内微媒体以及"脸谱网""推特网"等境外微媒体载体对当代大学生进行意识形态渗透。

（三）当代部分大学生网上信息辨别及筛选能力弱，且遭遇微媒体不良信息几率较高

互联网是当代大学生生活和学习不可或缺的工具，但互联网及微媒体上信息纷繁复杂且良莠不齐，调研发现，当代部分大学生太依赖于互联网，对于微媒体上信息大部分是浏览接收，缺乏思辨思维，主观上较少区分辨别信息真假，甚至在阅读到与自己认知相关信息时，不假思索地接受，对网络信息辨别及筛选能力较弱，导致部分大学生认知的碎片化和片面化。另大学生是天然群体，其关注点及看法趋同性高，长期使用微媒体接收信息，极易出现群体极化。此外，当前我国对于微信及微博等微媒体上不良信息的监管有所增强，但因其复杂性，仍存在某些方面管理的薄弱环节。调查发现，有高达83.5%受访大学生"遭遇过"不良信息（黄赌毒、享乐主义等）打扰。

三、微媒体对塑造当代大学生网络意识形态的消极影响

（一）微媒体削弱高校传统课堂教育塑造大学生网络意识形态功能

目前，微媒体无边界性、隐蔽性、交互性、开放性及自由化等特点，致

使网络上各种信息良莠不齐，意识形态领域的历史虚无主义、民粹主义、普世价值论等思潮甚嚣尘上，微媒体平台充斥着各种各样立场观点，其中有宣传党和国家的，但也有诋毁谩骂等错误言论的；学生浏览那些恶意攻击的信息后信以为真，极易相信这些信息，如此在老师进行主流意识形态课堂教育时，部分学生带有先入为主的成见，削弱了传统课堂教育可信度。另一方面，微媒体作为塑造大学生网络意识形态重要来源，弱化了传统课堂教育信息传递功能，学生针对某一热点事件第一手资料来源于微媒体，一旦该类热点事件被西方敌对势力利用故意抹黑，则易造成大学生的困惑，亟待老师的正确思想引领。

（二）微媒体致使大学生面临网络意识形态多元化冲击

网络现已成为各种意识形态重播和交锋的新阵地，微媒体是网络进入"微时代"产物，在该类载体上同样充斥着各种意识形态，对我国主流意识形态和社会主义核心价值观提出严峻挑战。网络意识形态多元化，各种意识形态及价值观并存，如西方敌对势力利用中国当代大学生网络防范意识差的特点，利用微媒体向学生渗透各种非我国主流社会意识形态的思潮，威胁国家安全及社会稳定。如西方自由主义思想利用微媒体平台，向中国大学生渗透绝对自由权利，鼓励大学生在现实生活中追求无政府主义，煽动学生对我国社会、法制和民主的不满，进而攻击我国现行法律制度。网络民族主义则是从事分裂活动，利用微媒体散布各种错误政治言论，威胁国家稳定。诸多不良社会思潮给当代大学生带来消极影响，削弱大学生对主流社会意识形态的认同。

四、消除微媒体对塑造大学生网络意识形态教育消极影响对策建议

当代大学生网络意识形态塑造是维护我国网络意识形态安全的重要工作。因此，消除网络上不良思潮的消极影响，需要国家、政府、高校以互联网思维对当代大学生进行网络意识形态教育，将微媒体转化为塑造大学生网络意识形态新载体。

（一）国家层面：主流社会意识形态占领微媒体阵地，加强对微媒体监管

大数据时代下，信息成为最重要资源。谁掌握信息，控制互联网，谁就拥有主动权。目前，我国高校大学生已面临多元化意识形态冲击，加之现在"翻墙"软件及技术层出不穷，境外微媒体"脸谱网""Instagram"等亦频繁被大学生使用，被动地"防"和"堵"收效甚微。因此，我们必须以互联网思维应对现在的挑战。首先，加强主流社会意识形态在微媒体的传播，占领微媒体阵地。2013年，我们利用微博发布《领导人是怎样炼成的》小视频，利用卡通形象深入浅出讲述中国领导人是如何成长起来的，该视频受到广大网民喜爱，对网民进行了网络意识形态教育，收效很好。借此经验，我们应利用微媒体优势，创新主流社会意识形态传播模式，并在境外微媒体上加强我国主流社会意识形态宣传。其次，加强对微媒体监管，净化微媒体网络环境。微媒体上人人都有"麦克风"，信息纷繁复杂、良莠不齐，我们应完善网络立法，增强我国网络信息分类技术和过滤技术，减少各种反动、淫秽、色情、暴力等不良信息对大学生的影响。

（二）政府层面：加强对微媒体网络舆情监控，适时与高校合作

网络舆情监测是维护信息安全、预防与处理突发事件的重要手段。微媒体作为与当代大学生密切联系的信息载体，政府应加强对微媒体网络舆情引导和监控，设置"信息海关"，从源头筛选出错误思想信息。另外政府应适时与高校合作，提高高校对微媒体及校内学生自主研发应用程序网络环境规范和管理能力，占据微媒体舆论主导权，建立有害信息的预警、发现和处罚机制。另本地发生热点事件期间，政府应加强与本地高校合作，密切关注高校大学生网络意识形态发展，避免突发事件发生。

（三）高校层面：利用微媒体创新教育手段，自主构建校园微媒体互动平台

网络时代下，高校应改变主流社会意识形态教育模式，创新教育方法和

手段。首先，我们仍然需要坚持高校思政课程显性教育主导地位，应将微媒体纳入高校思想政治教育体系，以微媒体为载体进行教育实践，让高校大学生对主流社会意识形态的认识达到知情意统一。其次，高校还应加强对大学生网络素质培养，培养大学生在浩瀚的网络世界中对网络信息的鉴别力，不断提高大学生网络意识形态安全意识。最后，高校可以自主研发和构建校园微媒体互动平台，将校园内所有微媒体集中到自主研发的微媒体平台，除可以方便大学生校内生活外，还可以对大学生所关注的热点、难点问题进行讨论，监控舆情走向，及时释疑解惑，进行正确引导。

探索高校思政课线上线下"协同课堂"教学模式

张平泉①

（广东环境保护工程职业学院　思政部）

一、线上教学开拓思政课建设的新空间

线上教学，也称为网络教学，或简称"网课"。线下教学，主要是指传统教室课堂教学模式、校内外的实践教学模式等。线上教学就是教师运用网络、大数据、云计算等现代信息技术构建的网络教育平台，实现"教"的过程；可以开设"同步课堂"要求学生上网络上听课、参与讨论学习，也可以开设"不同步课堂"，学生在教师指导下自主学习，观看视频、动画，阅读案例，完成作业、试题等课程资源自主学习和参与发言讨论，从而实现"学"的过程。全校开展的线上教学在不知不觉之中逐渐改变了思政课建设的生态，也将成为思政课守正创新的新空间。我们相信线上教学将是未来趋势，但如何更好地开展思政课线上教学、线上和线下教学协同这个课题仍需长期探索。

习近平总书记在全国思想政治工作会议上指出："要运用新媒体新技术使工作活起来，推动思想政治工作传统优势同信息技术高度融合，增加时代

---

①　**作者简介：**张平泉，1968 年生，男，广东揭阳人，研究生学历，思政部副主任，研究方向为马克思主义理论与思想政治教育。

基金项目：本文系广东高校省级重点平台和重大科研项目，"'协同'视域下高职院校'立德树人'创新体系研究"（课题批准号：2018GXJK307）的阶段性成果。

感和吸引力。"① 在 2020 年上半年的线上教学实践，我们以非常态的措施，快速推动高校思政课线教学进入融媒体时代，并取得了意想不到的成果。2020 年伊始，我们经历了一场不寻常抗疫战争，社会秩序好像要"停摆"了。抗疫期间，教师学生不能如期回校回教室开学上课，各学校把线上教学作为推上弦上的大事，院系二级部门精心组织，"网课"一时成为社会上传播炙热的词语。我们思政课也不例外，紧跟教育新形势新情况，开辟了思政课的一片新园地。我们组织思政课教师参加网络培训、集体线上备课，准备教案教学资料、建立平台，很快我们就推出线上直播、线上互动交流、共享教学、线下自主学习等教学和学习形式，真正做到了"停课不停学"，确保教育部要求的疫情防控期间思政课教学不断档、保证质量的目标。

今天我们抗疫获得了巨大成功，我国已经进入"后疫情"时期，学校又恢复了往日的活力四射，学生们涌向教室恢复平常时期师生面对面授课的时光。"线上教学将继续做下去吗？如果线上教学仍然保持，是否也排上课程表？应该如何发挥线上教学的优势长处？线上教学和线下教学如何相互协同？"我们不少老师在教研活动上提出了这些问题，我们切实思考线上教学模式的定位问题，从而谋求思政课改革和创新之路。

经过上半年的教学实践和评估，线上教学可以做到更直观，教学资源和信息更多更广更新更快，线上教学能够提高教学实效，增强了思政课的吸引力和感召力，所以线上教学我们没有理由不保留，"后疫情"时代我们要把线上教学作为探索高校思政课创新发展的重要路径，把线上教学这块好不容易建立起来的美好园地浇灌好、养护好，并让它开花结果。

二、高校思政课线上和线下教学形成"协同课堂"

（一）线上教学要以线下教室课堂教学为铺垫

线下教室课堂教学，最大的优势就是情感交流，在教室里上课，教师与

---

① 习近平. 把思想政治工作贯穿教育教学全过程　开创我国高等教育事业发展新局面 [N]. 人民日报，2016－12－09（01）.

学生面对面沟通交流，有情感互动，师生之间"一回生、二回熟、三回成为好朋友"。师生之间的情感交流可以转化为学生听课学习重要动力源。老师掌控学生的学习动态，随时调整讲课的进度、内容、方式等。学生习惯于这种教学气氛，也是生活的一部分，"十几二十年，就是这样过来的"。如果突然改变，还有一个适应过程。但线下教学，有时间、空间限制，稍纵即逝，不能回看。当然限制约束总有其存在的理由和合理性，时间、地点和纪律的限制，有利于组织同学们在规定的区域时间聚精会神学习，大家不敢稍有松懈，因为过了这村就没有这个店，要干点事情，是情势逼出来的。所以线下教室课堂上课，教学效果肯定会更好的。

线上教学，师生之间大家是互相开视频还好些，但如果学生只是闻其声、不见其人，学生听思政课的效果就大打折扣了。目前，我们上思政课仍然要以面对面的教室课堂教学为主渠道、主路径，网络教学不能替代教室课堂教学，但线上教学也有用武之地，可以作为线下教室课堂教学的拓展、延伸或第二课堂，能增强思政课的吸引力、便利性和实效性。

线下教学，在教室里学生直接和老师进行沟通，教师直接对学生进行引导、监督和互动。相比线下教学，线上教学明显存在不足：老师不在学生身边，老师通过远程授课，学生通过视频进行学习，这将考验学生的自觉性。而高职大学生中自律约束、自主学习的能力是不平衡的，尽管在网上有相当多学生表现很积极、主动学习，但仍有部分学生自主学习、参与性讨论学习就明显不足，利用信息资源的能力、对信息的认知力也较弱，心智成熟度还有待提高。这些同学离开了老师和家长的面对面约束，学习基本上就荒废了。所以线上教学要以线下教室课堂教学为铺垫、为基础，这样才能把线上教学的功能和作用全方位发挥出来。线上教学可以弥补线下教学课堂的不足，为传统的思政课教学教育方式开拓新途径。

（二）线上教学的功能定位

教育部印发《新时代高校思想政治理论课教学工作基本要求》指出："网络教学作为课堂教学的有益补充，重在引导学生学习基本知识、基本理论等内容。要深入研究网络教学的内容设计和功能发挥，不断创新网络教学形式，推动传统教学方式与现代信息技术有机融合。"① 所以线上教学的功能定位于线下课堂教学的拓展、延伸，主要表现为突破教学的时空局限、充实教学的互动交流、丰富教学的内容和方法，线上教学和线下的课堂教学一体化规划，协同呼应，构建线上线下的"协同课堂"。

1. 网络空间要有思政课

网络空间应该有思政课教育的一席之地，否则就会出现劣币驱除良币的现象，对于思想领域，马克思主义理论、我们党的创新理论、社会主义核心价值观不去占领网络，落后腐朽的思想、"颜色革命"意识形态、篡改历史、虚无主义等歪曲谬论便会充斥其中。思政课的线上教学课堂要去抢占网络空间。年轻人喜欢在网上"浪"，全民"机"不释手。所以一方面，既然我们的学生经常在网络上，我们也要顺势而为，投其所好，老师也尝试打开手机授课，带领学生学习、思考问题，不失时机向他们传道、解惑释疑。开展网络教学可以克服时空的限制，学生利用信息技术手段了解网课课堂信息，实现不同步学习，完成"学"的过程。

2. 网络空间增加师生之间的互动

网络授课要求我们老师课前课后精心组织、安排，让学生在你的指导下完成各项学习任务，从而达到学习要求。有的学习安排和互动，原先只是依靠线下课堂教学是做不到的，课室课堂教学铃声一响，下课了授课就基本结束。但线上教学，可以使你的课堂教室的上课延伸，不会明显感觉你在占用学生的时间。师生之间在网络讨论区留言、讨论。师生之间在教室之外的沟通交流更多了，这将加强思政课的教学效果。

3. 网络空间丰富教学内容和形式

网络教学集文、图、声于一体，给学生以强大的感官刺激，提高思政课教学的吸引力，线上还有红色资源展馆可以参观。我们以往组织学生到实地

① 教育部：高校思想政治理论课应逐步消除大班额现象（2018－04－26）https：//edu. gmw. cn/2018－04/26/content_ 28503765. htm.

基地考察学习时，不得不考虑交通、安全、联系门票等问题。线上我们采取的探究式、体验式、启发式等灵活的教学方式，逐渐可以让思政课精配方、创工艺和新包装，可以满足学生的多样化需要。

（三）建设线上教学的平台是建构线上线下"协同课堂"着力点

高校思政课线上和线下教学协同联动，目的就是增强思政课（包括网课）吸引力，打造学生真心喜爱、终身受用的高校第一课。线上平台建设作为集教学、管理、服务于一体的多功能教育载体，是思政课教学活动的网络阵地，能不能吸引我们的学生到这个阵地上来，直接关系建构线上线下"协同课堂"成败。但目前思政课教学平台确实是最大的短板。

1. 如何优化线上教学平台

首先，建立教学资源库。线上教学做好充分准备。设计课件 PPT、章节教学设计，要求形象生动，也包括电子化阅读图书、书目、文档、试题、作业、视频材料、网上展馆、拓展知识、相关链接、讨论环节设计、实践环节设计等。其次，认真备课。多学习、多运用先进的备课手段、资源。这个方面，有条件的学校应该请网络信息中心的教师来辅导我们一些备课技术手段。网络资源浩瀚无边，这是网络大数据的微妙之处。我们可以充分利用丰富的网络资源，把从网上找的更优秀的资源融进自己的教学素材中，拓展我们的教学内容，从而更加吸引学生关注我们讲的思政课，提高思政课的教学质量。

2. 设计思政课线上教学过程

线上教学过程作为教学活动的重要环节，主要抓好以下工作。

（1）抓讨论互动教学环节。在线下，学生不易开口，但在网络上，有些学生突然好像找到自己的用武之地，出彩和表现的机会变多了，因此有些学生愿意通过网络跟你倾吐心声，交流心得，聊人生、聊理想、聊社会。师生之间沟通顺畅，教师深入到学生的内心深处，学生就愿意紧跟你的引领去学习、探讨真理经书，你就真正成为学生健康成长成才的导师，成为学生思想灵魂的引领者和塑造者。

（2）抓完成作业。网络作业可以分两个方面。客观题，基本知识点的积累和学习，让学生掌握概念、掌握重要论述。客观题设置为自动评分，学生比较愿意参与其中，并找到学习的乐趣。有了兴趣，学习思政课就有了动力。主观题，可以让学生论述某个特定问题或写短文、论文等，然后教师给予评分，如论述习近平生态文明思想。让学生在网上交作业、交论文，教师在网上完成评定成绩。

（3）细心指导学生网上阅读。近期我们结合学习《习近平谈治国理政（第三卷）》，摘编几篇文章，让学生阅读，由授课教师指导学生阅读原著。书籍是人类进步的阶梯，学生能够在教师带领下阅读相关书籍，做到这一点，我们上思政课可以说已经相当成功了，线上阅读极大弥补平时课堂教学的不足。作为教师，我们把阅读过程中体会到的，把深有感触的观点论断摘录下来，在讨论区与学生共享；教师要指导阅读过程，把预先准备的思考题，让学生边阅读边思考，帮助学生学习深化、内化；作为教师，把自己的学习体会撰写成文，挂网跟学生交流学习；与学生边阅读边讨论，让学生有感而发，让学生有话对大家讲，发表自己的学习心得。学生在网上跟帖讲得很好时，给予评价，教师不能简单地只是点个赞了事。学生发表体会感想，观点有偏差、偏激，也要指出来，帮他分析，帮他解惑释疑，还必须指导学生分析解决问题的方法。

三、实践"八个统一"原则要求，建构思政课线上线下"协同课堂"的教学模式

习总书记在学校思政课教师座谈会提出："坚持政治性和学理性相统一；坚持价值性和知识性相统一；坚持建设性和批判性相统一；坚持理论性和实践性相统一；坚持统一性和多样性相统一；坚持主导性和主体性相统一；坚持灌输性和启发性相统一；坚持显性教育和隐性教育相统一。"① "八个统一"揭示了新时代思政课建设的内在规律，是习近平总书记关于思政课建设

---

① 习近平. 思政课是落实立德树人根本任务的关键课程 [J]. 求是，2020（17）.

的改革创新方法论，我们建构思政课线上线下协同课堂的教学模式，就要实践"八个统一"原则思想，探索高校思政课建设的路径。

（一）开展思政课线上线下协同的教学模式，实践"统一性和多样性相统一"

习总书记说："思政课的教学目标、课程设置、教材使用、教学管理等方面有统一要求。"① 传统线下课堂教学都有标准规范的，而且这些标准规范同样适用于线上教学，线上教学不得偏离其宗。同时还在教学过程中进行多样化探索，通过多种方式实现教学目标。线上和线下教学协同本身就是教学多样化的表现，线上线下教学内容、形式手段各有各的精彩，目标指向都是为实现高校思政课的"为党育人、为国育才"的教育功能。线下教学的形式如讲授、灌输、讨论互动、参观考察、朗诵辩论等，线上教学更是开拓了教学的多样化。

统一性就是思政课教学有统一的目标、标准和规范。比如有的教师上思修课时，把思修课法律基础部分讲成法学专业课程，他的着力点是如何去学习法律专业知识，这就偏离了思政课教学的目标。讲思政课，需要有学理性，更注重其政治性，要实现"政治性和学理性相统一"。如我们在思政课讲法律基础，主要是结合我国实际推进依法治国、建设社会主义法治中国的进程来讲解，帮助学生树立法治观念、法律意识，了解我国法律制度，培养学生的法治素养和法治思维，为学生的健康成长成才打下良好的基础。上思政课，不能上成法学专业课，思政课也不能代替专业课或基础课，不是说思政课可以不用传授知识点，我们也要以理服人，对我们上思政课要求更高，讲课必须寓价值观引导于知识传授之中。线上线下教学都要贯彻"统一性"原则，要执行教学目标、标准和规范，当然我们也要用真理的逻辑性、科学的严密性来达到我们的教学目的。这也是坚持政治性和学理性相统一，坚持价值性和知识性相统一，以透彻的学理分析回应学生，以知识教育来支撑价

---

① 习近平. 思政课是落实立德树人根本任务的关键课程［J］. 求是，2020（17）.

值引导，用真理的强大力量引导学生。

多样性就是教学方法、教学手段和考核方式等方面进行多样化探索，如开展线上和线下教学、课内教学和课外活动、校内和校外活动等，充分考虑学生的个性化发展，结合学校和学生学习基础、专业学习、未来和工作岗位等。在网络教学时，各位教师可以使出浑身解数，创新思政课网络教学的"配方""工艺"和"包装"。采用多样性教学，只要有利于实现思政课育人目标，有助于学生成长进步的内容和方式，我们都可以运用。思政课教学、学习方式也应当多种多样，教师要根据学校条件和自身实际差异设计，并科学推进。可以想象在信息技术日新月异的环境下，未来思政课的教学方式将日趋多元化。

（二）开展思政课线上线下协同的教学模式，实践"主导性和主体性相统一"

线上教学，思政课教师要突出其主导作用，讲解哪些内容、采取什么方法、要达到何种预期，都由教师规划和设计。在线上教学课堂上，教师是统一指挥者，是网络课堂的灵魂。比如在线上教学中，指导学生多阅读是重要的教学方式。阅读后大家跟帖讨论谈体会、理解和认识，要求学生发表观点要"约法三章"，教师可以定个负面清单，引导学生讨论学习。

教学要发挥学生的主体性作用。课堂以学生为中心，思政课上得好不好，看是否能引领学生成长进步，塑造学生"三观"，增加学生的获得感。一是要求主体配合教师的"教"，按照教师的部署推进计划；二是主体反映，学生结合自身需要与喜好对教师的教学内容和教学形式提出好的建议；三是主体评价，根据教学过程与教学效果对教师教学打出客观分数，做出中肯评价，实现思政教师主导与学生主体互相促进。

（三）开展思政课线上线下协同的教学模式，实践"显性教育和隐性教育相统一"

目前我们思政课以教室课堂的线下教学为主，线上教学为辅助手段。教室课堂教学是学校部门的统一安排、部署，摆上教学日历，师生到教室完成一系列的教与学的互动过程，主要是显性教育。线上教学是全媒体迅速发展形势下高校思政课改革创新的必然方向，网课定时或不定时开课，作为我们思政课的第二课堂，教师的主要做法是把自己预先录制好的微课、课件上传相关平台，或布置上线作业，开展线上讨论辩论学习，教师可以像网红一样，讲述对国际国内重大热点的观点，带领学生学会运用马克思主义世界观、方法论思考问题。线上教学不拘泥于形式，自由放松，把这种上思政课的模式纳入线上校园文化建设的规划之中，把中华传统先进文化、党的创新理论、意识形态教育寓于校园"易班"，校园文化对学生的教育是潜移默化的，这就是隐性教育。

总而言之，办好思政课关键在教师，要充分调动高校思政课教师的积极性、主动性、创造性，推动思想政治工作贯通人才培养体系，发挥融入式、嵌入式、渗入式的立德树人协同效应,① 探索高校思政课线上线下"协同课堂"教学模式，将是推动新时代高校思政课守旧创新的有效路径。

---

① 习近平. 思政课是落实立德树人根本任务的关键课程［J］. 求是，2020（17）.

基于云班课高职思政课混合式教学的路径选择

王 艳①

（广东职业技术学院 马克思主义学院）

习近平总书记在全国高校思想政治工作会议上强调："要运用新媒体技术使工作活起来，推动思想政治工作传统优势同信息技术高度融合，增强时代感和吸引力。"② 教育部党组已经明确指出，有条件的高校鼓励在精品在线开放课程或者精品在线共享课程的建设中开展混合式教学模式。新时代，随着互联网的发展，悄然兴起的思政课混合式教学模式更适合高职学生学习特点，从而成为思政课教学改革的必然趋势。本文立足于时代背景和学生特点的变化，对传统课堂教学模式的冲击和挑战，结合云班课线上教学的探索进而提出思政课线上线下混合式教学模式的实施路径。

一、混合式教学模式是高职思政课教学改革的必然趋势

根据百度的定义，混合式教学是一种将在线教学和传统面授教学的优势结合起来的教学模式，既发挥学习者的主观能动性，又充分发挥教师的组织、协调、设计和监控的能力，着力通过两种途径提升学习的深度性，提高学

---

① 作者简介：王艳，女，广东职业技术学院马克思主义学院教研室主任、副教授、硕士，研究方向为大学生思想政治教育。

② 习近平在全国高校思想政治工作会议上强调：把思想政治工作贯穿教育教学全过程 开创我国高等教育事业发展新局面 [N]. 人民日报, 2016 - 12 - 09.

习的成效性。在这种教学模式中，"线上"与"线下"相辅相成，前者是后者的必备环节；后者不是传统课堂活动的简单照搬，而是基于前者而开展的深化的教学安排。混合式教学的目标是提升学生的学习深度。新时代，混合式教学模式成为高职思政课教学模式改革的方向有其必然性，主要从以下两点探讨。

（一）时代背景的变化

信息化时代，"互联网＋教育"也成为教育领域的时代新宠。随着智能手机的普及，学生基本人手一部手机，思政课课堂"低头族"现象较严重，教学效果大打折扣。同时，传统思政课课堂教学具有以下特点：（1）偏理论，缺少动手动脑环节，内容深奥难懂，课程讲授偏严肃，不具有亲和力和吸引力，常存在学生逃课现象。（2）严谨乏味枯燥的"大篇幅理论讲解"是传统思政课堂教学的主要教学方法，时常出现"老师讲得很亢奋，学生玩得很兴奋"互不干扰的画面，或者"睡倒一大片"的情况。由于学生只是被动的听课，表达自我观点的渠道和机会较少。思想交流和碰撞的缺乏，使得课堂教学效果不尽人意。（3）考核宽松和评价机制单一，以期末考核评价为主，缺乏全面客观的考核，无法督促学生的平时性学习以及分析问题解决问题能力的提高。（4）思政课师生缺乏足够的沟通交流，思政教师对学情及学生思想困惑等关注不够，许多学生遇到困惑时无法及时得到有效解决。因此，在"新"时代和"旧"课堂之间出现种种矛盾，导致思政课上课实效性不强，学生思政课缺乏获得感。①

（二）学生特点的变化

现在的高职生基本上是90后、00后，成长于信息化时代，信息化素质较高，面对新事物、新软件，他们轻而易举就上手使用了。在学习方面他们身上已经具备了新特点：学习动机低下、兴趣缺乏等缺点，但他们动手能力强、思维活跃；喜欢书面或网络表达观点；喜欢视频等非文字的阅读；热衷

---

① 习近平. 把思想政治工作贯穿教育教学全过程 [EB/OL]. (2016－12－08).

于上网、娱乐；对新鲜事物的接受能力很强。这些典型的特征都呼唤着思政课课堂需要改革，需要探索适合新生代特点的课堂方式，需要给予他们充分的话语权。如果能正确引导他们的需求、需要，则能充分调动他们的学习积极性，并能鼓励他们进行创新学习。①

基于时代背景和学生特点的发展变化，我们的高职思政课教育教学也需要与时俱进，不断创新。紧跟时代发展的潮流，占领网络教学阵地，占领学生手机 App，"阻挡学生上网不如疏通、引导学生打开上网的正确方式"，以学生喜爱的方式实现部分线上教学，符合新生代网络原居民的学习特点。需要强调的是，线上教学方式更加符合当代大学生的生活习惯与认知特点，线下学习方式有助学生吃透思政理论。混合教学模式更加倾向于"以生为本"的教育基本原则，同时也呈现出了"因时而进、因事而化"的蓬勃生机。

二、高职思政课混合式教学对传统课堂教学的冲击

思政课实行混合式教学是借助互联网平台，优化教学资源，充分利用线上资源的丰富性和便利性，尊重学生的主体性，坚持"以人为本"，给予学生充分话语权和表达的机会，注重启发式教学，鼓励学生发散性思维以及锻炼学生的批判性思维，真正做到思想火花的碰撞，加强了学生学习的深度和广度。混合式教学模式突破固定时间段、固定课室的面对面教学的局限性、给予学生充分话语权和表达权、线上丰富的资源库和互动活动提升学生学习的广度和深度，从而对传统课堂教学构成系列冲击。

（一）灵活的线上教学冲击传统教学时空的局限性

传统模式的思政课教学在固定时间段、固定课室完成，教学任务繁重但课时有限；往往思政课教学基本上都是两到三个合班平行教学，教师的教学偏向重难点，在有限的时间要完成相关的教学任务，学生众多，即使教学抛

---

① 南轶，李先国. 模板技术在内容管理系统中的研究与应用 [J]. 微电子学与计算机，2012，29（6）：180－184.

出问题也无法兼顾所有学生；每周一次的思政课，"来也匆匆，去也匆匆"，无法通过短短两节课的课间时间来了解学生的学习、生活困惑，并对其提供思想的引导。除非少数同学愿意主动向老师诉求。缺乏不受时间和空间限制的沟通渠道，阻碍思政课教学的实效性，这种情况下，新时代思政教学迫切需要先进的教学理念和教学模式。

混合式教学模式是一种新型的线上线下有机结合的教学模式，突破传统教学模式时空的有限性。① 主要体现在三个方面。一是充分利用网络教学资源。思政课属于公共基础课，全国在线优质资源共享课很多，无论是视频资源、案例资源、实践活动等都可以分享或链接在云班课，以查看资源奖励经验值的方式鼓励学生机动灵活查阅。打破时空的局限性，整合优质资源。二是拓展启发性的教学活动。混合式教学活动一般包含课前、课中、课后的，线上和线下的讨论、头脑风暴、问卷、小组实践活动和阶段性测验等环节。这一基本设计无疑让学生学习的时空得到延展和深化。教师既要依托传统课堂主阵地进行教学活动，同时积极占领学生网络阵地开展教学，真正做到全过程、全时空、全方位育人。

(二) 线上拥有话语权的自主式学习冲击传统被动式学习

新时代的高职学生，抽象思维能力较薄弱，学习动机低下、兴趣缺乏，但是他们思维活跃，网络上的参与意识和表达意愿较强。传统课堂教学中更多时候是思政课教师在唱"独角戏"，大合班授课，内容偏抽象、偏理论，学生兴趣不高，参与互动环节较少，很容易"睡倒一片"或者变成"低头族"。因此，传统思政教学无法做到"以人为本"，无法体现学生的主体地位，个性诉求难以满足。

而今，混合式教学模式转变了教学理念，不受时空限制，通过线上和线下两种途径，把学习的主动权和参与权、选择权等给回了学生，充分呈现了

---

① 杨志超. 高校思想政治理论课混合式教学模式的建构路径探析 [J]. 思想教育研究，2016 (6).

学生的学习参与度，推动部分学生学习的广度和深度。这种教学模式契合新时代高职生的"参与意识强、表达意愿强、思维活跃"等特点。教师不再是高高在上的"知识灌输者"，更多时候呈现的是"解惑者"和"领航者"的角色；学生不再是"被动受教者"，转变为"我的课堂，我做主"。

（三）线上丰富的资源库和互动活动冲击传统课堂单一教学方式

传统思政课堂教学被评价为有点"枯燥"、有点"单调"，还有点"说教"。混合式教学模式充分发挥优势互补，拓展学习空间，将大量的微课视频、教学课件、案例习题、网络链接热点话题等资源上传分享到云班课等平台，借用其灵活、便捷、随时提交、随时批阅和点赞的强大优势，在延伸的课前线上学习中设置学情问卷、课程导学、补充阅读、讨论互动等环节。这种模式深受学生的喜爱，方便学生能够随时随地"带着问题去寻找答案"。此外，学生观点碰撞、深化认知的有效资源，也有助于教师不断了解学情和学生的疑惑等，也成为教师调整教学活动的依据。

三、高职思政课混合式教学的路径选择

高职探索和实施混合式教学模式是新时代思政课改革的必然选择和发展趋势。其实施要在深刻把握思政课教学目标、教学改革趋势和新时代高职学生特点的基础上，进行系统规划，完善线上资源库，创新课程设计，完善实施环节，强化考核评价。着力推动线上教学、课堂教学和实践教学的建设与改革，整合资源，发挥各自的教学优势，形成教学合力，从而有效提升思政课的教学水平，增强教学实效。本文立足于完善线上资源库、夯实传统课堂教学、拓宽沟通渠道、优化评价机制四方面探讨思政课混合式教学的路径选择。

（一）完善线上思政课资源库、活动库、试题库等资源

线上教学很关键的一点就是充分利用好网络中丰富的课程资源，设计吻合的活动；线下的思政理论课以理论基础为主，提供学生原理以及方法论，指导学生勤学、修德、明辨、笃实。在借用线上教学资源时，教师有一个很重要的

环节就是认真查看大量相关网络资源，并结合教学的内容需求进行挑选和筛查优质资源，"取其精华，去其糟粕"，尤其注重资源的思想性、政治性等；同时，还需要结合学生的接受能力和特点去设计开放式问题，启发学生发散性思考。

首先，思政课老师要根据对应的教学内容进行线上优质资源和教学活动的设计和发布。（1）教学资源的推送：为了给学生提供合适的线上学习资源，平时要积累素材和针对性的热点话题及时推送到云班课资源库中，或者老师亲自制作思政课的微课视频适时发布，以保证课前学习的有效性。（2）教学活动的设计：课堂上的教学案例对学生的教学启发活动是课堂效果的关键点，每节课前老师将问题设计好，提前上传在云班课，当理论和案例教授完毕，发布云班课的提前设计好的问题，启发学生发散性思维，甚者在学生回答的基础上进行迁移。云班课的各种线上活动非常便捷，投屏功能也有利于分享学生的思想观点，点赞功能更是为课堂氛围加分不少，云班课各种智能化功能的使用确实提高了思政课的教学效果，也拓宽了师生的思维视野。比如，云班课中轻直播/讨论活动，学生是乐此不疲积极参与，尤其是老师给予点赞后，积极性和竞争性爆发，为了再次得到老师的青睐，大家卯足了劲，创新观点，课堂氛围也十分活跃。摇一摇功能更是思政课的调味剂，形式多样的签到功能更是让老师对"学生去哪儿"了如指掌。问卷功能便于老师就思政相关问题随时了解学生的思想动态和最新情况。通过互动参与中思想的碰撞，发现少数学生方向性的错误，及时指出并引导学生改正。

其次，思政课教师要设计好线上教学与线下课堂教学的有机衔接。最佳的方式是将线上教学穿插到课堂教学，宏大理论与微观叙事有机结合，教师采取形式多样的教学方式，有所侧重地讲授课堂教学内容。在课堂教学中，教师根据线上学生完成情况，结合着线下任务来有的放矢解决学生遇到的难题，有意识地引导学生查漏补缺，培养学生开阔的视野和反省的能力。线下理论教学自始至终是教学的关键环节，线上教学是前者的补充，共同推进教学质量的提升。同时，也要充分利用云班课中划分小组完成作业，可以采取"老师评分＋组长评分＋成员互评"等多种方式评价机制。此外，还可以利用线上平台的数据进行学情分析：一个学期下来，学生的经验值构成明细图可以清晰知道该生查看了哪些资源，观看了哪些视频，参与了哪些活动，答疑讨论哪些被点赞，头脑风暴哪些被点赞，签到次数或者旷课次数，课堂表现整体情况等等，这些都是对学生加强了过程性评价，也凸显了"一份付出，一分收获"。希望学生们注重平时学习过程中下功夫和积累，而不是只关注期末考试和临时抱佛脚。在过程性考核中，经验值的获得方式基本上也是通过参与课堂活动获取的，所以，基于多种诉求和监控在一定程度上杜绝了逃课严重的现象，同时"低头族"现象也得到好转。通过"预警"设置，对于个别跟不上的学生，教师需要线下马上与学生沟通交流，对他们进行个别辅导。

（二）夯实线下传统课堂教学，检验学生认知

线下传统课堂教学是面对面的教学，也是思政教学中最关键阶段。此阶段教学不仅仅传授知识，更重要的是引导学生成为德才兼备的、具有强烈的社会责任感的高职生，引导他们扣好人生的第一粒扣子，自觉践行社会主义核心价值观。具体包括三个方面。（1）讲解思政课教学内容的重难点，对学生进行正确的政治理论引导，帮助学生树立正确的政治理想，为社会主义事业培养合格的建设者和接班人。（2）围绕社会热点难点问题，组织学生讨论，梳理学生的观点并给予引导、解惑，进而培育学生分析问题和解决问题的能力。第一类是每周时政热点分享，结合学生的认识，老师进行点评和思想引领，拔高其对热点问题的思想性和政治性认识；第二类是教师针对教学任务中重点设计的问题，通过学生发散性讨论与教师综合提炼，进一步巩固课堂知识。第三类是学生现场提出的与教学内容相关的问题，教师和同学一起讨论解答，解决学生的困惑。（3）总结知识，梳理课堂讲授的知识体系，并布置课后任务在线上平台提交。

（三）拓宽沟通渠道，营造民主的学习氛围，推动教学相长

线上教学能够拉近师生之间的距离，促进师生之间的信息沟通与情感交流。（1）师生可以通过线上教学及 QQ、微信、云班课等工具，随时随地传播知识、平等交流思想。平等的交流和沟通、心灵的触动、思想的碰撞有利

于学生学习兴趣的养成，喜欢这个老师从而喜欢这门课程，无形中学习的主动权和参与权、选择权等给回了学生。（2）通过线上给予学生更多的话语权，了解学生层面对老师授课需要改进方面给出明确的建议，进而在教学内容、教学方式、方法手段以及教学活动设计等方面不断完善，真正走入学生心中，成为学生最喜爱的思政课，也让学生通过思政课学习产生强烈的获得感。

线上线下的交流互动学习，拓宽了学生的视野，使学生的问题意识和专研意识、发散思维和创新思维得到了有效锻炼。同时，教师更深入地了解学生的学习态度、学习情况，随时答疑解惑。

（四）优化评价机制，构建多维度考核机制

与传统教学模式轻过程、重结果的评价相比，云班课优化了评价机制，对学生进行多维度的过程性评价，更加客观公正。比如查看课前教学资源、签到等功能考查学生的学习态度及出勤率；随堂测验、头脑风暴、讨论、表现（举手、抢答、选人）功能考查学生参与活动的积极性与认真态度及完成质量；通过小组活动考查学生团队合作、沟通交流的能力。将云班课中累计的经验值按照一定权重计入期末总评成绩，平时经验值的透明性在一定程度上督促学生你追我赶，查漏补缺，学生在思政课的学习中变得更有动力，进而课程变得更有趣、轻松、自由。线下考核包括课堂教学中参与情况及期末考试成绩，这种线上与线下相结合、过程与结果相结合的考核方式，更真实全面地反映了学生的学习参与度和学习效果。

小 结

总而言之，混合式教学模式在高职思政课的运用是大势所趋，我们思政课老师要在教学实践中不断研究和探索各种教学平台的资源优势和功能优势，更好地为课堂思政教学服务，更好地满足学生成长成才的需求，进而提升思政课的教学效果和自身教学能力。

思政课信息化教学的特点及应用

——以"思想道德修养与法律基础"课为例

何月珠①

（清远职业技术学院　思想政治理论课教学部）

教育部发布的《教育信息化十年发展规划（2011—2020 年)》中多处强调教育信息化对破解我国教育难题的重要性，同时《国家中长期教育改革和发展规划纲要（2010—2020 年)》中提到："提高教师应用信息技术水平，更新教学观念，改进教学方法。"

一、推进现代信息技术应用于思想政治理论课教学的重要意义

"思想道德修养与法律基础"课（以下简称"思修课"）其对象是人。关注人、培养人、发展人是思修课的工作核心。思修课从根本上说是一种社会实践活动。当今"互联网＋"使人们工作方式与生活方式发生颠覆性变革。习近平总书记强调："做好高校思想政治工作，要因事而化、因时而进、因势而新。"② 信息技术的蓬勃发展，促使传统学习形态发生根本性的改变，

---

① **作者简介**：何月珠，女，清远职业技术学院思想政治理论课教学部讲师，主要研究方向是思想政治理论课教育教学方法的创新。
基金项目：2016 年校级科研项目"高职院校思想政治理论课信息化教学的实践与探索"（编号：SZ16002）。

② 习近平谈治国理政，第 2 卷 [M]. 北京：外文出版社，2017.

教师积极合理应用信息技术，能极大改善思政课的知识传授的模式、教师的教学形式和学生的学习方式，势必引发教育体系和教育理念的深刻变革。将传统以宣讲为主的教学，转向以双向互动为主的教学，使得原本抽象枯燥的理论知识生动有趣起来，一定程度上会激发学生对思修课知识的学习兴趣。信息技术在思政课的应用也促使学生在课堂上合理使用手机，又能使教学区的公共 Wi－Fi 唯教学所用；化解了学生上课被强制上交手机或断其 Wi－Fi 的现实尴尬的教学局面；提升"以学生为主体"的教学模式，变被动接受为主动适应的过程，改变学生厌学或上课神游的状态，增强思政课实效性。

二、思政课信息化教学的特点

"思政课"的理论性强，教材内容中的一些基本概念和原理较为抽象，学生对理论知识缺乏兴趣，课堂的信息量有限，未能满足学生需求。而学生在手机、移动媒体、微博、微信、微视频以及 QQ、论坛、贴吧、知乎等工具能接收和阅读、搜集碎片化的海量信息，使用这些工具成为其生活习惯，导致充斥着各种文化和社会思潮的网络文化渗透到学生学习、生活的各个领域，冲击着思政课占领思想意识形态主阵地的地位，把网络文化对思政课的冲击，转化为机遇，需要借助信息技术手段。信息技术手段作为一种教学工具，可将深奥的理论知识变得具体直观，抽象的问题得以通俗化，利于促进学生对知识的理解和巩固，引导学生的批判性思维的习得，提高思政课的学习效率。

（一）创新思政课教学方法和手段

教师在传统的教学中最常应用的是利用 PPT 教学，多以文字、图片、视频、音频等形式呈现，每张 PPT 能提纲挈领，"借图传意，以意解图"，避免过度的文本堆砌，能基本符合大学生们的视觉与关注。或在授课中穿插"讨论法""项目教学""情景教学""演讲法"等模式增加内容的丰富性。信息化的时代，高校的教学应有别于传统的一支粉笔、一块黑板、一本书、一张嘴的教学模式。当今在各大高校已经实现多媒体、互联网、应用的 App 在教学中的普遍应用。课前教师可通过 QQ 群、微信群、微信公众号、精品课程、资源库、问卷星、雨课堂和超星学习通等软件，发布通知或群公告或上传自主学习资料、微课、慕课、音频、教学计划、教学教案、教学课件、案例、视频、习题、测试题目、调查问卷等，让学生能在课前预习、课中学、课后复习。完成在线测试，学生能直观正确答案并附有答案解析，使课前课后自主学习更便捷和有效。信息技术手段的介入，不但丰富了思政课的教学技术手段，也促进思政课的教学方法的改进。同时丰富了教学资源，增强了趣味性，满足了学生直观视觉和听觉的美妙感受，可随时随地资源共享、利用碎片化时间学习，以学生为"主体"优势明显，教与学的双向互动模式更具吸引力。

(二) 提升教师的主导地位

传统的填鸭式的教学活动中教师占据主体地位，学生的内心需求被忽略。信息技术的广泛应用，延展了教学资源的宽度和深度，学生获取知识的途径不仅仅是来自教师的课堂上一言堂。学生可通过各种工具接收和阅读、搜集碎片化的海量信息，改变传统的课堂教学活动仅仅是知识的交流，师生缺乏精神交流的现状。在课堂上可实现师生平等对话，思想的碰撞，相互辩驳观点，使思政课的教学同时呈现知识性与教育性的完美结合，在潜移默化中引领学生情感的转变，促使学生的"知行如一"。例如教师在教学的设计中可以针对特定的问题创建问卷，在课堂教学中让学生做问卷，学生用手机完成无记名的问卷，"一机一脑一屏"即可实现教师将学生的问卷回收、汇总、分析、电脑投屏。可针对某个问卷的问题进行引导，思考、交流、观点辩驳等。学生的参与热情高涨，既活跃了课堂气氛，又为教师提供可供参考的依据，及时调整教学的步伐与学生实现即时的互动。教师在教学中处于主导地位，大大提升了学生的主体地位。

(三) 拓宽思政课的考试的评价方式

思政课应用信息化教学手段，因其具有精确的身份识别技术和强大的数据统计功能，教师可应用于课堂管理、检查学生课前预习、课中学习、课后复习的情况，学生学习过程能形成过程性的记录，即能对每个学生形成过程性的评价，从而拓宽思政课的考试评价方式。

三、信息化教学在"思修课"中的应用方法

"思修课"的育人性质，不是简单的说教和案例分享、励志鸡汤就能让学生对知识点"入脑入心"。而信息化教学是一种教学模式，综合运用各种教学方法，以信息技术手段为载体，是一种线上线下的学生自主学习、教师引导、教学主客体融合的学习模式，有利于"思修课"的理论知识入脑入心。

为此，本文选取了"人生观""社会主义核心价值观""家庭道德"三个专题进行了实践研究，以探索出合理有效的信息化教学方法，优化思政课课堂，提升教学实效性。

（一）运用"学习通"平台进行线上线下主题讨论，把人生观内容渗透在课前、课中、课后，培养学生正确的人生观。

在"思想道德修养与法律基础"课中，第一章关于人生的青春之问的人生观专题中，针对"人生观的主要内容"的教学内容，在"学习通"的讨论区设计了讨论"假如我唱得好，我会怎么做？"要求学生在三分钟内在讨论区回复，三分钟后将学生们的回复直接投屏，选取典型有代表性的回复，让同学们归纳他们的"人生目的""人生态度""人生价值"。教师通过学生们的归纳把握学生的思想动向，根据实际情况进行点评，通过线上讨论激发学生参与的热情和学习的兴趣，改变课堂的氛围。教师引导培养学生透过现象看本质的思辨能力，并要求全班同学对自己的"人生目的""人生态度""人生价值"进行反思和调整。

（二）借助手机端学习平台，以小组合作学习法为主要方法，使得师生互动及时有效，及时解疑释惑，对社会主义核心价值观的内容和意义入脑入心。

在第四章"社会主义核心价值观的基本内容"的专题内容中，以小组合作学习法为主要教学方法，设计了分组讨论，"结合新型冠状病毒肺炎疫情的所见所闻，以小组为单位，每位同学谈谈你对社会主义核心价值观的内容中的一个词的理解（如谈谈在疫情中你对自由的理解）。以小组为单位进行

汇总（标明姓名＋班级＋组别），在此讨论题目下以小组为单位进行回复"。每个同学都有机会表达自己的观点。用时少，反馈快，也培养学生们的团队精神。学生手机端随时可查看同班其他同学对"社会主义核心价值观"的理解，教师也可即时投屏。然后各组对其他组评分。这种教学方法大大提高学生参与教学活动的积极性和热情，学生的评分教师也进行点评。教师从旁引导学生，帮助学生养成良好地客观地看待问题的习惯，提高辨别信息真伪、判断是非的能力。

（三）综合运用问卷星、微信公众号、学习通等信息技术手段，以情境教学法为主，使学生在自主学习中，通过阅读资料和理性分析，树立正确的恋爱观。

在第五章第三节"遵守公民道德准则"中的"家庭美德"专题中的"恋爱观的教育"这一重要内容。我们面对的是00后的大学生，大学生们对爱情有美好的憧憬，而大多数家长在学生的成长过程中对孩子早恋视如洪水猛兽，极少数的学生在初中或高中有恋爱的经历。国内对学生的性教育相对滞后，甚至会有少部分学生因性行为而造成惨痛的经历，由恋爱导致的恶性事件也时有发生。基于此，在教学的设计中，选用了无记名的电子调查问卷，能即时收集数据，并可在课堂上即时投屏。教学以调查问卷提交后的大数据汇总为人口，通过数据说话。在教学设计中可通过问卷星设计其中的几个问题。

第7题： 你的恋爱动机是？（第4题选恋爱中的同学作答）　[单选题]

选项	小计	比例
找志同道合的伴侣	181	50.84%
因为空虚寂寞	12	3.37%
生理和心理的成熟	35	9.83%
为了寻求娱乐消遣	12	3.37%
各取所需	10	2.81%
争取对方经济上的支持	1	0.28%
为了吸取恋爱的经验	9	2.53%
（空）	96	26.97%
本题有效填写人次	356	

第6题： 你认为恋爱的消费由谁承担？ [单选题]

选项 ⬍	小计 ⬍	比例	
男生	50		14.04%
女生	3		0.84%
谁都无所谓	90		25.28%
谁经济条件好谁承担	6		1.69%
AA制比较合理	111		31.18%
AB制	24		6.74%
谁愿意承担就谁承担	15		4.21%
男女轮流承担	55		15.45%
(空)	2		0.56%
本题有效填写人次	**356**		

第8题： 你对婚前的性行为的态度？ [单选题]

选项 ⬍	小计 ⬍	比例	
支持，很正常。	58		16.29%
不支持，不反对。	166		46.63%
无所谓	28		7.87%
反对	101		28.37%
(空)	3		0.84%
本题有效填写人次	**356**		

问卷星的问卷设计

我们在教学设计中要思考的问题是通过信息教学手段了解学生的思想动向，并发掘学生的问题根源，培养学生通过表象看清楚问题的实质，从而更好地走好人生每一步。

课中通过情境教学，让两名同学分饰苏格拉底和失恋者对话《失恋》，引导学生理性对待失恋。教师课前可在超星学习通的资料中或自己的微信公众号增添阅读文章让学生课外阅读作为课外教学的延伸，引导学生要洁身自爱。

教师个人微信公众号内的阅读文章

超星学习通的"资料"里的阅读文章

四、信息技术手段在"思政课"应用的问题诊断

（一）重信息教学手段，轻思政课自身教学规律

传统思政课教学方式，教师有大量的时间能把理论教学讲透讲深，但课堂气氛沉闷及学生参与度有限，致使学生能入脑入心的概率极其有限。随着智慧教室和仿真实验室、慕课、微课和翻转课堂广泛使用，必须明确信息教

学手段在"思政课"中的应用是载体的辅助作用，是教学手段的改变而非教学目标的改变。实质上，使用信息技术的手段目标是激发学生对思政课的兴趣，最终提高教学质量。因此教师切忌在教学中一味地为信息化而应用信息化技术，或一味地为迎合学生而泛滥地使用信息技术，在教学中忽略理论知识挖掘的深度，未能把理论知识入脑入心，导致课堂闹哄哄，下课学生大脑一片空，收效甚微。信息化教学手段怎样用，什么时候用，用哪种方式，还有待教师们在实践中不断地探索和总结，并与传统的教学方法有机地融合，使"思政课"抽象的内容增强吸引力和时代感，提高学生参与率，活跃课堂教学的气氛，才能增强教学的实效性。

（二）教学环节的协同不足

信息技术手段在思政课领域要广泛应用，面临比较多的客观限制，例如，网络信号弱，智能终端设备匮乏，一些应用软件需要交年费等。教学部门对思政课的技术、经费支持比专业课略显薄弱；缺乏对教师进行相关的培训以及对考试制度的改革的不认同，都会令教师如"巧妇难为无米之炊"。

（三）提升教师自身的信息素养

信息技术手段更新速度快，需要教师有一定的学习能力，年轻的教师相对比较容易接受并应用。年龄大的教师对信息技术手段比较抗拒，认为运用信息技术手段会降低教师的权威，思政课中的"思修课"理论性强，也会弱化理论知识的讲授。也有相当部分教师没有意识到信息技术手段对整个教学变革的重大意义。高校思政课的教育对象是涵盖学校所有专业的学生，学生的专业不同，知识背景和综合素质也不同，教师面临着更为复杂的教育问题和课堂突发状况。信息技术手段广泛在各学科的应用，快餐式文化的盛行，学生使用手机、移动媒体接收和阅读微博、微信、微视频以及 QQ、论坛、贴吧、知乎等的信息成为大学生们的习惯。这也导致学生们对上课所能接收到的信息的需求标准在提高，也考验着大学生有没有辨识力排除一些不良的信息的干扰影响以及能否做出正确的选择，甚至出现了学生对某些社会热点问题的关注深度以及广度超越了教师。面对这种复杂形势，思政课教师要自身有深厚的文化知识和跨越本专业的理论素养，又要提升鉴别能力，才能引导学生进行深入的分析和思考，加深对社会问题的认知和思政教育热点、重点、难点问题的理解。运用信息技术手段的能力传播中国优秀的传统文化、革命文化和社会主义先进文化，教师能把深邃的理论用简朴的语言讲清楚，用学生容易接收的信息化教学手段把深刻的道理说明白，使抽象的理论逻辑转化为形象的生活逻辑，并将社会正能量的事例形象具体化，转化为可广泛传播的可见可感的形式。

结　语

　　"思想道德修养与法律基础"课教学不仅是一种知识传播，更是一种价值传导。作为思想政治理论课教师，在教学内容上，我们应当在遵循统编教材基本精神基础上，确保基本原理阐述清楚、基本事实论述准确。加大教材体系向教学体系的积极转化，不断学习更新信息技术，积极尝试在教学中应用信息技术，形成自己的个性教学风格。谨记"放弃互联网，就等于放弃我们的青年学生"！

第四章 04

思政课实践教学与课程思政探微

新时代高校思政课实践教学改革探索

梁 龙[①]

（罗定职业技术学院 马克思主义学院）

　　"高等学校思想政治理论课（以下简称思政课）承担着对大学生进行系统的马克思主义理论教育的重任，有着中国特色社会主义大学第一课的重要地位，是高校学生必修的基础课，是新时代培养担当民族复兴大任时代新人的'核心课程'、'灵魂课程'。"[②] "为谁培养学生，培养什么样的学生，如何培养学生"是高校思政课要解决的头等大事，是高校教育最值得高度重视的问题，是事关大是大非的根本问题。解决这三个问题需要加强高校党建和思想政治工作。高校党建和思想政治工作通过思政课教学推进是最具有成效的途径，因为思政课最能够在高校党的政治建设和思想政治工作中起主导作用。但是，主导作用的发挥，要求思政课理论教学与实践教学相结合才能有最佳效果。思政课程理论与实践教学有机融合、充分调动大学生学习思政课的积极性，这是新时代深化思政课教学改革的基本要求。

---

① **作者简介**：梁龙，男，罗定职业技术学院马克思主义学院教师，研究方向为思想政治教育。

② 教育部. 关于印发《新时代高校思想政治理论课教学工作基本要求》的通知 ［Z］. 教社科〔2018〕2 号，2018.

一、思政课实践教学改革必要性

在新时代，国家间的竞争也是人才的竞争，而创新人才才是竞争中最紧缺的人才。时代呼唤创新型人才，国家需要有"爱国心、强国志"的人才。因此，高校思政课也要紧跟时代步伐，把培养大学生的综合素质、创新素质作为一个核心目标。目前，高校思想政治理论课存在重视思想政治教育、轻学生创新培养的情况，对培养学生创新综合素质关注不够，会极大地影响学生创新素质的培养。教育部十分重视思政课实践教学的实效性问题，出台了《中共中央宣传部教育部关于进一步加强和改进高等学校思想政治理论课的意见》实施方案，从顶层设计的角度对高校思政课的实践教学方式做出了具体的规定。高校思政课实践教学改革的重要内容就是通过学校教育让学生能够更好地适应社会竞争，挖掘大学生的创新潜能，培养大学生创新素质。高校思政课的实践教学深化了理论教学，促进了大学生更好地培养马克思主义理论的素养，有效树立起社会主义核心价值观。

（一）提高大学生学习思政课积极性的需要

目前，大部分高校大学生存在对思政课学习兴趣不高、上课"抬头率"低的问题。由于教学条件的限制，高校思政课课堂教学授课为大中小班相结合模式，加上教师数量不足（思政课师生比 1：350）、教师授课任务重等原因，造成思政课课堂教学手段单一，"满堂灌"现象较为普遍，教学效果不言而喻。课堂理论教学的不足问题和提高大学生学习思政课积极性可通过实践教学来弥补，发挥学生主体的作用，让学生参与甚至主导整个实践教学过程，才能更好地激发学生的创新意识和创新潜能，从而提高学生课堂"抬头率"，提高学生学习这门课的兴趣，最终实现打造让学生满意、受学生欢迎的思政课的目的。

（二）培育大学生马克思主义理论素养的需要

马克思主义理论自进入中国以来，一直是我国革命、建设、改革的重要指导思想，是未来引领国家建设的思想指南。高校大学生作为中华民族伟大复兴的中国梦的承担者和接班人，具备马克思主义理论素养是关键因素。高校思政课承担着培养学生的马克思主义理论素养的重任，要更好地培养和提升学生的马克思主义理论素养，除了课堂的理论讲授，更多需要通过实践教学、实践体验来实现。受制于有限的理论讲授，课内课外的实践体验和教学活动显得尤为重要。在理论教学的基础上，设计合理的实践教学环节，让学生能通过亲身体验、亲身参与感受进而达到加深理论认识和理解的目的。

（三）培养大学生"爱国情、强国志"的需要

思政课的课堂教学所能给学生提供的创新思考发挥空间不多，而实践教学却很好地克服这个不足。它利用学生课外时间、不受场地限制、形式灵活多样，给学生自由掌握的空间大大增加。这样的实践教学才会给学生各展所能、优势互补，充分展示自己才能的机会，大大激发了他们的创新热情。通过参与实践活动，大学生能够更深刻体会到国家的发展历史、革命历史以及新中国改革开放史，能更好地激发大学生对国家、民族、人民的感情，有更好的国家认同感、民族自豪感。通过亲身体验社会生活，能更深刻地理解社会主义制度的优越性及中国共产党一切以人民至上的施政方针，才能让他们从内心深处支持并拥护中国共产党的领导。思政课实践教学能让大学生更好地理解领会理论知识，并能够将其在实际行动中运用，对增强学生的"爱国情""强国志"起着桥梁的作用。

二、新时代高校思政课实践教学中存在的问题

（一）思想认识有待提高

进入新的时代，高校越来越重视思政课的实践教学，但一些高校仍存在着重理论轻实践，放弃或者变相放弃实践教学的现象。"轻视思政课实践教学，把实践教学置于等同于政治任务，置于大学生思想政治工作范畴，使实

践教学在特殊化中被虚化。"① 在很多高校仍存在着"思想站位不高，认识不到位，行动打了折扣"的现象。与专业课相比，部分高校领导和思政课教师不仅在思想上存在着"重说教、轻内化，重说教、轻养成，重理论、轻实践，重专业课知识、轻公共理论课"的落后思想观念，在制度和行动上还存在着"成本投入少、行动落实不到位"的现象，"知""信""行"的问题不能通过思政课教学有所改变，达不到让学生做到知之深、信之笃、行之实的教学目标。

（二）实践教学模式较单一

发挥思政课实践育人功能，促进实践教学模式多样化，激发学生主动参与积极性，才能实现既定的教学目标，达到既定的教学效果。但大部分高校的思政课实践教学仅局限于参观考察、社会调查、志愿服务等活动，学生利用寒暑假到农村、企业去调研，流于形式居多，要求的撰写社会调查报告大多通过网络抄袭拼凑而成，实践教学模式较单一，实现思政课实践教学的预期目标效果不理想。一些实践教学内容的设计做不到充分考虑学生实际，与理论教学内容相脱节，无法达到用理论知识来指导实践教学的目的，也就无法在实践教学中巩固和深化理论知识，背离了实践教学设计的初衷。

（三）考核激励机制还需完善

思政课实践教学考核激励机制不完善，高校思政课的实践教学实施缺乏持久性和普遍性。缺乏考核监督的实践教学活动积极性与主动性大打折扣，实践效果也大多不理想。"任何一项教育行为的落实都需要依靠制度机制做保障，思政课实践教学的开展，也应以完善的制度机制为前提，否则就会影响实践育人的发展。"② 这就要求根据实际出发，准确地分析落实相关制度

---

① 于超. 高校思想政治理论课实践教学研究 [J]. 当代教育科学，2015（19）：31 - 33.
② 孙永玉. 校史校情——高校德育的宝贵资源和生动教材 [J]. 中国高教研究，2006，15（1）：64 - 65.

管理标准，落实实际操作开展方式，以有效的制度方案进行分析，提高对于实践操作教育管理水平的分析过程。

（四）思政课实践教学保障机制不够完善

高校思政课实践教学的效果有赖于教学保障机制的完善。当前，高校思政课实践教学保障机制不够完善的原因有三个。一是经费不足。"按照教育部 2011 年提出的要着重解决好实践教学经费投入达到生均 15～20 元的要求计算，没钱难办事，经费不足就难以保证思政实践教学的开展。"① 二是实践教学基地不足。实践基地对高校来说十分重要，它是开展思政课实践教学的基础和保障的平台，通过它可以让学生了解社会、增长才干、培养务实精神、增强社会责任感。亟须解决的问题是思政课实践教学基地与应该参与实践教学的学生人数相比在数量上远远不能满足实践教学课程开展的要求，无法满足学生全员参与其中的实践要求。三是实践教学安排有变相缩水现象。一些高校对实践教学时间未作具体安排，只安排理论教学时间；一些高校只安排了实践教学时间，但对实践教学场所未做安排。四是教师开展实践活动的能力还需提高。高校部分思政课教师具有较高学历和理论素养，但缺乏实践教学经验，不能有效的地展实践教学活动，实践教学指导工作情况不理想。

三、高校思政课实践教学改革策略

（一）切实提高思想站位

为谁培养人？如何培养人？培养什么样的人？这是新时代高校思想政治工作三问，是高校思政课必须要把握并解决好的三大根本问题。高校思政课必须认真做好把守思想政治教育的主阵地的任务，坚持立德树人的目标，贯

---

① 石宏伟，陈萍. 新时期高校思想政治教育创新研究 [J]. 吉首大学学报（社会科学版），2010，1（31）：157-160.

彻落实思想政治教育，实现全员全方位全过程的"三全育人"目标。这就要求高校思政课要同等重视理论教学与实践教学，不能厚此薄彼。切实提高思想站位，解决思想认识问题，把改革高校思政课实践教学模式、教学实效性放在党和国家事业发展的高度，深刻领会党和国家政策文件精神，用战略眼光看待思政课实践教学。思政课实践教学要用共产主义远大理想和建设具有中国特色社会主义共同理想引导大学生，强化实践育人，把大学生培养成为有理想、有道德、有纪律、有文化的四有新人，成为祖国有用人才。

（二）改革创新思政课实践教学模式

思政课实践教学模式单一，实践教学实效性效果不好，因此，改革创新开拓适合学生实际、适合学校实际的实践教学模式显得尤为重要。

第一，思政课实践教学与校园文化建设相结合。每一个高校都具有独特的文化传承，每一个高校的校园文化都蕴含着丰富的思政元素，它们可以潜移默化地影响大学生的价值观念和行为准则。如何创新思政课实践教学模式，建议通过利用校内社团和协会对外沟通能力强的特点，加强联系与沟通，通过他们进行对外共建的方式搭建平台，借助校园文化建设的契机，思政课教师主动为社团和协会各类活动进行指导，借助学生社团和协会的平台，开展学术文体活动，进而达到以文化人、以文砺人、以文育人目的。比如通过开展回眸校史、传唱校歌等活动，就可以起到弘扬主旋律、充实实践教学内容的目的。

第二，思政课实践教学与专业课实践教学相结合。思政课实践教学和专业课实践教学在培养学生成长成才方面起到不可或缺的作用。因此，高校要全面推进课程思政，在高校的所有的课程中挖掘提炼思政元素，打造思政实践教学与专业课实践教学有机融合的平台，携手共进实现双赢。

第三，校内实践与校外实践相结合。利用校内新时代实践中心，思政课实践教学要加强与学校学生处、团委等部门合作，积极拓展拓宽校内实践和校外社会实践内容，如公益活动、志愿服务、生产劳动和社会调查等。社会实践活动的开展方面，为了保证学生参与的积极性和全员性，可将学生采用分组的形式，用任务驱动教学方法，提前布置好实践项目、内容和要求，让学生在实践中加深理论知识理解，坚定自己的理想信念，在未来奉献自己的智慧与青春，建设美好中国。

第四，思政课实践教学与网络教学相结合。21世纪网络技术迅猛发展，网络活动中大学生数量庞大，是网络活动的主力军。如何拓展网络实践空间，促进思政课实践教学与网络实践更好的结合，是提高思政课实践教学实效性亟须解决的问题。高校可通过搭建思政课网络实践教学平台，通过开展在线问卷调查、线上疑难问题解答、线上线下混合慕课平台教学方式，拓展网络技术的实践教学，培育学生树立正确的网络道德观、法治观，唱响主旋律，坚守网络意识形态阵地。

第五，思政课实践教学与教学实践基地建设相结合。教学实践基地建设是思政课实践教学的实现方式，创新思政课实践教学模式，提高实践教学的实效性，必须要加强思政课实践教学基地建设。建议根据思政课实践教学要求和内容，着重建设好理想信念教育基地，道德教育和公民法治教育、爱国主义教育等基地。"城乡社区是高校开展思政课实践教学的重要场所，在实践教学基地的选择上要注重城乡并重，既要使农村学生更多地了解城市，也要让城里学生更加全面地了解近年来乡村的巨大变化，增进学生对基层的亲近感。"① 通过签订"思政课社会实践基地合作协议"，积极开展与地方政府、博物馆、名人故居、革命历史纪念场馆和宣传媒体合作，来保证高校与实践基地合作的持久性和稳定性，发挥实践育人功能，提升实践教学的实效性。

（三）完善考评和激励机制

如何能够有效地保证高校思政课实践教学的效果，建议可以通过设立科学合理的考核评价和激励机制来达成。要摒弃过去单一的评价方式，建立由

---

① 宋媛. 新形势下高校思想政治理论课实践教学创新研究［J］. 思想理论教育导刊, 2016（9）：125–128.

多方主体共同参与的科学合理的评价机制。建立起由学校、教师、学生和实践单位等多方主体组合而成的多方评价体系，做到定性评价与定量评价结合。例如，老师为了解学生的学习状态，了解学生对理论知识的掌握程度，对学生的评价可采用如演讲辩论、口试面谈、分组讨论、模拟操作、小论文与调查报告相结合方式，开展形式多样化的考核形式进行综合考核，保证考核结果的科学性、公正性。对指导教师的评价，则要把社会实践教学作为指导教学考核评优、晋级的重要条件，采用指导老师亲自带队现场指导方式，帮助学生解决各种困难，进而形成活动报告。同时，为了更好地调动师生的积极性，使其能够全心投入并参与实践教学，高校需要再加强制度建设，制定好思政课实践教学激励机制，对考核成绩突出的师生予以表彰和奖励。

（四）不断加强思政课实践教学保障机制

首先做到决策保障。高校开展思政课实践教学活动首先要贯彻落实党和国家的有关文件精神。建议学校要加强领导和协调，规划好思政课的社会实践活动，明确教学要求，统筹安排制定教学大纲，纳入课程安排规定学时学分，调动和发挥辅导员、班主任的积极性，形成有效的管理运行机制。学校要做好统筹管理工作，充分挖掘、利用、整合各种实践教学资源，拓展实践教学形式；思政课教师要加强提高自身的业务水平，要能承担思政课实践教学的使命，要能对社会实践活动有针对性地进行指导。其次要做到师资保障。高校要大力培养一支思想过硬、业务精湛的教师队伍，大力培养一支综合素质高、能承担思政课实践教学的教师队伍，不断更新观念，改进教学方法，深化教学内容，改革教学手段，形成独具一格又十分适合当地实际的教学模式。最后做到经费保障。社会实践教学需要有充足的活动经费保障。思政课实践课的课堂分布范围广，教学形式特殊，运作成本巨大，必须要有学校稳定的专项经费投入，否则就难以维系。因此，思政课社会实践要进行制度化的建设，加强社会、企业赞助等方式，多方拓展经费来源渠道，通过保障机制建设来保证思政课实践教学的有效开展。

结　语

青年兴，则国家兴；青年强，则国家强。青年大学生是民族的希望，是国家的未来。面向未来，高校思政课实践教学改革应加强顶层设计，合理地分析学生的实际需求和实践过程，探索创新实践教学模式，通过设置更多对学生有吸引力的话题，发挥学生主动学习探索的能力，让学生在实践过程中充分发挥主观能动性，在探索实践中掌握科学知识，从而达到提高内在素质，锤炼过硬本领的目的。要着力提高学生的教学主体地位，倡导学生主动探究、亲身体验、主动参与去发现问题、解决问题，在解决问题中建立思想理论的基础信念标准、培育学生核心素养，坚定大学生的理想信念和分辨是非善恶，自觉砥砺品性，不断完善自我，拓展思维视野，让其思想观念、认识水平跟上越来越快的时代发展，成长为能够振兴中华、担当民族复兴、建设强大中国重任的时代新人和社会主义接班人，最终实现思政课教学立德树人的根本任务。

高职院校思政课实践教学创新

刘晓雨①

（广东信息工程职业学院 思想政治理论课教学部）

　　党的十九大报告提出了"培养担当民族复兴大任的时代新人"的战略要求，高校思政课是落实这一战略要求，为党和国家培养有理想、有本领、有担当的全面发展的社会主义建设者和劳动者的关键课程。高校思政课不仅是铸魂育人的系统工程，更是关系社会主义事业强基固本的战略性工程。然而，思政课要达到育人之功效，真正让学生以马克思主义为指导，树立科学的"三观"，提高综合素质，实现全面发展，单靠理论教育的"灌输"是无法做到的。在教学实践过程中，不管是本科院校还是高职院校，思政课堂都存在"抬头率低""满堂灌""听课率低"等现象，教学效果大打折扣，要化解这些问题以提升思政课的亲和力、吸引力、感染力，在理论教学创新的基础上，更要积极探索实践教学的创新路径。

一、高职院校思政课实践教学创新的必要性

　　在国家大力鼓励支持职业教育的形势下，我国高职院校的数量与日俱增，高职院校在为社会培养综合素质过硬、技能过硬的新型劳动者方面发挥着不可替代的作用。2016 年 12 月 7 日，在全国高校思想政治工作会议上，

---

① 作者简介：刘晓雨，广东信息工程职业学院思政部助教、硕士。

习近平总书记强调"高校思想政治工作关系高校培养什么样的人、如何培养人以及为谁培养人这个根本问题。要坚持把立德树人作为中心环节，把思想政治工作贯穿教育教学全过程，实现全程育人、全方位育人，努力开创我国高等教育事业发展新局面"。① 高职院校作为我国发展高等职业教育事业的中坚力量，在办学方面更需坚持以"培养什么人""为谁培养人""如何培养人"为问题导向落实立德树人根本任务。高职思政课是开展思想政治教育的主渠道，其最大的作用是通过意识形态教育提升高职学生的政治认同、理论认同、价值认同和情感认同，使其成长为中国特色社会主义事业合格建设者和可靠接班人。高职院校在办学、教学方面以实践性、技能性为特色，思政课作为一门理论性、政治性极强的课程，其受众为高职一年级学生（除形势与政策课也针对二年级学生开设），理论基础薄弱，对理论教学存在排斥，思政教师想单靠课堂上的"以其昏昏，使人昭昭"的全盘理论灌输模式让学生掌握科学的世界观、人生观和价值观是绝对不可能的。所以，创新思政课实践教学尤为必要。

（一）创新思政课实践教学是理论联系实际的内在要求

理论联系实际，既是马克思主义最基本的原则之一，也是我党在长期的革命、建设、改革实践中开展各项工作形成的优良作风，更是中国共产党思想政治教育史上的优良传统。中国共产党在思想政治教育实践中，以马克思主义理论为指导，始终坚持理论联系实际的原则。习近平总书记指出："不论过去、现在和将来，我们都要坚持一切从实际出发，理论联系实际，在实践中检验真理和发展真理。"②

高校思政课教育内容是一个多层次、多内涵的体系，涵盖哲学、政治学、历史学、法律、道德等学科知识，内容庞杂，同时，又具有极强的政治性、理论性、思想性、科学性和时代性，教学难度大。其中，马克思列宁主

---

① 习近平. 把思想政治工作贯穿教育教学全过程　开创我国高等教育事业发展新局面 [N]. 人民日报. 2016 - 12 - 09（01）.
② 习近平. 习近平谈治国理政（第一卷）[M]. 外文出版社，2014. p. 25.

义、毛泽东思想和中国特色社会主义理论体系（重点是习近平新时代中国特色社会主义思想）教育是思政课最主要的内容，中国特色社会主义理论体系是马克思主义基本原理与中国改革开放、现代化建设伟大实践结合的理论成果，这些理论成果充分体现了主观和客观、理论和实际、知和行的具体的、历史的统一，又有很大的抽象性和概括性。所以，思政教师企图以单纯理论灌输的形式，照本宣科让学生达到对马克思主义理论真学、真信、真用的目的有如天方夜谭。思政课最重要的任务是用马克思主义理论武装学生的头脑，但理论只有指导实际并解决实际问题，才能说服人、教育人，学生只有学得透才能产生理论自信，进而产生运用理论指导实际的自觉行动。

创新思政课实践教学，有利于把枯燥晦涩的理论知识与历史的实际、当前的实际相结合，使说理更具科学性和说服性。以实践促理论，创新实践教学来弥补思政说理教育的短板，坚持理论和实际相结合符合思政教育的内在规律。通过实践教学，学生真正在头脑中实现从无到有、从低到高，理论知识得以巩固、拓展和升华，理论素养得以提高，产生理论自觉和理论自信，自觉地用科学的理论去指导实践，主动地自我完善。

（二）创新思政课实践教学是以人为本的逻辑要求

以人为本，是科学发展观的核心，也与我党全心全意为人民服务这一宗旨相吻合。"人民不是抽象的符合，而是一个一个具体的人，有血有肉，有情感，有爱恨，有梦想，也有内心的冲突和挣扎。"① 坚持以人为本，就是要尊重人、理解人、关心人，把不断满足人的需要、促进人的全面发展，作为根本出发点。思想政治教育的对象是人，实施者也是人，坚持以育人为本是思想政治教育的本质属性。② 育人为本是"以人为本"思想在思政教育中的体现，符合其内在逻辑。正如习近平总书记明确指出："思想政治工作从根

---

① 习近平. 习近平谈治国理政（第二卷）[M]. 外文出版社, 2017. p. 317.
② 陈万柏, 张耀灿. 思政政治教育学原理（第二版）[M]. 高等教育出版社, 2018.
p. 209.

本上说是做人的工作，必须围绕学生、关照学生、服务学生。"① 习总书记的这一论述为所有思政教师指明了方向，就是要坚持以学生为本开展教学。

思想政治教育是以人的思想为主要活动对象的实践活动，其对象是人，可以是个体也可以是群体。学生群体特别是青年学生是思想政治教育的重点对象。"中国共产党从来都把青年看作是祖国的未来、民族的希望，从来都把青年作为党和人民事业发展的生力军，从来都支持青年在人民的伟大奋斗中实现自己的人生理想。"② 青年大学生和思政教师作为思想政治教育活动的参与者，相互依存，相互作用，缺一不可。在开展思政教学活动过程中，学生作为客体，一般要服从教师的教育活动安排，支持并配合和接受教师的引导与影响，具有受控性。但是，学生作为有血有肉、有思想、有情感的人，在参与和接受思政教育过程中，并不是消极被动的，而是具有目的性、选择性和创造性，有自己的主见。与此同时，学生又具有较强的可塑性。因为学生存在这些特点，所以一堂课能否达到实效，很大程度可以从学生的课堂表现得知。教师如果"一言堂""唱独角戏""满堂灌"，则只会是"言者滔滔，闻者昏昏"，理论自然是不能入脑、入心的。

创新思政实践教学是思政课遵循以人为本原则的逻辑体现，从而达到育人、育思、育德、育心、育美的目的。育人为本就是尊重、关注、关心、关爱学生，想学生之所想，解学生之所困，体现人文关怀和道德情感。通过创新实践教学，教师和学生有更好的互动，学生在实践中获得丰富思想感受和愉悦情感，实现全面发展。

（三）创新思政课实践教学是知行合一的基本要求

知行合一，是中国优秀传统文化中的宝贵遗产，也是中国人信奉的基本原则。我国自古就有"纸上得来终觉浅，绝知此事要躬行"。躬身践行是人们做人做事的基本原则，像孔子的"听其言而观其行""君子欲讷于言而敏

---

① 习近平. 把思想政治工作贯穿教育教学全过程　开创我国高等教育事业发展新局面 [N]. 人民日报. 2016 – 12 – 09（01）.

② 习近平. 习近平谈治国理政（第一卷）. 外文出版社，2014. p. 50.

于行""先行其言而后从之""君子耻其言而过其行",墨子的"士虽有学,而行为本焉",《左传》中的"非知之实难,将在行之",以及明清时期思想家王夫之等提出的"经世致用"的主张,这些都充分彰显了古人在思想教育、道德教育方面注重躬身践履的思想。在革命年代,毛泽东就非常注重知行合一,著有《实践论》《反对本本主义》等伟大著作,指导中国革命一步步走向胜利。中国革命史、改革史、现代化建设史就是知行合一的有力佐证。列宁曾强调:"马克思和恩格斯多次说过,我们的学说不是教条,而是行动的指南,我想我们应当首先和特别注意这一点。"① 思政课教学要遵循知行合一,通过思想政治教育提高学生的认识水平,掌握科学的理论体系,并将之作为行动指南。

知行合一,知是前提,重在行动。思政课绝不是简单的知识传授、政治宣讲、理论灌输,关键是引导学生结合实际"思"和"想";也不是以解释概念、下结论的方式来解决问题,而是要帮助学生掌握用马克思主义的立场、观点和方法来分析问题、解决问题。人的正确思想并不是从天上掉下来的,也不是人的头脑里自发形成的,必须通过学习、教育和亲身实践获得。因此,思政教师必须将理论教育和实践教学结合起来,从知、行两方面着手,以达到知行合一的基本要求。创新思政课实践教学,通过实践提高理论认识和水平,使学生成长为知行合一、脚踏实地的人。

(四)创新思政实践教学是服务新时代的时代要求

思想政治理论教育的真谛就在于它按照人与社会需要的界定,体现了人的实践性、社会性需要的本质,强调社会价值与个体价值的统一,坚持推进社会发展和促进人的全面发展目标。② 不同的时代、不同的社会条件下,思政教育的内容有不同,但根本任务都不变,即为社会主义现代化事业培养合

---

① 中共中央马克思恩格斯列宁斯大林著作编译局. 列宁专题文集:论马克思主义 [M]. 人民出版社,2009. p. 300.
② 陈万柏,张耀灿. 思政政治教育学原理(第二版) [M]. 高等教育出版社,2018. p. 4.

格人才、促进人的全面发展。时代需要思想政治教育，思想政治教育更需要把握时代主题，顺应时代要求，体现时代精神，解答时代课题。党的十九大报告指出中国特色社会主义进入新时代，这是我国发展的新起点，在新的时代条件下，我们正致力于国家治理能力和治理体系的现代化，向着"两个一百年"奋斗目标迈进，需要思想政治教育提供思想保障和精神动力。高校思政课要顺应时代需求，承担起培育能担当民族复兴大任的时代新人的历史重任，就必须进行创新，保持和发扬与时俱进的理论品格，在实践基础上推动理论创新。

进入新时代，新情况、新问题层出不穷，意识形态斗争形势严峻，作为社会主体的人也是发展变化的，一代人有一代人的思想和观念，生于千禧之年之后的00后如今是大学生主体，他们的主体性强烈、思想性多元但又不稳定，受社会多元思潮影响大，教师在教学中就必须根据00后大学生的身心特点和成长规律创新教学。通过创新实践教学，在学生中厚植爱国主义情怀，使他们将爱国情、强国志、报国行自觉融入实现中华民族伟大复兴的奋斗历程，是时代对思政课提出的要求。

二、当前高职院校思政课实践教学存在的突出问题

思想政治理论课作为大学生的公共基础必修课，不仅是铸魂育人的工程，更是捍卫社会主义意识形态领导地位的基础工程，其重要性不言而喻。然而，在实践中，无论是在本科院校还是高职院校，思政课的地位却或多或少存在边缘化，不论是理论教学还是实践教学都未能真正达到立德树人的实效。高职院校由于其自身的特殊性，思政课实践教学存在的问题更为突出。

（一）思想上不够重视，存在"形式化"

高职院校不同于本科院校，更注重学生的技能培养，以就业为导向，注重专业技能和实训，部分高职院校对公共基础课重视不够，带有"头重脚轻"的倾向。高职院校的思政课主要在第一学年开设，主要学习"思想道德修养与法律基础"（以下简称"基础课"）和"毛泽东思想和中国特色社会主义理论体系概论"（以下简称"概论课"）两门课程，由于大多高职院校实行 2＋1 或 2.5＋0.5 的办学模式，为了保证专业课程课时充足，存在这两门思政理论课程的课时量被压缩、删减的现象，特别是在民办高职院校，思政课基本课时不达标尤为突出。理论教学的课时都难以保证，思政实践教学就更不用详说，往往存在"形式化""走过场"，为了实践而实践，实践教学在高职院校很多沦为"表面工程"。

由于部分学校在思想上不重视实践教学，教师想组织实践教学得不到学校的财力、物力等支持，教师在心态上会受挫，积极性会下滑，虽然开课计划、授课大纲上有关于实践教学的规定，但只能疲于应付，使得思政实践教学流于形式了。长此以往，高职思政教学就容易停留在传统的理论教学上，陷入"填鸭式""满堂灌"的境地，教师在课堂上没有幸福感，学生没有获得感，无法达到教学相长的目的。

（二）内容上不规范，存在"随意化"

实践内容的优劣直接影响实践教学效果的好坏，在整个实践教学体系中居于核心地位。然而，思政课实践教学由于缺乏规范的教学大纲，没有纳入正式的教学体系中，又由于部分高职院校从思想层面上对实践教学不够重视，往往存在随意性，在活动组织、内容设计、教学评价等方面均不规范。实践教学内容设计不完善、不合理，存在"随意化""碎片化"，缺乏体系建构。在整个教学过程中，实践内容与课本理论知识相脱节，无法使理论和实际有效衔接，提高说理的说服力。

首先，内容的选择未能贴近社会实际，无法让学生通过实践活动提高理论认识，用正确的理论去分析社会现实问题；其次，内容的选择未能考虑高职学生的身心特点，无法激起学生参与实践活动的兴趣和积极性；再次，内容选取未能贴近生活，不能满足学生的现实需求，哪怕是通过实践也让学生感觉理论是"高大上"的存在，与现实生活脱节，无法指导生活实际。整体而言，实践教学的内容选取不得当的话，实践育人的目的就难以实现。

（三）实践模式单一，存在"刻板化"

当前，高职思政课实践教学模式单一，存在"刻板化"。高职思政课的实践教学模式还停留在传统模式，课内实践为主，课外实践少有涉及，课内实践也主要以经典影视作品赏析、课堂讨论、主题演讲等形式开展，模式刻板单一，学生疲于应付，参与积极性差，教学效果低质化。

课内实践作为大多高职院校思政课采取的最常用模式，但其优势没有发挥。如经典影视作品赏析，大多时候，教师所选取的作品与教学内容脱节，并不能使学生通过观看经典作品而获得心灵上的洗礼和感悟；在观看完后要求学生写观后感，并据此作为实践评价依据，但大多数学生提交的观后感都是抄自网络，教师并不能从学生的心得作业获得正确反馈。如课堂讨论模式，往往面临全场"鸦雀无声"境况，教师尴尬地自问自答，参与讨论的学生更是屈指可数，学生虽然主体意识强，有自己的想法，但在课堂上却不太愿意表达自己的观点，而是以沉默应对。除此之外，教师也缺乏对讨论问题环节的优化设计，使得本可以是思想碰撞交流的课堂讨论也陷入两难境地。如主题演讲模式，也是存在诸多问题，教师设置一个选题，但是却缺乏相应的指导和审查，学生消极应付，没有结合自身实际，而是从网络上摘选的演讲稿，导致一稿多人讲的局面出现，不仅讲的人尴尬，听的人也尴尬，整个活动下来，学生并没有获得感。

高职院校思政课实践教学存在这些突出问题，其原因是多方面的，归根结底在于对思政课重要性的认识不够，重视专业课教学轻视思政课、重视学生专业技能轻视人文素养的思想根深蒂固，不愿在人力物力财力上对思政实践教学作过多支持。长此以往，思政实践教学将陷入学校无视、教师消极对待、学生疲于应付的恶性循环。

三、高职院校思政课实践教学创新探索

由上述，高职思政课实践教学创新既是课程要求也是顺应新时代的发展要求，既要做到"因时而变，因势而新"，又要做到"因人而异，因势利

导"，结合高职院校自身情况体现高职特色。

（一）实践教学理念要遵循"三性"原则

在探索高职思政课实践教学创新时，应该遵循"三性"原则，此处所说的三性具体指全员性、全程性和系统性。

首先，高职院校作为党领导下的社会主义性质职业院校，应该提高政治站位，明确自身的责任和担当，转变对思政课的认识，注重发挥思政课在立德树人方面主渠道作用，在强调学生过硬专业技能的同时，更注重人文素养的培养和提高，将思政课改革和创新提上日程，在全面推进高校思政工作上积极作为，不敷衍、不拖沓，将立德树人作为全员性、全程性和系统性工作推进，在思政课教学方面，应该从人力、物力、财力上大力支持，扫除思政教师在实践教学方面的障碍，鼓励思政教师勇于创新、大胆创新。

其次，思政教师作为教学活动的发动者、组织者和实施者，在进行实践教学时，亦应秉承全员性、全程性和系统性原则。所谓全员性，是指教师在制订实践活动具体方案时，应该注重活动参与主体的全员性，实现全覆盖，而不是选择个别同学作为代表参与进来，这样才能体现实践育人的目的。所谓全程性，是指教师在开展实践教学时，应该注重实践前、中、后的全程性，在实践活动开展前，教师应该把具体的实施方案告知学生，让学生做好相应准备，做好学生的课前辅导工作，以便实践活动能顺畅进行；在实践活动中，应该充分发挥指导、引导作用，根据学生在实践活动中的反应做好思想引导、释疑解惑工作；在实践活动结束后，教师既要做好总结、评价工作，同时，也应该做好学生课后的跟踪调查工作，了解学生参与实践活动后的心理和言行变化，是否达到了内化于心、外化于行的效果，形成经验，以期后期实践活动的优化。所谓系统性，是由思政教育的内容特征决定的，思政课的内容具有多层次和多内涵的特点，涉及政治、思想、道德、法律等不同领域，各成体系又相互统一于思政教学，所以，作为思政教师，在开设实践教学时，也应该注重理论教学与实践教学的系统性，不能随意化，应该具体明确，通过实践教学深化理论教学，优化育人效果。

（二）实践内容要遵循"三近"原则

思政课的内容从本质上属于社会主义意识形态的内容，具有极强的政治性、目的性，同时也具有科学性和时代性。思政课教育内容的科学性，从根本上说，就是指其内容来源于实践，并经过实践的检验是正确的。思政课最大的特点是通过摆事实、讲道理，以理服人，用理性和逻辑的力量教育人、引导人、征服人。思政课堂"抬头率低""听课率低"，让学生心生厌恶，究其原因在于内容过于政治性、理论性，缺乏优化和整合，不能让学生产生亲切、亲近的感受。所以在进行实践教学时，内容选择上更应该遵循"贴近学生、贴近实际、贴近生活"的原则。

首先，实践教学活动的内容设计应该"贴近学生"，以学生的兴趣为切入点，把握高职学生理论基础差但乐于实践的特点，遵从学生的认知特点和认知规律，设计学生感兴趣的活动，将说服教育寓于实践活动中，同时在实践活动中渗透人文关怀，凸显活动的教育意义。

其次，实践活动的内容应该更加"贴近实际、贴近生活"，体现时代气息和生活气息。"必须认识到，我国社会主要矛盾的变化，没有改变我们对我国社会主义所处历史阶段的判断，我国仍处于并将长期处于社会主义初级阶段的基本国情没有变，我国是世界上最大发展中国家的国际地位没有变。"① 每一代人的思维和观念都打上了与他同一时代的烙印，思政课教学必须坚持从这个最大的实际出发，坚持正确导向贯穿于教学各方面和全过程。实践教学中"贴近实际"不能离开课堂理论教学这一基础，但可以将政治性内容与现实问题相贯通，如可选取发生在学生身边的典型事例为素材，联系学生的生活、思想实际，围绕学生所关注的社会热点问题进行设计，让"高大上"的理论通过实践活动而变得"接地气"，注重学生在实践活动中的体验性和思辨性，使学生能在实践参与中内化理论，产生情感认同，形成科

① 习近平. 决胜全面建成小康社会　夺取新时代中国特色社会主义伟大胜利——在中国共产党第十九次全国代表大会上的报告［M］. 人民出版社，2017. p. 12.

学的理论信念，用实事求是的科学态度去解答现实问题，并进一步形成行为自觉。

除上所述，思政课实践教学内容还要体现灵活性和针对性，即能及时对社会热点和生活实际问题做出回应，能够因时、因势、因人、因事做出灵活的调整，能够根据不同专业学生、不同教学场所、不同实践类型作合理的调整，真正体现育人为本。

（三）实践模式要坚持"课内、课外、网上"三位一体

传统的单一的实践教学模式不能激发学生参与的积极性，无法达到实践育人之功效，高职思政课实践教学模式应该根据高职院校自身实际尽可能地实现"课内、课外、网上"三位一体，优化课内实践教学形式，整合课外实践活动资源，充分开发网上实践新模式，从而提升实践教学的实效性。

首先，优化课内实践形式。课内实践因以课堂为场所，操作简便，又可根据不同专业班级学生的情况而灵活设计，具有其内在优势。课内实践有主题演讲、课堂辩论、主题讨论、经典影视作品赏析、模拟教学等形式，这些形式各有特点，教师在选择时应该结合授课内容、学生特点作顶层设计，做好课前辅导、课中指导、课后答疑。

其次，整合课外实践活动资源。在大思政背景下，学校所有部门所有工作人员都承担着育人的责任，因高职思政教师师资力量薄弱，教学科研压力大，在开展课外实践教学方面力不从心，很多时候只能局限于课内，但课外或校内有很多实践活动是可以作为思政实践教学的有效补充的，这就需要整合课外实践活动资源。如可以联合学校团委、就业指导办等部门的力量，把极具典型性、影响性又覆盖面广的相关活动作为思政课开设实践教学的有利形式来弥补课内实践的不足，补齐课内实践的短板。像演讲比赛、辩论赛、文明校园使者行动、敬老爱幼行动、三下乡活动、大学生就业观调查、就业讲座等活动在大学校园属于非常具有代表性的活动，这些活动与思政课育人、育思、育智、育德、育美不谋而合，学生参与性高，活动影响大，育人效果好，学校应该积极鼓励并提供条件促成各部门协同育人。

再次，充分开发网上实践新模式。当前的大学生多为00后，成长于网络信息化飞速发展的时代，他们对网络有着天然的亲切感，他们比任何一代人都更离不开网络，微信、微博、QQ 是他们日常交往的主形式，记录心情、发泄情绪等，很多时候我们也只能借助这些社交平台去了解他们的思想动态。微制作、微视频、微电影、微活动是他们热衷的方式，他们喜欢在快手、抖音等短视频平台张扬个性、表达自我，也很乐意通过拍摄剪辑视频记录生活的点滴。所以，在创新思政课实践教学模式时，网络是无法忽视的存在，网络具有开放性与平等性、丰富性与多元性、主体性与互动性的特点，网络拓展了人们的实践领域，充分运用网络，开发网络实践活动载体，将思政课的教学内容借助于网络媒介传导，既有利于增加内容的可感性，也有助于学生在网络实践平台获得及时、即时的反馈，实现双向互动。

高职思政课实践教学改革创新是一项系统工程，复杂艰巨，需要多方配合，形成合力，作为思政教师，应该身体力行，提升理论和实践教学能力，不断推进思政课创新发展，让学生通过思政课收获幸福感、满足感和获得感。

"三下乡"活动与思政课实践教学融合的模式建构

——基于思政课课程教学改革的视角

何敏怡 陈乐平 韩 励①

（佛山科学技术学院 口腔医学院）

一、"三下乡"活动丰富了大学生思想政治教育的内容和形式

1980 年开始，团中央首次鼓励在校大学生利用暑期时间到基层进行"三下乡"社会实践活动，从此，大学生暑期"三下乡"社会实践活动（下文简称"三下乡"活动）就成为各高校最常见的社会实践活动。其中"三下乡"中的"三"是指文化、科技、卫生等三个方面，目的是为了进一步在农村普及文化、科技、卫生三方面的知识。加大开展"三下乡"活动的力度，一方面是给正处于校园的大学生提供到社会实践的宝贵机会，另一方面更是党和国家全心全意为人民服务、实施乡村振兴，建设社会主义现代化的根本体现。

当代 95 后、00 后大学生为独生子女的居多，在家受尽了家人的宠爱，

---

① 作者简介：何敏怡，女，佛山科学技术学院口腔医学院（医药工程学院）辅导员，硕士，主要从事大学生思想政治教育；陈乐平，女，佛山科学技术学院口腔医学院（医药工程学院）党委副书记，主要从事大学生思想政治教育；韩励，男，佛山科学技术学院口腔医学院（医药工程学院）学工办主任、辅导员，主要从事大学生思想政治教育。

缺少对社会的认识和艰苦生活的磨炼。对于高校思想政治教育而言，除了在校园里传授思政课课本里固定的知识外，高校相关部门必须提供可行的社会实践方式，让大学生们在社会实践中收获更多的思想政治知识。实践是检验真理的唯一标准，为了让社会主义接班人切实地接受思想政治教育，提高综合素质、磨炼自身品格、培养爱国主义精神和奉献精神，众多高校都选择倡导大学生积极参加"三下乡"活动。①

在大力倡导"三下乡"活动的同时，我们可能会发现，部分学生虽然参加了"三下乡"活动，但是在参与活动过程中不积极、不主动，呈现出"走过场""形式化""为了学分""游离团队"等现象。因此，如何让大学生真正参与到"三下乡"活动中，切实发挥"三下乡"活动的思想政治教育作用，这是"三下乡"活动组织单位面临的一大难题，也要求高校设立严格的保障制度。

二、思政课实践教学的重要性

2019 年 3 月 18 日，习近平总书记主持学校思想政治理论课教师座谈会并发表了重要讲话，指出推动思想政治理论课改革创新要坚持理论性和实践性相统一，用科学理论培养人，重视思政课的实践性，把思政小课堂同社会大课堂结合起来，教育引导学生立鸿鹄志，做奋斗者。② 思政课是目前大中小学生的一门必修课程，作为高校大学生思想政治教育的主要阵地，兼具丰富的理论性和实践性，同时也是落实立德树人根本任务的关键课程。

高校思政课的理论教学侧重于理论知识的灌输，学生在教室里、课堂内，学习书本上的内容是当前思政课的主要授课方式。由于思政课内容存在一定程度的枯燥性与距离感，打击了大学生学习的积极性，学生们只能有限

---

① 杨文艳. "三下乡"视域的大学生思想品德教育意义与任务 [J]. 法治与社会. 2016（3）：227 - 229.

② 何微. 习近平 2019 年 3 月 18 日主持召开学校思想政治理论课教师座谈会并发表重要讲话 [EB/OL]. https：//www. xuexi. cn/dcd04a790d372b7a7094e5662a4c45fc/e43e220633a65f9b6d8b53712cba9caa. html.

接受思想政治知识的深度和广度，立德育人的作用属于纸上谈兵。此时，思政课实践教学应运而生，作为思政理论课的有效补充和深化，逐渐得到众多高校的重视，如何开展思政课实践教学也成了目前高校思政课的一大重点和难点。思政实践教学指的是大学生在学习马克思主义思想等思想政治理论知识后，通过一系列提出问题、了解社会、加强自身综合素质的社会实践活动，把马克思主义思想运用到探究现实、解决问题的全过程。① 思政实践教学的形式多样，"三下乡"活动是其中一种重要形式，最终的目的就是为了让思政课的理论得到实践化，学生自行寻找资料、咨询老师、开展调研、走出校门、走进社会，通过丰富多彩的社会实践，把书本上略显遥远的理论应用到社会中。

三、"三下乡"活动与思政课实践教学融合的模式探究

第一，制度融合。虽然"三下乡"社会实践活动和思政课实践教学都是"大思政"系统中的一分子，但是两者的主管单位不一样。在高校里，"三下乡"活动是学校和学院团委组织的暑假实践活动，思政课是教务处和思想政治理论课教学单位双管理的必修课，如何将两者有机融合在一起，涉及多个部门的制度融合。对于学校教务处和思政理论课教学单位而言，需要制定思政课教学改革体制，修改教学大纲和教学计划，规定"三下乡"活动作为思政理论必修课的一个部分，要求大学生四年中必须至少参与一次"三下乡"活动，上交实践策划和心得体会作为思政理论课考核的部分，并体现一定的学分，而不仅仅是第二课堂学分；对于学校和学院团委而言，制定切实的宣传、评优、考核等相关制度，并保证一定的活动经费，方能提高学生参与该项思政课实践教学的积极性。

第二，内容融合。"三下乡"活动作为思政课实践教学的一项重要内容，为了让"三下乡"活动的内容体现思政课实践教学，在"三下乡"活动开展

---

① 行知部落. 高校思政课实践教学的意义［EB/OL］. https：//www. xzbu. com/1/view–11589212. htm.

前，思政理论课教学单位应该根据不同年级、不同专业的思政课特点，将体现思政课实践教学的主题提供给高校团委，参加"三下乡"的团队可以根据这些选题策划和安排活动内容。同时，"三下乡"活动团队也可以咨询思政理论课老师，在专业老师的指导下，将思政课实践教学内容合理安排到"三下乡"实践内容中。

第三，团队融合。以往高校学生"三下乡"活动的指导老师一般都为二级学院辅导员，少部分为学生的班主任，思政课老师担任"三下乡"活动指导老师较少。为体现团队融合，建议思政课指导教师担任"三下乡"活动指导老师，充分发挥思政理论课老师的思想政治理论知识，进一步加强"三下乡"团队的思想政治性，让同学们在"三下乡"进行社会实践的同时开展一场生动的、接地气的思政课，实现思政课实践教学的根本目的。一定程度上，将指导"三下乡"社会实践活动作为思政理论课老师的考核指标之一，提高教师参与"三下乡"活动的积极性。① 与此同时，学院辅导员担任"三下乡"活动指导老师时，需要适当在团队和活动过程中加入思政实践教学的内容，体现辅导员思想政治教育的作用。

第四，基地融合。目前，"三下乡"活动社会实践基地已经广泛开展，为大学生开展"三下乡"活动提供了有力的帮助，但是思政课实践教学基地较少，因此各高校思政课教学部门应该积极联合教务处、团委等单位发展和遴选一批校内校外"三下乡"活动－思政课实践基地，挖掘一些红色革命基地、基层服务组织作为大学生开展"三下乡"活动的思政课实践基地，两者基地的融合有助于进一步落实思政课实践教学的效果。②

---

① 董天. 大学生"三下乡"思想政治教育的意义和模式研究——以唐山学院暑期"三下乡"为例 [J]. 产业与科技论坛. 2019, 18（3）：128－129.

② 徐美华. "大思政"背景下思政课实践教学与社会实践融合的研究 [J]. 牡丹江教育学院学报. 2019（9）：72－74.

结　语

　　将来,"三下乡"活动将继续作为高校大学生思想政治教育和社会实践的主要形式,为了切实发挥"三下乡"活动和思政课实践教学的优势,进一步深化思政课课程教学改革,只有将"三下乡"活动和思政课实践教学二者进行有机融合,方能达到"1 + 1 > 2"的效果,继续发挥着思想政治教育的实践意义,为实现大学生的全面发展、提高综合素质提供有力措施,最终实现立德树人和培养优秀的社会主义接班人的目标。

基于"八个相统一"的高校思政课实践教学

——以"毛泽东思想和中国特色社会主义理论体系概论"为例

翟美荣①

（佛山职业技术学院 马克思主义学院）

马克思说："理论只要说服人，就能掌握群众；而理论只要彻底，就能说服人。"新时代高校思政课"以理服人"的要义就是要把习近平新时代中国特色社会主义思想讲清楚。2016 年 12 月，习近平总书记在全国高校思想政治工作会议上的重要讲话中指出，做好高校思想政治工作要因事而化、因时而进、因势而新；而在学校思想政治理论课教师座谈会上，习近平总书记又提出"八个相统一"，直击思政课的重点和难点，为思政课改革创新定标导航。高等职业教育以服务地方经济社会发展为根本，尤其是服务建设现代化经济体系和实现更高质量更充分就业需要，同时，高等职业教育"育人"的本质是落实立德树人根本任务的核心举措，解决好"培养什么人、怎样培养人、为谁培养人"这个根本问题，新时代更要以系统思维用习近平新时代中国特色社会主义思想铸魂育人。

为了积极响应"八个相统一"高校思政课建设示范点培育工程，尤其是做好"毛泽东思想和中国特色社会主义理论体系概论"（以下简称"概论"）课程实践研究，形成具有较高水准的理论研究成果和可复制可推广的实践探

---

① 作者简介：翟美荣，博士，佛山职业技术学院马克思主义学院教研室主任。

索成果，本文结合概论课程的性质与特点，以理论性与实践性相统一、政治性与学理性相统一、灌输性和启发性相统一三个方面开展高职思政课实践教学改革的研究。

一、高校思政课实践教学品牌分析

（一）思政党建一体化

概论课程是立德树人的关键课程，其主要功能就是坚定广大师生走中国特色社会主义道路的理想信念。高校思政课与基层党建一体化进程既体现了党领导下的高校"立德建党强国"的思想力，又呈现出党的建设理论体系和社会实践的嬗变与完善过程。新时代新思想对中国共产党本质的定位和解读，使"共产党是领导一切的"理念深入人心，更是深刻回答了"为谁培养人、培养什么人、怎样培养人"这一重大命题。概论课程从理论联系实践、学理融入政治、灌输链接启发等方面发挥着非常重要的作用。全国大概三千所高校，几乎每所高校都开设概论等思政课程，除了校内开展党建研究外，更重要的思想力的转化途径就是思政＋基层党建，高校思政教师党员进基层、服务基层党建、密切联系基层群众，把"社会主义好"，"中国共产党能"等思想转变成基层广大群众的思想力、战斗力、凝聚力，而这种思想力的持续力、传承力从根本上可以提高基层的治理体系和治理能力，反过来又可以大大提高学校的知名度和服务力。

（二）文化价值双联动

文化自信是"四个自信"的基石和根本所在，既是文化传承的因，又是文化传承的果。站在世界格局和历史方位的时代变迁的新高度，面对新时代新矛盾、新征程，我们要大力弘扬革命精神，挖掘并传承红色文化的时代价值，融合省情、市情，服务当地文化产业规划及区域发展，抢占高校思想意识形态至高地，坚定共产主义理想信念，培养社会主义合格接班人，精准实现高校概论课程在文化内涵与当代价值的双向联动。把概论课程的理论体系转化为社会生产、生活的实践动力，是高校思政课实现"八个相统一"的高效途径，借此可以培育造就出一大批优秀思政课教师、名师或革命文化研究专家，进而成立大师工作室、名师工作室、红色资源开发与应用中心、新时代实践文明中心等，借助新媒体进行经验推广与复制，从而形成研究特色或品牌，使高校思政课实践教学突破传统的金字塔教学模式，形成助力社会、经济、价值转化的新动能，引起社会各界的关注及社会各界对高校思政实践教学的新认识、新定位。

（三）"产学社"服务三协同

概论课程的性质和最大的优势就是更能高效及时地指导社会实践，深刻把握新时代时代特征，真正认识和解决新时代社会主要矛盾，日益达成人民对美好和高品质生活向往的奋斗目标，从而推进全面建成小康社会和社会主义现代化进程。基于"产学社"协同的社区服务可以更好地发挥概论课程的特点。新时代赋予高校思政课服务社会经济发展的职能，要求高校把理论联系实践、指导学生服务社会作为一项非常重要的任务来抓，把新时代中国特色社会主义思想体系与地方经济、社会发展作为一个系统的思想入脑入心见行，以高水准理论学识在服务企业的实践过程中产生社会化"蝴蝶效应"。如粤港澳大湾区范围内的高校借助学校地理位置优势，使新时代新思想得缘进驻工业园、产业园等，几乎每所高校都与几十家甚至上百家企业联合，形成产教融合、校企合作范式或品牌，一方面助力打造"百强企业"，另一方面可以充分发挥高校思政课实践教学的社会效应和品牌效应，这充分体现了理论与实践相统一的特性。

二、高校思政课实践教学的新路径

（一）理论性与实践性相统一方面

"坚持理论性和实践性相统一"其本质就是坚持课内外理论教授与社会实践、解决问题相统一，要把思政小课堂同社会大课堂密切结合起来，教育学生牢记初心、勇担使命。

首先，以小见大，学用相长。在教学中用科学的理论培养人，同时重视思政课的实践性，把高校思政教育同社会实践密切结合起来，引导学生掌握最先进的科学理论武器的同时，更多地关注社会和服务国家。可以通过带领学生做项目的方式，针对国家当前的热点、难点问题，师生共同进行调查研究、集体探讨、团队创新，把习近平新时代中国特色社会主义思想融入社会实践具体过程中，通过切身体验、观察、反思、思想的升华，从而达到思想化人、启迪心智、立志忠党强国的目标。

其次，树立典型，榜样发力。立标杆、树典型，可以是把社会上的成功或典型人物，也可以是班级内或校园内的先进模范人物请进课堂或者在课堂上进行典型示范教育，从而鲜活生动地打动学生心灵，使理论入脑入心而又表于行。如可以通过老师带学生下企业的方式，以问题为导向，通过和企业家、企业普通员工近距离接触等过程，使学生通过切身实践，引起学生对自身的社会价值、生命价值、使命感、责任感的思考，从而达到高校思政课理论性与实践性相统一的目标，进而调动对学生进行立志报国或创业及对产教融合、校企合作模式探索和创新的积极性、主动性。

最后，立足教材，手脑发力。利用好两个假期，结合理论课教学内容展开社会调查等，组织大学生到民间、乡村、红色革命景区或博物馆，进行社会团体和其他组织机构服务等，通过社会服务实践或参观学习实践，或者就当前社会的热点难点问题与生动的社会实践活动启示，让学生思考和交流，然后再与教材理论体系相糅合，达到理论与实践融会贯通。同时，还可以培养学生对中国民间文化的认同，根植中国传统文化的基因。在实践过程中更容易帮助学生理解教材体系里有关社会各界组织的框架与中国共产党组织的关系，帮助学生深刻认识社会各界组织是中国共产党与群众之间的桥梁和纽带，他们对于促进社会主义市场经济体制的完善、弘扬中华民族的传统美德、促进社会主义精神文明建设、扩大国家国际影响力等方面都起着至关重要的作用，从而培养学生的国际视野和系统思维能力。

（二）政治性与学理性相统一方面

概论课程内容的主线就是马克思主义中国化的理论体系，政治性与学理性相统一是概论课程最为明显的特征。一方面，社会主义意识形态具有政治性，即体现无产阶级政党执政的基本理念、立场和观点，必须坚持马克思主义为指导；另一方面，社会主义意识形态是逻辑自洽的、系统的观念体系，要以知识的形态和一定的科学体系表现出来。毛泽东同志曾要求教育要培养"又红又专"的人才，而"红与专、政治与业务的关系，是两个对立物的统一"。习近平总书记也指出：要培养"德才兼备"的高素质人才，这里的"德"侧重于政治性的要求，而"才"则侧重于科学性的要求。概论课程及其他思想政治理论课的重要育人目标就是培养"又红又专""德才兼备"的人才，不仅要有坚定的政治立场，更要学会"用学术讲政治"。

首先，读原著、学原文、悟原理。要在理论教学中以透彻的学理分析教导学生，以彻底的思想理论说服学生，用真理的强大力量引导学生，要从根本上彻底地讲明马克思主义理论的真理性。如马克思的《共产党宣言》、列宁的《帝国主义是资本主义的最高阶段》、毛泽东的《实践论》与《矛盾论》等著作都是政治性和学理性相结合的科学经典著作。马克思说，理论一经掌握群众，也会变成物质力量。比如，关于俄国十月革命和中国革命的时间问题、关于五四运动的历史地位问题等。

其次，晓之以理，格物致知。必须以唯物史观、系统思维、世界格局的大视野出发，深入剖析类似生产力和生产关系、经济基础和上层建筑等这些本质问题，才能透彻地向学生说明不同的时期、不同的社会形态在不同的国家而进行的各种社会革命的必然性以及艰巨性、曲折性。然后，每个时代有每个时代的特征和使命，需要把社会主要矛盾置于整个时代和社会发展阶段，深刻剖析社会热点难点问题，如人性本质、集体主义等的大讨论。

最后，坚守立场，自觉向党。要告诉学生一个事实，马克思主义经典作家们都兼具政治家和学者的品质，中国共产党是一个学习型政党，同时也是一个政治鲜明的政党，而中国特色社会主义最本质的特征就是中国共产党的领导，东西南北中，党是领导一切的，每个人都要有自觉向党看齐的意识。

（三）灌输性和启发性相统一方面

走进新时代，当前国际国内形势变化莫测，全球经济社会变革深刻，意识形态领域的斗争愈加复杂严峻，尤其在当人类面临如 COVID-19 般关乎全球命运的世界级问题时，正处于"拔节孕穗期"的青年大学生，容易因知识结构、社会阅历的局限而受到错误思潮的影响，这就需要思想政治教育者把科学的理论"灌输"给学生，帮助其树立正确的世界观、人生观、价值观。坚持灌输性，就是旗帜鲜明、理直气壮地讲好思想政治理论课。而灌输性要与启发性相统一，引导学生不仅善于发现问题，更要理性分析问题、思考问题、解决问题，在不断启发中让学生水到渠成得出结论或自然而然接受新时代新思想。概论教研室根据学院育人标准和学科优势，加强学生意识形态教育，抢占思想政治舆论的至高地，始终把"培养什么人、怎样培养人、为谁培养人"这个根本性问题，把培养共产主义接班人作为教学和教改的目标，使概论课程真正入脑入心。

首先，灌输，理直气壮讲思政。强化思政教学内容的重要性、科学性、政治性，科学艺术化地设计教学活动，尽量把握好教学理论与教学实践环节的比例或构建，利用科学技术处理教学信息，真正做到教学相长。

其次，启发，培养学生独立思考。要把握教学对象的关键性、关键点、关键事。对于高职高专院校来说，要了解学生的特殊性，要分学科、分年级、分性别、分区域、分专业地有针对性地指导学生理论学习与实践活动，对于"灌输"性对象区别对待，并且要反复对比、思考和类化，形成共性和个性，进而对对象进行普遍性和特殊性分析和研究。

最后，灌输与启发，辩证统一。要把握好尺度，要在"怎么灌""怎么启""何时灌""何时启"上下功夫。不仅要善于把握灌输启发的方法、时机和艺术，还要针对不同的主题和内容，"当灌则灌""当启则启"，灵活运用不同的教学方法，做到"灌中有启""启中有灌"。如在学生处于"愤""悱"的临界状态下，适时"启""发"，就能使学生醍醐灌顶，茅塞顿开，"润物细无声"中达到升华灌输的效果和目的。

民办职业本科院校"中国近现代史纲要"
课内实践教学探索

孔结群①

（广东工商职业技术大学　马克思主义学院）

　　"中国近现代史纲要"是新时代思政课群的重要一门课程。纲要课程开设的主要目的是以近现代史上重大历史事件和发展脉络为载体，进行思想政治教育，让高校学生了解中国近代以来进行革命、建设和改革的历史社会进程，从而深刻领会"四个选择"的必然性，即历史和人民为什么和怎样选择了马克思主义、选择了共产党、选择了社会主义道路、选择了改革开放。纲要课程的开设为高校学生坚定马克思主义信仰，拥护共产党领导，坚定不移地走中国特色社会主义道路，提供了充分和不可或缺的历史性、合法性依据。同时，它也是学生增强国家认同感、提升民族自豪感和爱国主义情操的重要思想政治教育渠道。

　　民办职业本科院校是近年来高等教育系列新增的产物。如何在坚持职业教育为特色的同时体现本科教育层次，这是一个开创性、实验性和探索性的课题。"中国近现代史纲要"在新晋本科层次的民办职业大学思政课程系列中开设时间不长，尚属摸索阶段。如何贴合民办职业大学本科生的实际情况

---

　　① 作者简介：孔结群，广东工商职业技术大学马克思主义学院教师，研究方向为中国近现代史问题、海外华侨华人历史问题。

和特点，开展能"入心""入脑""入行"的"中国近现代史纲要"课程的思政教学和课内实践教学呢？

　　本文尝试以课内实践教学为切入点，探索"中国近代史纲要"课程在民办职业本科院校的可行建设路径。

一、课内实践教学的依据与原则：坚持理论性和实践性相统一

　　课内实践教学是包括"中国近现代史纲要"在内的思政课程教学的重难点。作为一种铸魂育人的重要途径，课内实践教学的依据和原则是坚持理论性和实践性相统一。2004年教育部颁布《中共中央国务院关于进一步加强和改进大学生思想政治教育的意见》明确提出要加强大学思政课程中的实践环节。2012年《教育部等部门关于进一步加强高校实践育人工作的若干意见》，明确提出强化实践教学环节，指出实践教学是学校教学工作的重要组成部分，是深化课堂教学的重要环节，是学生获取、掌握知识的重要途径。2019年3月18日习近平总书记在学校思想政治理论课教师座谈会上的重要讲话强调，要坚持理论性和实践性相统一，用科学理论培养人，重视思政课的实践性，把思政小课堂同社会大课堂结合起来，教育引导学生立鸿鹄志，做奋斗者。①

　　具体就"中国近现代史纲要"而言，课内实践教学是坚持历史理论性和实践性相统一，提升学生国家认同感和爱国情怀的重要途径。

　　首先，由于纲要教材所涉及的历史时间跨度非常大，自1840年鸦片战争至中国进入新时代百余年，其间社会形态和政权更迭几次。因此，某种程度上，学生对历史上重大事件和历史脉络发展的理解，避免不了存在距离感。坚持理论性和实践性相统一，开展多种形式的课内教学实践的探索，正是消弭这一缺陷的重要手段。以教师为主导，学生为主体，进行诸如深入观察、重构和评论具体的历史事件或人物，通过情景再现、体验历史场景等形式多样的课内实践教学活动，使得学生能够身心融入遥远的历史事件中，获得一

---

　　①　习近平. 习近平谈治国理政（第三卷）［M］，外文出版社，2020. p. 328 – 332.

种历史现场感和共鸣感，从而深化学生对历史事件的理解。

其次，当代学生对历史事件的理解容易存在割裂感，难以将历史与当代社会现实、时代使命乃至个人前景命运等相关议题结合起来分析和评价。针对这种情况，课内实践教学可以针对职业本科生的实际情况，创设一些历史与现实紧密相关联的课内实践活动。譬如，针对新入学职业技术本科生可能出现的学业规划性不足、对前程感觉迷茫等情况，我们可以结合具体的重大历史事件或某些专题，完成课堂内小型探究性学习。教师可以在授课过程中，稍加突出和强调青年学生的时代命运和历史贡献，引导学生探讨近代以来职业学校的青年学生在中国近现代史进程中起到哪些积极作用，有哪些代表性人物，他们如何顺应时代洪流、通过个人的艰苦拼搏取得怎样辉煌的历史事迹。据此，学生更容易结合重大历史事件在梳理青年职业学生代表性人物历史功绩过程中，理解时代洪流与家国、个人命运之间的关系，从而激发学生联系自身实际情况，规划好学业、前景之路。

二、提升爱国情操和历史认同感：职业本科生纲要课程课内实践教学案例设计分析

为了消弭前述职业本科生对"中国近现代史纲要"理解和掌握上的距离感和割裂感，同时根据学界现有关于高等院校思政课程课内实践教学存在困境的探讨和解决路径的建议，① 实践教学活动应因时、因地、因事、因人展开，既要有针对性、教育启发性，也要有创新性、可行性和灵活性。笔者将在下文详细列举相关的案例设计，并进行阐述和分析。

---

① 姚桂荣."中国近现代史纲要"课教学中采取启发式教学的路径探索［J］.思想理论教育导刊.2020（3）.段治文，郑玥.关于提高"中国近现代史纲要"课教学质量的思考［J］.思想理论教育.2020（4）.易彪."中国近现代史纲要"课开展实践教学的探索［J］.思想理论教育导刊.2015（5）.夏天静.高校思政课课内实践教学的困境与突破——以"中国近现代史纲要"为分析视角［J］.北京城市学院学报.2014（06）.袁慧晓.高校思想政治理论课课内实践教学研究［J］.云南大学硕士学位论文（未刊出版），2018.

（一）"吾辈应奋斗：近代以来职校青年的历史贡献"课内实践教学案例设计

针对新入学职业技术本科生可能出现的学业规划性不足、对前程感觉迷茫等情况，我们可以结合具体的重大历史事件或某些专题，完成课堂内小型探究性实践教学活动。

"中国近代史纲要"教材第四章第一节新文化运动和五四运动，主要讲述中国知识分子和青年学生如何摒弃封建糟粕文化、接受西方科学和民主文化思想，并且初步接受马克思列宁主义。在此思想文化基础的指导下，青年学生的实践运动呈现历史性飞跃。1919 年 5 月 4 日在北京发生了一场以青年学生为主，广大群众、市民、工商人士等阶层共同参与，通过示威游行、请愿、罢工、暴力对抗政府等多种形式进行的爱国运动。五四运动是新民主主义革命的开端，也是中国人民彻底的反对帝国主义、封建主义的爱国运动，青年学生作为先锋带头者和主要参与者，登上历史舞台，并为其后接力并成为革命领导者的无产阶级工人奠定了一定的实践基础。

教师通过充分的史论结合方式讲授，过程中要注意引导学生思考和理解相关重点问题：新文化运动为何能被青年学生接受（青年学生特点如何）？五四运动中，青年学生发挥了怎样的历史作用，对当下的青年学生有什么启发作用？在时代洪流中，个人应该选择怎样的命运方向和奋斗之路呢？

本章节应该充分发挥青年学生与职校本科生年龄阶段亲近性、学校层次接近的特点，设计"吾辈应奋斗：近代以来职校青年的历史贡献"小型探究性课内实践教学活动。具体实施流程见图一所示。

为了凸显课内实践项目的可操作性、易操作性，保证学生"能做到""能做好"，从而激发和鼓励学生的参与积极性，围绕实践主题，教师有必要细分出几个相关小问题，供学生选择。同时，考虑到不能占用学生过多专业课学习时间，教师尽量指定或明确参考书目，当然也尽量鼓励学生根据自身实际情况进行适度的拓展和延伸。

一、实践目的与预期效果

目的：探讨近代以来青年学生，尤其是职校青年学生的历史贡献；

预期效果：学生能根据历史与现实进行比照，谈谈对个人奋斗之路的选择（学业或工作规划）。

二、实践内容（选其一）

1.可以围绕中华职校校史及其著名校友主要事迹，选取一个小的切入点进行探究。比如，中国近代以来，设立职业教育的历史和社会背景是什么？

2.选取近代以来某一位接受职业教育出身的著名人物，讨论职校青年学生的个人成材之路和对国家社会的历史贡献。

3.近代以来职校青年学生的历史贡献，对你的学业和职业规划有什么启发？

三、实践指导与成果展示要求

1.推荐阅读《中华职业学校校史》，学生也可自行阅读相关延伸性文献；

2.鼓励学生使用CNKI、读秀等基础性学术数据库搜集相关资料；

3.分组，6~8人一组完成800字以内报告，形成PPT，派一人为代表上台展示，时长为8分钟。PPT要求图文并茂。

图一："吾辈应奋斗：近代以来职校青年的历史贡献"
小型探究性课内实践教学设计

（二）"我和我的祖国：海外华侨华人爱国爱乡事迹"课内实践教学案例设计

部分高等职校学生认为"中国近现代史纲要"是"洗脑"课，从而在思想情感上产生先入为主的抵触情绪。"我和我的祖国：海外华侨华人爱国爱乡精神学习"课内实践教学案例设计的初衷，就是希冀运用国际的、比较的视野，引入中华人民共和国成立后海外华侨爱国爱乡典型事迹学习。本课内教学实践的预期目标是，学生通过对海外华侨华人，尤其是海外青年华侨典型的、具体的爱国爱乡事迹学习，深刻地认识到祖国强大和繁荣富饶，在任何时代都是人民最强有力的后盾。因此，爱国爱乡是中华儿女的优秀传统和基本素养。

很显然，本课内实践教学内容比较专门化，需要涉及和运用大量相关的历史文献、图片、影像资料，对教师的专门史学和相关研究背景要求比较高。然而，这正是教师在吃透纲要教材、充分了解学生所需的基础上，最大限度地发挥教师的专业所长，符合习近平总书记鼓励思政课教师发挥创造性的重要指示和要求。

本课内实践教学案例适宜在"中国近现代史纲要"下编即将讲述完毕之际，作为一个回溯性或综合性的课内实践教学活动开展。案例内容设计和活动流程如下。

首先，教师要运用纵向比较的方法，简明扼要地介绍新中国成立前后，海外华侨生存状况的强烈对比。譬如，讲述新中国成立前，国民党政府并未有效保护海外华侨，契约华工在东南亚种植园、矿山等遭受非人待遇。学生对这些历史知识和事实比较生疏，教师有必要使用相关的图片和影视资料等多媒体手段进行背景知识呈现。新中国成立以后，共产党领导下的新中国最大限度地保障海外华侨华人的各方面权益，因此，新中国得到了海外华侨的热烈拥护。1949 年新中国成立以后，印度尼西亚华侨欢呼"海外孤儿有了娘"，成千上万的海外华侨青年学生争先恐后地返回祖国升学、工作、定居和生活，并以此为人生最骄傲自豪之幸事。在这里，教师适时地插入一个印尼青年华侨学生对学习祖国文化无比热忱的典型案例。

LDA 先生，1932 年出生，印度尼西亚第三代土生华侨，1951 年回国求学，就读于北京归国华侨学生中等补习学校，后因水土不适，出现难以治愈的慢性皮肤病，被迫返回印度尼西亚。返印后，他一边在华侨中文学校当小学语文教员，一边在印尼首都雅加达的中文师资补习班进修中国语文课程。1961 年，L 先生考取了厦门大学面向海外华侨华人开设的海外函授班专科班，攻读汉语言文学和中国文学专业函授学位。海外函授班的教材讲义、作业都是通过国际邮路，用挂号信往返邮寄，中间等待的时间比较漫长。然而，这并未消减 L 先生对接受中国教育、学习中国文化的热情，反而极大地激发了学习动力和学习恒心。笔者有幸访谈 L 先生的至亲，并一睹 L 先生学习工作方面的私人遗物，其中一部分是保存完整的 L 先生攻读函授学位的作业。L 先生对待函授作业之努力认真、思考之深入、卷面之整洁，令人叹为观止。另外，在获得厦门大学颁发的函授学位之后，即便在 1965 印度尼西亚政府关闭了中文学校，L 先生被迫转为普通劳动工人之后，他也保持了终身学习中国文化的习惯。下面老师将向同学们展示 L 先生遗留下来的函授作业和一本被反复翻阅和记满笔记的中文字典（见图二至五）。

图二：L 先生的函授课程作业　　图三：授课教师对 L 先生函授课程作业点评

图四：L 先生写满学习笔记的汉语字典　　图五：L 先生终生反复翻阅的汉语字典

　　至此，教师应当适当地鼓励学生学习 L 先生老一辈这种千方百计创造条件学习祖国文化的热情，以及他保持终身求知学习的恒心和毅力，同时提醒学生应该珍惜今天拥有的良好学习条件和机会，加倍努力用功。

　　接着进入核心环节，教师可以通过简单、明了的数据、图片或新闻报道资料，展示改革开放以来海外华侨华人（港澳台同胞）对祖国经济（投资实业）、文化体育教育事业、慈善公益事业、医疗卫生事业、基础建设等方方面面的巨大贡献。并且可以选取某一个具体的、典型的侨乡为例，展示改革

221

开放以来，该地全方位面貌的变迁，阐明海外华侨华人对祖国和家乡支持与贡献的作用。

至此，学生大致明了海外华侨华人与祖国的关系。据此，教师可以选取与学生生活比较贴切、并为学生容易理解和掌握的现实问题，引导学生思考并解答抗疫期间海外华侨华人以及青年留学生为抗疫做出哪些贡献。教师可以请同学当场回答发言，让他们陈述从身边亲友处或从媒体、社交平台等得知的故事、事件，并发表个人感悟。

最后，课内实践教学活动要达到知行合一的效果，学生除了知道是什么的历史事实，对个人与祖国关系这一论题进行深度思考和理解以外，还要将理念内化，并贯彻落实在具体的日常生活实践中。教师给学生布置小作业，让学生在几个相关选题中任选其一，然后把学生分为 6~8 人一组完成一个作业报告。选题可以如下设计：

1. 在 QQ、微信、微博、知乎等社交平台上，如果遇到有人诋毁祖国，你应该如何进行有理有据、有礼有力的坚决反驳呢？请提供 500 字左右的解决方案。

2. 和外国友人接触交往，你应该如何正面地介绍祖国的政治、经济、文化和社会进步？请提供 500 字左右的方案。

由于篇幅有限，笔者仅将这些作业选题列举一二，不再赘述。

三、课内实践教学需要注意的问题

课内实践教学活动实施前、中、后期，教师的主体性地位不可或缺，教师全程需要主导和把控，同时积极调动学生的参考性。

第一，必须注意课内实践教学项目的可操作性问题，尽量把项目主题细分为更加具体的系列小问题。围绕主题设定一系列小问题，既能让学生有清晰的操作空间，同时也要有拓展和延伸的弹性空间。

第二，思想政治教育课作为公共选修课，要尽量兼顾学生繁重的专业学习问题，适当把难度降低，例如尽量明确相关选题的主要参考性文献资料，同时也要鼓励学生以此为据点自行地、适当地进行拓展和延伸。

第三，为了把控学生完成课内实践活动的质量，教师应该在学生进行课堂分享前评阅学生的报告质量，并给予必要的改进意见和建议，以便学生更好地完善报告。

第四，要给予学生必要的技术指导，譬如，指导如何使用 CNKI 等基础性学术数据库进行文献资料搜索，以及如何利用文献资料进行研究等等。这种指导对于学生的专业学习和成长都是十分有利的。

最后，希望通过课内实践教学的精心设计和开展，作为一门思想政治教育课，以及公共史学的"中国近现代史纲要"课程，能够更好地承担铸魂育人、立德树人的任务。

协同推进高职院校思政课程与专业课程同向同行育人

黄 慧①

（罗定职业技术学院）

在全国高校思政工作会议中，习近平总书记明确指出，"高校开展思政工作的过程之中，要充分发挥课堂教学的重要作用，思想政治理论课程要根据教学需求，持续深化改革，其他各科课程要将思政内容进行融合，从而形成专业课程、思政课程同向同行育人的良好格局"。②"同向同行育人"是高职院校思政课程改革的重要目的与主流方向，是现代学科知识发展的一种必然需求，同时也是新形势下思政课育人模式的主要体现。若想实现专业课程与思政课实现"同向同行育人"的格局，一方面要将学科知识与思政理论进行深度融合，另一方面则要结合实际教学需求构建合理化的实践平台。高职院校开展思政教育工作的过程之中，不但要将思政课程这一思政教育主阵地的作用得到充分展现，同时还应当进一步强化其他课程的价值引导。在此过程之中，并非以思政内容取代其他课程的教学内容，主要是为了将专业课

---

① **作者简介：**黄慧，女，广东罗定人，罗定职业技术学院讲师、硕士，从事大学生思想政治教育研究和基层党建研究。
基金项目：广东省高校思想政治教育课题"自媒体时代对大学生思想政治道德的影响和对策"（2017GXSZ120）阶段性成果。

② 尹芳芳，潘建林. 高职"思政课程"与"课程思政"同向同行的实践运行模式研究［J］. 山东商业职业技术学院学报，2020，20（03）：58-61，66.

程、思政课程进行融合，更好地实现以文育人的目的。新时代背景之下，高职院校应当顺应时代发展趋势，密切关注大学生的思想行为变化，积极引入现代化先进教学理念，创新思政教育理念、教育内容、教育方法，对各类课程中所蕴藏的思政教育资源进行深度挖掘，并充分利用，帮助学生树立正确的"三观"，推动思政教育工作的开展。

一、协同推进高职院校思政课程与专业课程同向同行育人的现实意义

1. 协同推进高职院校思政课程与专业课程同向同行育人符合目前交叉型学科知识系统发展的基本需求。目前，诸多专家与学者围绕"同向同行育人"方面展开了深入探析，并找出了思政课程、专业课程在协同推进"同向同行育人"过程中存在的一系列问题。思政课程涉及的内容十分广泛，所包含的门类也相对较多，如法学、政治学、历史学等，实质上属于一种规范性学科。从客观层面上来讲，目前专业课程的知识体系以及教学模式受到了自然科学的严重影响，同时人文因素也会对其形成一定的制约，尤其是在一些应用型专业课程领域，该类问题更为凸显。从某种层面上来讲，知识性学科、规范性学科并不会产生不可通约的问题，二者之间可以进行融合，也为协同推进专业课程、思政课程同向同行育人提供了重要基础，同时，同向同行育人也是现阶段交叉型学科知识系统发展过程中的基本需求。①

2. 协同推进高职院校思政课程与专业课程同向同行育人是新形势下思政课育人模式的必然要求。在深入贯彻执行思政课程、专业课程同向同行育人模式的过程之中，最为重要的是转变授课教师的思维模式，加快推动课程思政建设工作，使思政课程与专业课程进行深度融合，对专业课程中所蕴藏的思政教育资源进行深入挖掘与利用。各科教师应当结合学生的实际学习情况，将其与专业知识进行融合，使学生不但可以掌握专业知识，同时还可以感受到思政教育。随着科学技术的迅猛发展，当今社会已经转变为一个终身

---

① 庄敬宜，张娜，曲亮. 应用型高校建筑学专业实践课程与思政教育同向同行教学改革研究［J］. 住宅产业，2020（05）：70-72.

学习的新时代，培养学生的自主学习能力已经成为教育教学改革的重点，同时也是大学生发展过程中的驱动力。

二、高职院校思政课程与专业课程同向同行育人的基本内涵

（一）"同向"的内涵

在全国教育大会中，习总书记指出，要加快推动教育现代化，切实满足人民在教育方面的实际需求，坚定社会主义办学的基本方向。对高职院校专业课程、思政课程"同向"进行分析的过程之中，其实质上就是分析采取何种方式坚定社会主义办学的基本方向，可以从下列两个维度进行分析，具体如下：

第一，政治认同的向度。高职院校的主要目的便是为社会主义事业培养接班人，因此大学生必须要树立坚定的价值观以及政治立场，对中国特色社会主义国家具备较强的政治认同感，该点是最为核心的一点。不管是专业课程，还是思政课程，均必须要紧紧围绕该点开展相关教育教学活动，相互配合、协同发展。思政课程具备十分显著的政治特色，主要是对马克思主义、社会主义进行阐述，高校专业课程要与之相呼应、相配合，坚定社会主义办学的政治方向，将马克思主义的内涵融于专业课程教学。

第二，文化认同的向度。从本质意义上来讲，专业课程、思政课程的认同实质上就是文化认同以及价值观认同。文化认同是一个十分重要的内生动力，是否认同中国文化、社会主义等直接决定培养何种人才。对于高职院校思政课程、专业课程来讲，其必须要在价值观念方面保持高度的一致性，思政课程要对文化认同以及价值认同进行深入阐述，其中专业课程主要的目的便是妥善处理文化认同、价值认同的路径选取问题，构建德智并举的发展局势。

（二）"同行"的内涵

"同向"主要是对方向性的问题进行处理，"同行"则强调妥善处理行动方面所存在的一系列问题，换而言之，专业课、思政课之间无论是在方向

上，还是在行动上均必须要保持一致性。因此，"同行"主要是指专业课程、思政课程的步调保持一致，实现协同育人的效果。在具体操作实施时，应当从两个方面入手：

第一，步调保持同步。坚定、正确的政治方向明确指出，高校思政课、专业课应当将进一步强化大学生的理论认同感、政治认同感作为重要目标。对于专业课来讲，需要在课程标准维度开展顶层设计，准确找出思政教育的切入点，对课程大纲、内容涉及等诸多方面与思政课程之间形成良性互动，使专业课的"育德功能""德育意识"得到进一步提升，使专业课"立德树人"的核心功能得到充分展现，努力践行社会主义核心价值观的基本要求，使专业课程中所蕴藏的思政资源得到充分应用。①

第二，协同发展。无论是思政课程，还是专业课程，其主要目的是育人，专业课程、思政课程的"同行"应当充分体现出育人的目的。从专业课的维度进行分析，必须要能够有效填补思政课程所存在的缺陷，为理论发展提供重要支撑。对于专业课程而言，其内部蕴含十分丰富的思政资源，应当结合实际情况对其进行深挖，实现知识传授、价值观教育的协同发展，一方面解决学术方面的问题，另一方面填补精神空缺。从思政课程的维度进行分析，不但要充分发挥思政教育主渠道的作用，同时还要正确引导专业课程在导向标准方面所存在的一系列问题，所以思政课程应当紧跟时代发展步伐，严格贯彻落实中央各项文件精神，为专业课程思政教育的实施提供重要指导标准，与专业课程进行深度融合。

三、高职院校协同推进思政课程与专业课程同向同行育人过程中存在的问题

（一）各类课程缺乏有效融合、界限清晰，形成"孤岛效应"

由于不同课程的教学目标存在较大差异，所以造成不同课程形成各自为

---

① 王馨，郭昱辰，邹文峰."同向、同行、同频"理念下高职"课程思政"教学改革探索——以《国际贸易理论与实务》为例［J］．财富时代，2020（01）：80，82.

政的局面，按照不同的学科属性以及实际教学内容，在培育人才过程中肩负不同的责任。现阶段，国内诸多高职院校的专业课程、思想政治课程均未形成有效统一，在不同的学科领域中发挥相应的功能，履行不同的责任，均发挥着提高大学生综合素质的作用。各科教师在不同教学模板开展相应的教学活动，未把大学生的综合知识进行串接，不同课程间未形成深度合作，在内容方面也没有进行深入交叉。① 如此一来，造成诸多课程的内容、课后作业等均被限定在相应的学科范围之内，大学生所汲取的知识内容也表现为单一化的特点，课堂氛围相对比较沉闷，缺乏人文气息。此种相对比较绝对的区分造成不同课程间的知识严重缺乏连接，阻碍了信息数据共用共享的目的，造成不同课程间的关联性严重降低，无法构建协同共振的合理，最终形成"孤岛效应"。对于不同的课程而言，其受到"学科保护主义"等思维的严重影响，未形成不同学科之间有效沟通的良好发展局势。与此同时，在当今就业压力快速升高的时代背景之下，社会发展对学生专业技能的要求越来越高，思想政治素养要求并不是企事业单位用人过程中考虑的重点，进而导致大学生在学习过程之中存在一定的功利性。

（二）各科教师缺乏协同育人的主体意识，未形成沟通与联动机制

在人才培养过程之中，课堂教学是非常重要的一种手段，同时也是教师开展协同育人共同的一种"力量"。现阶段，高职院校大多数专业课教师在协同育人方面均存在一定的问题，个别专业课教师对时事政治并不"感冒"，也不关心国家的政治形势，认为专业教师的责任便是为学生讲解专业知识，帮助学生提升相应的专业技能，如果在专业课程中引入思政元素，那么将会导致教师的负担加重，甚至会影响专业课程的教学。专业课教师严重缺乏协同育人的意识，未深入理解专业课程与思政课程"同向同行"育人的内涵，缺乏工作动力。同时，专业课程教师在人才培养过程之中，严重缺乏沟通交

---

① 张怡，张志雄. 高校专业课与思政课"同向同行协同育人"的内蕴、问题和出路探寻 [J]. 创新与创业教育，2019，10（06）：19-22.

流也是一个普遍现象，个别专业课教师认为大学生的品德教育、素质教育均是思政教师的任务，与自身并无任何关系，未形成育人合力。比如认为思政教师作为学生素质培养的主要负责人，与自己毫无关联，因此将全部精力投放于专业课程方面。对于辅导员来讲，其主要工作内容也仅仅是关注学生的日常生活、心理状况等，基本上不会与专业课教师进行沟通交流，无法从课堂表象方面找出学生的思想波动。对于专业课教师来讲，其仅仅认为自己将教学目标完成便是顺利实现了自身职能，并未与思政教师、辅导员进行沟通交流，从而找出学生思想动态方面的变化情况，开展相应的教育工作。正是各科教师以及辅导员未形成良好的沟通机制，才造成协同育人效果相对较差。

四、协同推进高职院校思政课程与专业课程同向同行育人的基本对策

（一）明确思政教师、专业教师的定位，强化同向同行育人理念引导

无论是思想政治课程，还是专业课程，最终目标是为国家培养优秀人才，因此专业课、思政课教师应当明确自身在同向同行育人过程中的定位，只有如此才可以更好地开展协同育人工作。毋庸置疑，将专业课的核心内容变成思政课是不正确的，也是不现实的，不同课程拥有不同的功能，只有各司其职才可以顺利实现育人的最终目标。习总书记明确指出："要充分应用课堂教学这一重要渠道，将思想政治理论与各科教学进行深度融合。"其主要目的便是凸显思政课程的重要价值，对于思政课程而言，其定位便是育人，必须要根据学生的实际发展需求、时代的趋势开展相关教育教学活动，帮助学生与世界进行对接，使学生更好地适应社会环境。同时，还要从思想层面正确引导教师重视同向同行育人的重要性，专业课教师也应当与思政课教师做好沟通、交流，鼎力配合、共同努力，从而帮助学生树立正确、坚定的"三观"。由于主客观因素的影响，高职教师在教学过程中对课程思政仍存在着思想上畏难、行动上应付等现象，在一定程度上对开展协同育人产生不利影响，必须对高职教师从育人理念上进行引导、渗透，提升专业教师的

思想政治觉悟，增强其融入思政教育的能力。

（二）多措并举，建构教学内容融合交叉的立体化课程体系

高职院校要采取多种措施推动专业课程、思政课程相融合，实现显性教学、隐性渗透相结合的目的，从传统的思政课程逐步向"课程思政"的交叉立体化体系进行转变，把思政课程逐渐扩大为哲学课程、专业课程协同育人的立体化格局。从严格意义上来讲，课程思政就是一种较为特殊的课程观，并不是再次开设一门单独的课程，也不是添加一门课程活动，主要是把思政内容、思政元素与专业课程教育进行深度融合，从而实现立德树人的最终目的。高职院校在开展思想政治理论课程的过程之中，要进一步深化大学生思政教育，该方面属于较为典型的显性教育，要把价值理念进行细化处理，使其与专业课程进行深度融合，进而确保专业课也可以实现培养学生德育品质的目的，此过程实质就是思政教育的一种隐性渗透。不管是思想政治课程，还是专业课程，均具备十分明确、精准、详细的目的性，教学方式相对比较直白、客观。显性教学是开展大学生素质教育过程中的重要途径，具有非常重要的教育教学效果，与此同时，还要利用实践教学的形式进一步强化学生的综合素养，把业务水平、道德品质的培养进行融合，使学生在参与实践活动的过程之中便可以学习相关理论知识。思政教育课程学习从另外一个维度进行融合，加快推进协同育人模式的建设工作，从严格意义上来讲，这些实质上就是多学科内容交叉融合的主要体现，同时也是协同育人的一条重要途径。

（三）强化任课教师协同育人的意识，构建各类课程教师沟通平台

进一步培养和提升专业课程教师协同育人的意识是十分重要的一个环节，高职院校应当结合实际情况，正确引领教师不断提升自身文化素养，提高协同育人意识，帮助学生树立正确的"三观"，充分发挥协同育人的功能性作用。正确引导专业课教师深化协同育人理念的认知，进一步提高教师协同育人的思想，激发学生在课程思政创新方面的驱动力，确保教师转变为学

生学习知识的传授者。① 同时，积极开拓各类新型沟通平台，帮助专业课教师提升个人综合素养，强化协同育人的责任感与使命感，可以两个方面入手：其一，以班级为单位，举办所有专业课教师的座谈会议，然后再选派一名思政教师、辅导员参与联席会议，根据自身工作状况，座谈交流的内容便是推动协同育人发展。专业课程教师在对学生的课堂表现进行探讨分析之后，还应当密切关注学生的日常行为以及心理活动，找出学生所存在的一系列问题，制定相应的教育方式，确保每一位专业课程教师均可以突破学科界限，与思政教师、辅导员之间形成一股合力，全面提高学生的综合素质；其二，大力提倡专业课教师、思政课教师集体备课，将不同学科、不同教师之间所存在的思想观点进行深度融合，对专业中所蕴藏的思政元素进行深度挖掘，把学术资源以及学科资源全部转变为育人资源，使专业课程教学也蕴含一定的价值教育，培养学生良好的素质品德。

结　语

总而言之，构建"大思政"的工作格局已经逐渐发展成为新时代背景下高职院校思政工作的一个必然需求以及工作方向，"人才兴国"的重点便是培养高素质人才，高职院校是人才培养过程中的主要力量，肩负"立德树人"的重任。专业课教师在传授专业知识的过程之中，应当以身作则，引入思政元素，与思政课程教学相互配合，从而实现构建同向同行育人格局的最终目的。

---

① 郑维林. 思政课程与课程思政同向同行协同育人研究——以福建省高职院校为例 [J]. 齐齐哈尔大学学报（哲学社会科学版），2019（08）：184－188.

如何做好高等学校的课程思政

倪合良 施 思①

（广东碧桂园职业学院 思政部）

党的十八大以来，习近平总书记非常关心学生的思想政治建设，先后主持召开全国高校思想政治工作会议、全国教育大会、学校思想政治理论课教师座谈会等重要会议，做出一系列重要指示，强调要加强高校思想政治教育。2020 年 6 月 5 日，教育部印发了《高等学校课程思政建设指导纲要》，旨在将思想政治教育贯穿到人才培养体系，发挥好每门课程的育人作用。为此各高校党委和思政部门积极行动起来，帮助各专业开展课程思政工作。

一、课程思政的概念及内涵

课程思政就是各门课程的教师都要将学生的优良思想道德品行的塑造作为课程教学过程中的一个重要内容。从长期的教书育人实践看，课程思政并不是当前才有，而是为了突出解决"培养什么样的人，为谁培养人，如何培养人"这一根本问题，所进行的相对统一的育人要求。

具体来说，课程思政主要体现在以下三个层面的内容：一是围绕如何做个好人。结合中华民族优良传统对学生所进行的教育，诸如勤俭节约、吃苦

---

① 作者简介：倪合良，男，1967 年 1 月出生于山东青岛，博士，副教授，广东碧桂园职业学院思政部副主任，研究方向为思政治教育；施思，女，1980 年 6 月出生于江西赣州，硕士，广东碧桂园职业学院思政部副教授，研究方向为思想政治教育。

耐劳、与人为善、成人之美、尊老爱幼、诚实守信、谦虚为人等等，重点教育学生先做一个好人。二是围绕如何做个好公民。结合社会主义核心价值观，在诸如热爱祖国、热爱人民、热爱中华文化、热爱大好河山、遵纪守法、诚实劳动等方面进行要求，重点教育学生做一名堂堂正正的中国人。三是围绕如何做个好员工。结合本专业的职业伦理、职业道德、职业操守，从忠于职守、爱岗敬业、勇于创新、甘愿奉献、珍惜荣誉等角度进行教育，重点培养学生成为一个合格的职业人。四是围绕如何做个中国特色社会主义建设者和接班人。这方面虽然主要是思政课的任务，但是部分热衷于课程思政的老师可以作为课程思政的最高提升，主要是结合党的最新理论和政府治理国家的方针政策，从树立学生正确的世界观、人生观和价值观的角度，从为人民服务、为中国共产党治国理政服务、为巩固和发展中国特色社会主义服务、为改革开放和社会主义现代化建设服务等几个方面进行思想政治教育，着力培养中国特色社会主义的建设者，而不是旁观者和反对派。

二、做好课程思政的基本对策

每门课程老师都不乏教书育人，只不过这样的育人不是那样的显性。课程思政就是把老师们的课堂育人单独作为一个规范内容，在备课、上课和督导过程中有所体现。对每所高校来说，做好课程思政有以下三个基本对策。

(一) 党委领导亲自抓，营造浓厚的全员思政氛围

高校党委主管意识形态，抓好大学生的思想政治工作是其主责主业。因此，课程思政要作为一项重要工作列入党委年度计划中，这还要成为党委会的一个重要事项定期审议。党委书记要除了上好思政第一课之外，还要带头去开展课程思政，帮助其他老师去做好课程思政。各党委委员要根据自己所属的专业归属，去率先做好自己的课程思政，督促检查本专业的其他老师做好课程思政工作。党委领导下的宣传部要做好课程思政的宣传报道工作，及时宣扬先进典型，报道好做法好经验，做好课程思政的舆论引领工作。党委领导下的学生部要动员各辅导员积极参与本专业老师的课程思政的辅导工

作，让他们成为各专业老师课程思政的促进者。

（二）思政部门勤指导，做好课程思政的引领示范

思政部门是学生思政课的主要承担者，是贯彻立德树人根本任务的重要单位，当然也是高校搞好课程思政的引领示范者。思政部门要从理论上去帮助其他课程老师理清课程思政的概念和内涵，澄清存在的误区，提出一些具体的要求。同时，还要规范课程思政的内容和标准，协助教务和督导部门将课程思政列入教学计划和课程标准当中。思政部门还要手把手地帮助专业课老师做好课程思政内容的设计和穿插工作，使之既不能喧宾夺主，又要防止因结合实际不够而出现思政内容与专业内容的两张皮现象，影响课程思政的正常开展。每名思政课老师要分片负责所属专业的老师的课程思政内容的把关、答疑、提示等工作，使得整个学院的课程思政有序合理地开展下去。

（三）专业部门要认真，打好意识形态领域主动仗

长期以来，专业教学部门没有认清西方敌对势力在意识形态方面对学生的侵蚀和危害，部分老师认为学生只要学好专业、长了本领，就是一名合格的职业人，忽视了人才培养的"为谁服务"的问题，也就是忽视了意识形态领域斗争的长期性和艰巨性，致使包括个别老师在内的高校师生轻视人才培养中的思政工作，时不时出现了中国特色社会主义的旁观者和反对派，使得人才培养的质量大打折扣。因此，专业教学部门的领导和老师要站在为实现中华民族伟大复兴培养人才的角度去教书育人，将人才这个矢量的"方向"与"大小"双管齐下，保证德才兼备，以德为先。

四、做好课程思政的主要方法

结合高校思政课的教学方法和兄弟院校课程思政的一些有益做法，归纳起来做好课程思政主要有以下六个方法。

（一）先行先试，搞好试点推广

毕竟以往对大学生的思想政治教育不是每门课老师的主责主业，即便每

门课老师育人功能的发挥也不是必备的要求。所以，作为当前各高校老师课程的必选内容，如何去做好课程思政必须在动员基础上，先试点再逐渐推广。先在各专业挑选出在育人方面有突出表现的老师，按照规定要求在备课中穿插思政内容，经过领导和专家的听课、评价和总结，再组织其他老师听课观摩，最后逐渐推广。坚决防止"一窝蜂"和"一刀切"，尽量克服老师们形成逆反心理和抵触情绪，走好课程思政的第一步。

（二）规范教案，形成专门内容

为了克服课程思政的随意性，教务部门要在教案编写过程中提出课程思政的内容规定。这种内容规定有四个方面的要求：一是内容要贴合党和国家的大政方针，要及时地将诸如党和国家领导人的重要讲话，政府的重大举措，以自己的学习心得形式反映到课程思政当中；二是内容要紧跟国内外重大事件或新闻热点，要高举爱国主义伟大旗帜，以国内外对比的形式突出社会主义制度的优越性；三是内容要具有鲜明的阶级性，要符合马克思主义的立场、观点，要坚持讲政治，突出培养什么样的人的问题；四是内容要结合本课堂专业教学的人文要求，特别要更多地涉及职业伦理、职业道德和职业操守。

（三）制定标准，对照检查评比

思政部门要联合教务和督导部门制定出课程思政的标准，以便于检查评比。一是教务要在教学资料的提交中按照上级文件指示精神提出明确要求，再细化为教案的格式标准。二是督导部门要修改督导的细化项目，将课程思政的相关要求赋予一定的分值。通过以上职能部门的明确要求，形成各门课程老师的硬性规定，并且有着严格的统一标准，既为课程思政的总结评价提供了依据，又无形当中增加了课程思政的底气。

（四）发掘典型，定时交流讲评

课程思政推广实践以后，各高校党委要会同教务、督导和思政进行定时和不定时检查评比，以通报的形式进行讲评，指出优秀课程思政的优秀之处，为全体老师树立起标杆。还要指出存在的问题和解决的办法，让更多的老师积极向优秀课程思政靠拢，形成万枝千红都是春的局面。

（五）总结表彰，持续深入开展

既然人们都认可了人才培养中"德"之重要性，那么就要将发挥育人功能的课程思政放在总结表彰的重要位置，以便于这项工作持续深入地开展。一是年度先进个人要与优秀课程思政挂钩，将教书和育人充分体现出来。二是设立课程思政表彰专项，要树立起课程思政的典型，倡导"为谁培养人"的人才培养理念。三是在职称评审中注入课程思政的育人标准，使之成为每个老师个人发展的必备素养。

（六）理论研究，形成理论指导

课程思政作为立德树人的一项重要举措，是实现中华民族伟大复兴的主要人才支撑。长期的育人实践，各高校各位老师都将积累很多的感性认识，我们要注意阶段性地总结提升，上升到课程思政理论，用以指导往后课程思政实践。一是教师个人要总结提升，及时修正自己的课程思政嵌入内容和方法，并将课程思政的心得积极交流，共同提高。二是单位要注意总结提炼，要挖掘和树立课程思政的典型，从众多优秀案例中归纳出一般的指导性理论。这样，课程思政方向才能正确，全员育人之路才能越走越宽广。

第五章 05

思政课教学改革创新的综合审思

思政课教学与文化传承的协同创新

——基于复合式教学模式的"四化"路径探析

曾丹凤①

（肇庆学院 马克思主义学院）

十八大以来，中华优秀传统文化的传承发展是习近平总书记关注的重大课题之一，以习近平总书记系列讲话精神为指导，中共中央和国务院相继出台了一系列纲领性文件，明确高校在优秀传统文化传承和发展中承担的任务。高校思政课作为立德树人和铸魂育人的主渠道，要更加注重以文化人、以文育人。在地方本科院校向应用型转变的形势下，地方高校思政课在阐释和宣传马克思主义基本理论及其中国化理论成果、服务好党和国家工作发展大局的同时，可以以传承地方优秀传统文化为着力点服务好地方发展，培养新型人才。本课题以地方高校思政课对地方优秀传统文化的活态传承为视角，探讨高校思政课教学模式与传统文化传承路径的协同创新，为研究高校转型发展形势下思政课的教学改革创新和中华优秀传统文化的传承发展提供一个视角。

---

① 作者简介：曾丹凤，女，肇庆学院马克思主义教研室主任、讲师、博士，主要研究方向为马克思主义中国化与科技、文化创新。
基金项目： 2019 年广东省高等教育教学研究和改革项目"《概论》课'四段八步'研究型教学模式改革"（项目编号：636）；2019 年度广东省学校德育科研课题项目"高校思政课传承优秀传统文化的'四化'路径研究"（项目编号2019GXSZ064）。

一、思政课教学与文化传承协同创新的现实必要性

2015 年 7 月 27 日，中央宣传部和教育部联合印发的《普通高校思想政治理论课建设体系创新计划》（以下简称《创新计划》）提出了当前高校思政课建设存在一些亟待解决的问题；2017 年 1 月 25 日，中共中央办公厅和国务院办公厅印发的《关于实施中华优秀传统文化传承发展工程的意见》（以下简称《实施意见》）把中华优秀传统文化的传承提升到了历史的新高度，做出了把中华优秀传统文化全方位融入教育各环节的任务部署。研究高校思政课教学模式与优秀传统文化传承路径的协同创新，既是解决地方高校新型人才培养和思政课提质增效问题的需要，也是解决中华优秀文化动态传承及其与思政课动态融合问题的需要。

（一）地方高校人才培养问题：以何为抓手，增强服务能力

2015 年 10 月 21 日印发的《关于引导部分地方普通本科高校向应用型转变的指导意见》（以下简称《指导意见》）明确了高校转型发展的"4 + 1"指导思想，即"四个转到"和"一个提高"，也就是"把办学思路真正转到服务地方经济社会发展上来，把办学定位转到培养应用型技术技能型人才上来，转到增强学生就业创业能力上来，把办学模式转到产教融合校企合作上来，全面提高学校服务区域经济社会发展和创新驱动发展的能力"，① 并从四个层面提出了转型发展改革的 14 项主要任务。在人才培养模式层面，对课程内容、教学过程和教学模式都提出了具体的指导意见。思政课作为立德树人和铸魂育人的关键课程和主渠道，在新型人才培养过程中该以何为抓手发挥作用是新时期思政课教师要思考和回答的问题。对地方高校思政课而言，可以根据中华优秀传统文化教育融入思政和教学体系的相关决策部署，以创新地方优秀传统文化的传承方式和路径为抓手，以新型人才的培养为导

---

① 教育部 国家发展改革委 财政部关于引导部分地方普通本科高校向应用型转变的指导意见［EB/OL］. http：//www. moe. gov. cn/srcsite/A03/moe_ 1892/moe_ 630/201511/t20151113_ 218942. html，2015 – 10 – 23.

向，改革创新课程的教学模式，提升课程质量，增强服务地方的能力。

（二）思政课铸魂育人问题：如何开好课、提质增效

2019 年 3 月 18 日，习近平总书记在学校思政课教师座谈会上发表的讲话（以下简称"3·18 讲话"）把思政课规定为"落实立德树人根本任务的关键课程"，① 强调理直气壮开好思政课，用新时代中国特色社会主义思想铸魂育人，引导学生增强"四个自信"。由此，如何开好思政课、提升思政课铸魂育人的实效不仅是一个理论命题，还是一个亟待解决的实践命题。而且，习近平总书记在"3·18 讲话"中关于思政课建设守正创新的论述为这一命题的研究提供了视角。在习近平总书记看来，中华民族的优秀传统文化以及党带领人民锻造的革命文化和社会主义先进文化为思政课建设提供了深厚力量，这也是办好思政课的条件之一。对地方高校而言，意味着可以鼓励思政课教师借助地方优秀传统文化这股"育人"的力量来提升思政课铸魂育人的实效，增强育人功能。

（三）优秀传统文化传承问题：如何实现活态传承、增强针对性

2015 年 1 月 19 日印发的《关于进一步加强和改进新形势下高校宣传思想工作的意见》（以下简称《意见》）部署了新形势下要做好的五项工作任务，其中的任务之一是"推动文化传承创新"，具体要求是"把高校建设成为精神文明建设示范区和辐射源，继承和发扬中华优秀传统文化"。②《实施意见》部署了要着力做好的七项重点任务，其中的任务之一是要"贯穿国民教育始终"。③ 高校思政课作为铸魂育人的关键课程，课堂的理论教学和课

① 习近平主持召开学校思想政治理论课教师座谈会强调用新时代中国特色社会主义思想铸魂育人　贯彻党的教育方针落实立德树人根本任务 ［N］. 人民日报 . 2019 - 03 - 19（01）.

② 关于进一步加强和改进新形势下高校宣传思想工作的意见 ［N］. 人民日报 . 2015 - 01 - 20（01）.

③ 关于实施中华优秀传统文化传承发展工程的意见 ［EB/OL］. http：//www. gov. cn/zhengce/2017 - 01/25/content_ 5163472. htm, 2017 - 01 - 25.

外的实践教学都是传承中华优秀传统文化的关键环节和重要场域。但当前，这些环节和场域并没有得到很好的运用，使得文化传承还停留在课本里。地方高校思政课对接地方优秀文化资源，推进教学模式与地方优秀传统文化路径的协同创新，即建构"四位一体"的复合式教学模式，打造优秀传统文化传承的"四化"路径，推动优秀传统文化的活态传承，增强针对性。

（四）二者融合问题：如何实现动态融合，增强有效性

《实施意见》要求"围绕立德树人根本任务，把中华优秀传统文化全方位融入思想道德教育、文化知识教育和社会实践教育各环节"。① 如此，如何将优秀传统文化融入思政课、二者如何实现有效融合又成为地方高校普遍关心的问题。

当前，从高校思政课最新版的教材内容来看，本科开设的四门必修课——"思想道德修养与法治"（简称"思修"）、"中国近现代史纲要"（简称"纲要"）、"毛泽东思想和中国特色社会主义理论体系概论"（简称"毛概"）和"马克思主义基本原理概论"（简称"原理"），已经不同程度地包含了中华优秀传统文化的内容，实现了静态融入。但在实际的教学过程中，受教师知识结构和教学方式方法的影响，它们二者衔接融合的有效程度还有待提高，融合的路径有待进一步拓宽。地方高校思政课充分运用优秀传统文化资源，协同推进思政课教学模式和传统文化传承路径的创新是推动二者实现动态融合的一种有益尝试，试图增强二者融合的有效性。

二、文化传承路径的创新：基于复合式教学模式的建构打造"四化"路径

思政课教学与文化传承路径协同创新具有现实必要性。《创新计划》提出了该项创新计划实施的六项原则。以这些原则为指导，地方高校思政课灵

---

① 关于实施中华优秀传统文化传承发展工程的意见［EB/OL］. http：//www. gov. cn/zhengce/2017－01/25/content_ 5163472. htm，2017－01－25.

活运用专题式、探究式、体验式和研究性四种教学模式建构"四位一体"的复合式教学模式，打造优秀传统文化活态传承的故事化、动漫化、生产生活化和数字化的"四化"路径，协同推进地方高校思政课教学模式与地方优秀传统文化传承路径的创新。

（一）基于专题式教学模式的故事化传承路径

《实施意见》指出，"中国共产党在领导人民进行革命、建设、改革伟大实践中，自觉肩负起传承发展中华优秀传统文化的历史责任，是中华优秀传统文化的忠实继承者、弘扬者和建设者"。① 中国共产党在运用马克思主义的原则、立场、观点和方法研究和解决中国革命、建设、改革和复兴中的实际问题时，也运用中华民族的成语和思想、理念来阐述马克思主义，使马克思主义具有中国特色、中国气派和中国风格，实现了马克思主义的中国化，产生了毛泽东思想和中国特色社会主义理论体系这两大理论成果。例如，毛泽东同志运用《汉书·卷五三·景十三王传·河间献王刘德》中的"实事求是"一词来阐释马克思主义的辩证唯物主义认识论，胡锦涛同志吸收中国古代社会的和谐理念提出构建社会主义和谐社会的重大战略任务，习近平总书记吸收儒家"天下为公"的思想提出构建人类命运共同体的倡议。此外，在"五位一体"总体布局和"四个全面"战略布局治国理政中，也包含着丰富多元的优秀传统文化资源。就地方高校而言，可以鼓励思政课教师对接本地区相关优秀传统文化资源，以教材相关知识点为基础，运用专题式教学模式，以故事化的路径传承其中涉及的优秀传统文化。

这里，教师首先要做好顶层设计，以专题的形式，把教材体系转化为教学体系。具体是以教学大纲为指导，分析、提炼思政课教材内容，围绕教学重点、难点和学生关注的热点，整合教学内容，形成既有针对性又有系统性的教学专题。再将相关的优秀传统文化以故事化的形式融进专题中，在课堂

① 关于实施中华优秀传统文化传承发展工程的意见［EB/OL］. http：//www. gov. cn/zhengce/2017 - 01/25/content_ 5163472. htm，2017 - 01 -25.

教学中向学生讲授知识的过程中传承优秀传统文化。以"四个全面"专题中"全面从严治党"涉及的好干部标准为例，教师可以对接广东地区首个彰显廉政文化主题的资源——肇庆端州包公祠，讲好包拯在端州主政时清正廉洁、勤政爱民的故事，既通俗易懂地阐释好干部标准的内涵，也达到了传承优秀传统文化的目标。

（二）基于探究式教学模式的数字化传承路径

《创新计划》部署实施的主要任务包括改革思政课的教学方法和创新教学艺术，使"课堂教学与网络教学相互支撑"。①《实施意见》部署实施的重点任务包括综合运用包括互联网在内的各类载体进行宣传教育。这两项任务的部署是顺应"互联网＋"融合创新趋势提出的有力举措。地方高校马克思主义学院可以顺势而为，积极落实文件精神，联合第三方，运用信息化技术，打造思政课的数字化教学平台，为思政课文化传承的数字化路径奠定了基础。

在传承的内容方面，2014年6月10日，习近平总书记在两院大会上的讲话中基于16世纪以来世界历次科技革命对世界力量格局的深刻影响，提出了如下这样一个论断："从某种意义上说，科技实力决定着世界政治经济力量对比的变化，也决定着各国各民族的前途命运。"② 面对正在孕育兴起的新一轮科技革命和产业革命，习近平总书记指出："我们不能在这场科技创新的大赛场上落伍，必须迎头赶上、奋起直追、力争超越。"③ 问题是新时代的中国该如何进行科技创新，才不至于落伍？路径很多、举措不少。研究中国古代科技创新成果，从中国古代科技思想文化中寻找灵感也是一种路径。例如，屠呦呦团队从《肘后备急方》等中医药古籍中汲取了创新的灵

---

① 普通高校思想政治理论课建设体系创新计划［EB/OL］. http：//www. moe. gov. cn/srcsite/A13/moe_ 772/201508/t20150811_ 199379. html，2015 – 07 – 30.

② 习近平. 在中国科学院第十七次院士大会、中国工程院第十二次院士大会上的讲话［N］. 人民日报. 2014 – 06 – 10（02）.

③ 习近平. 在中国科学院第十七次院士大会、中国工程院第十二次院士大会上的讲话［N］. 人民日报. 2014 – 06 – 10（02）

感。《实施意见》指出，"在 5000 多年文明发展中孕育的中华优秀传统文化，是中华民族生生不息、发展壮大的丰厚滋养，是中国特色社会主义植根的文化沃土"。① 以天文、医学、工匠技艺为代表的中国古代科技思想文化作为中华优秀传统文化的有机组成部分，可以为当代中国科研团队的科学研究和发明创造提供灵感，进而为中国现代科技的创新发展提供丰富的滋养。《实施意见》指出，"实施中华优秀传统文化传承发展工程，是建设社会主义文化强国的重大战略任务"。② "坚定文化自信，建设社会主义文化强国"是"概论"课程中"推动社会主义文化繁荣兴盛"的章节内容。坚定文化自信，包含着对中国古代科技思想文化的自信，文化强国的建设离不开科技的支撑。因此，在"概论"课的授课过程中，广东地方高校的思政教师可以挖掘本地区传统的优秀科技思想文化，结合教材内容，运用数字化教学平台，运用线上线下的探究式教学模式，打造优秀传统科技文化传承的数字化路径。

具体而言，在授课过程中，教师依托数字马院平台，在课前，在平台上发布与端砚文化相关的思考题。例如，广东肇庆地区的端砚制作技艺既是古代工匠精湛技艺的重要代表，也是肇庆地区优秀传统科技文化的重要代表，教师在讲授"坚定文化自信"的内容时，课前在"数字马院"学习通的平台上给学生布置两个相关问题，一是端砚雕刻有哪些艺术特征，独特之处在哪里？二是哪些制砚大师的作品曾作为国礼赠送给外国领导人，作品有哪些特点？学生可以在课前线下查阅相关资料。课堂上，在教师的引导下，学生围绕问题进行探究，并在手机端的主题讨论区发表看法，教师通过平台的词云在大屏幕上展示文化热词，让肇庆地区的传统端砚工匠文化插上"数字化"翅膀腾飞。

---

① 关于实施中华优秀传统文化传承发展工程的意见 ［EB/OL］. http：//www. gov. cn/zhengce/2017 – 01/25/content_ 5163472. htm，2017 – 01 – 25.
② 关于实施中华优秀传统文化传承发展工程的意见 ［EB/OL］. http：//www. gov. cn/zhengce/2017 – 01/25/content_ 5163472. htm，2017 – 01 – 25.

（三）基于研究性教学模式的动漫化传承路径

2014年2月24日，习近平总书记在十八届中央政治局第十三次集体学习时的讲话中指出，"牢固的核心价值观，都有其固有的根本。抛弃传统、丢掉根本，就等于割断了自己的精神命脉"。① 中华优秀传统文化就是其固有的根本，中国共产党把承载着中华民族精神血脉的社会主义核心价值观作为凝聚全党全社会的价值共识，努力在培育和践行社会主义核心价值观的同时，使全党全社会牢记中华民族的文化传统和根本。2014年10月17日印发的《关于在各级各类学校推动培育和践行社会主义核心价值观长效机制建设的意见》强调"积极培育和践行社会主义核心价值观是学校落实立德树人根本任务的核心要求"，② 要求把它融入学校的教育教学、社会实践、文化育人和制度建设。《意见》进一步强调要"把社会主义核心价值观融入高等教育全过程，完善中华优秀传统文化教育"。③ 高校思政课，尤其是"思修"和"概论"这两门课程是社会主义核心价值观和中华优秀传统文化教育的关键课程，问题的关键是采取何种形式实现有效融入。

除创新教学艺术外，《创新计划》对思政课教学方法的改革还提出了"强化问题意识""注重发挥教与学两个积极性"和"理念手段先进"，④《实施意见》关于"加大宣传力度"的任务部署中提出了"创新表达方式"的要求。动漫是集动画片和电影于一体的艺术表达形式，也是青年大学生喜爱的时尚文化之一。基于社会主义核心价值观的重要性，也为了加深大学生对价值观内容的理解，并能入大学生的脑，进而内化于心、外化于行，思政

① 中共中央政治局进行第十三次集体学习习近平主持［EB/OL］. http：//www. gov. cn/ldhd/2014－02/25/content_ 2621669. htm，2014－10－17.

② 关于在各级各类学校推动培育和践行社会主义核心价值观长效机制建设的意见［EB/OL］. http：//old. moe. gov. cn/publicfiles/business/htmlfiles/moe/s7060/201411/177847. html，2014－10－17.

③ 关于进一步加强和改进新形势下高校宣传思想工作的意见［N］. 人民日报. 2015－01－20（01）.

④ 普通高校思想政治理论课建设体系创新计划［EB/OL］. http：//www. moe. gov. cn/srcsite/A13/moe_ 772/201508/t20150811_ 199379. html，2015－07－30.

课教育可以以问题为中心，运用研究性教学模式，打造文化教育和传承的动漫化路径。

在具体的授课过程中，教师进行社会主义核心价值观的专题教学时，设置与核心价值观24个字相关的研究性问题。例如，以"爱国"为例的问题设置，古代、近代和现当代中华儿女爱国的情感和行为表现有哪些？教师让学生组成研究小组进行自主学习和研究，引导学生走访广东地区的爱国主义教育基地，如广州的辛亥革命纪念馆和肇庆的阅江楼（纪念叶挺将军的纪念馆），要求学生采用动漫的形式来展示自己的研究成果。研究小组在查阅文献、调查考察的基础上，制作关于中华民族世代相传的民族精神——爱国为主题的动漫，在课堂上集中展示，使学生在制作和欣赏动漫的过程中培育和践行社会主义核心价值观，传承本地区的民族精神和爱国主义文化。

（四）基于体验式教学模式的生产生活化传承路径

毛泽东强调"实践的观点是辩证唯物主义论的认识论之第一的和基本的观点"，① 他主张"主观和客观、理论和实践、知和行的具体的历史的统一"。②《创新计划》提出了实施计划要遵循的实践原则，即"坚持理论与实际相结合，注重发挥实践环节的育人功能"，③ 该计划关于"改革教学方法"的任务部署还提出了"理论教学与实践教学相互支撑"的要求。《实施意见》则部署了"融入生产生活"的工作任务。社会调查作为一种融入日常生产生活的实践教学形式，是有别于理论教学的育人第二课堂，是可以充分发挥实践环节育人功能的有效渠道。地方高校思政课可以运用体验式教学模式，创新社会实践教学的形式，打造文化传承的生产生活化路径。

在实际操作过程中，教师以社会实践报告的选题和主题为导向，引导学生充分利用优秀传统文化资源，在调研考察的过程中感受和体验传统文化的

---

① 毛泽东选集（第一卷）［M］. 北京：人民出版社，1993：284.
② 毛泽东选集（第一卷）［M］. 北京：人民出版社，1993：296.
③ 普通高校思想政治理论课建设体系创新计划［EB/OL］. http：//www. moe. gov. cn/srcsite/A13/moe_ 772/201508/t20150811_ 199379. html，2015 - 07 - 30.

历史底蕴和魅力。这就要求地方高校马克思主义学院与本地区特色鲜明的传统文化基地合作，例如广东肇庆学院马克思主义学院已经与肇庆市端州区的包公祠和端砚文化村签署合作协议，建立思政课的校外社会实践基地，给学生提供亲临观摩和体验廉政文化基地和端砚制作基地，方便学生切身领略传统廉政文化和端砚文化的风采和魅力，使学生在日常生产生活中培育和践行社会主义核心价值观的同时自觉传承本地区的优秀传统文化。

结　语

地方高校思政课作为培育服务地方人才的关键课程，是传承优秀传统文化的重要渠道。从育人和传承的实效来看，思政课对优秀传统文化的有效传承即使不是以思政课的教学改革创新为前提，至少也是与之同步的。协同推进地方高校思政课教学模式与地方优秀传统文化传承路径的创新，也就是运用专题式、探究式、体验式和研究性教学四种教学方法建构"四位一体"的复合式教学模式，打造优秀传统文化活态传承的故事化、动漫化、生产生活化和数字化"四化"路径，不仅有助于地方高校新型人才的培养以及思政课的提质增效，也有助于实现优秀传统文化的活态传承及其与地方高校思政课的动态融合。

新时代意识形态教育传承与创新

徐万群

（佛山科学技术学院　马克思主义学院）

习近平总书记指出："经济建设是党的中心工作，意识形态工作是党的一项极端重要的工作。"① 这就是我们常说的物质文明和精神文明，精神文明不是有些人想象的是务虚，可有可无，它事关党的前途和命运，也事关国家长治和久安，民族凝聚力和向心力的重要保证，也正如马克思所说："如果从观念上来考察，那么一定的意识形式的解体足以使整个时代覆灭。"② 虽然中国经济不断创造奇迹，但在意识形态领域在一段时期出现话语混乱，甚至"失语"现象，以至主流意识形态频频被误读、被抹黑。这同我国利益格局多元化，意识形态影响网络化，西方话语主导化，以及宣传手法和内容不适应现代传播化，有这样和那样关系；也同个别党员干部对重大问题认识含糊、态度暧昧，不能以身作则有直接关系。党的十九大报告指出："全党要更加自觉地坚定党性原则，勇于直面问题，敢于刮骨疗毒，消除一切损害党的先进性和纯洁性的因素，清除一切侵蚀党的健康肌体的病毒，不断增强党的政治领导力、思想引领力、群众组织力、社会号召力，确保我们党永葆旺盛生命力和强大战斗力。"③ 因此，在新的时代，如何更好做好学生意识

---

① 习近平. 习近平谈治国理政 [M]. 北京：外文出版社，2014：153.

② 马克思恩格斯全集（第46卷下册）[M]. 北京：人民出版社，1979：35.

③ 中国共产党第十九次全国代表大会文件汇编 [Z]. 北京：人民出版社，2017.

形态教育和引导工作，是高校意识形态工作者当前亟待研究的重要和现实课题，面对新时代而产生新形势和新任务，高校意识形态教育工作我认为既需要坚持传承原则，又需要与时俱进，不断创新形式和内容，在坚持中创新，在创新中不要迷茫，要有原则和底线。

一、传承就是要坚持原则，是意识形态教育工作的定海神针。

毛泽东曾说过意识形态领域，你不去占领，那敌人就会去占领。所以意识形态教育首先要坚持共产党的领导，每个教育工作者要具有政治意识、核心意识、大局意识和看齐意识，在意识形态教育工作中，在帮助学生树立正确世界观、价值观和人生观过程中，作为意识形态教育工作者应以身作则、言行一致，做到三个坚持。

1. 共产主义理想信念要坚持。让有信仰的人讲信仰，这是铸魂育人的关键。在一段时期，在某些人的意识中认为共产主义是遥远的、不切实际的，甚至认为是空的、假的。被资本主义所谓普世价值观的人权、民主、平等所吸引，被人权大于主权所迷惑，事实上资本主义社会就是一个金钱和个人利益至上的社会，何来平等？从奥巴马的我们只做老大，到特朗普美国利益优先，在处理国际事务中双重标准的选择让资本主义社会本质暴露无遗。反观我们中国以习近平同志为代表的共产党人，提出一系列事关人类命运前途的命题：如人类命运共同体，欢迎世界各国人民搭乘中国发展的快车；以及"一带一路"建设提出 6 年以来，已有 123 个国家和 29 个国际组织签署合作协议，惠及世界各国，《国际歌》在大地回响。因此，共产主义理想信念是有坚实的现实基础，需要我们去宣传、贯彻和落实，落实到具体思想行动中，就是坚定"四个自信"，用社会主义核心价值观弘扬正气，不忘初心，以实际行动来凝聚人心，以党的十九大精神为指引，在新的时代，进行新的征程，书写新的辉煌。

2. 党的宗旨要坚持。全心全意为人民服务是党本质特征的集中体现，我们的党员干部要牢记党全心全意为人民服务的根本宗旨，不忘民，将人民的利益放在首位，这是我党过去战无不胜的法宝，这是人民群众支持拥护我党的根本原因，正像毛泽东所说："一切空话都是无用的，必须给人民看得见的物质福利。"① 在新时代，我国社会主要矛盾已发生变化，是人民日益增长的美好生活需要和不平衡不充分的发展之间的矛盾，因此，所有工作的出发点和落脚点就是满足人民对美好生活的需要和向往，评价我们工作的标准是群众满不满意、幸不幸福。结合高校，我们就应深入学生中听心声、听意见、听建议，才能有的放矢做好意识形态中的意识形态教育工作。

3. 严于律己要坚持。在新时代，党员干部都面临权力的考验、改革和开放的考验、市场经济交易的考验等外部环境变化的考验；也面临精神懈怠带来的危险：能力不足、脱离群众和消极腐败的危险。能否经受住这些考验和化险为夷，关键看干部党员的素质，就像习近平总书记说的打铁还须自身硬。培养这样的素质，高校是一个很重要的环节，但有些高校表现不尽人意，学生会干部表现官僚化、特殊化，令人忧虑和惊醒。如某高校学生指责新生不该叫学长，应叫职务，叫主席。因此，无论教师还是学生党员，对自己要高标准、严要求，每个人不能放松自己的内心的要求、放任自流，一定要严于律己不松懈，干净做事，老实做人，不然腐化堕落的思想就会乘虚而入，冲垮廉洁自律的思想"堤坝"。只有每一党员干部发挥先进模范带头作用，党才有生命力和战斗力，才有政治领导力、群众组织力、思想引领力和社会号召力；只有每一党员发挥先进模范带头作用，才能团结带领人民群众进行伟大斗争，推进我们伟大的事业，实现中华民族伟大梦想。

二、创新是意识形态教育的活力之源

高校是青年才俊聚集的地方，也是培养各类专业人才的摇篮，更是意识形态争夺的阵地。随着互联网、微信和推特等新媒体的不断出现和发展，许多新情况、新问题，出现了新的特点，也就面临新的挑战。意识形态教育工作者应在思想上高度重视，同时要在行动上主动探索和在实践过程中勇于创新，只有在实践中不懈地探索，持之以恒地创新，才能使意识形态工作走在

---

① 毛泽东文集（第七卷）[M]. 北京：人民出版社，1999：467.

时代发展的前沿，保证党的青春活力，才能推动意识形态教育工作实现新的起点上的更大飞跃。

1. 创新必须以学生为中心。在意识形态教育工作中，要从新时代大学生的思想、学习和生活实际出发，坚持以学生为中心的理念。学生作为培养教育的对象是价值主体，教育目的是铸魂育人，就应紧紧围绕培养什么人、怎样培养和为谁培养这个根本问题，在学生成长、成才方面有机统一起来，在为了人、服务人、激励人的基础上，达到培养人、发展人；以学生为中心，以学生为目的，就要尊重学生、多角度理解学生、多方面关爱学生和服务学生，这样才能把促进学生的成长和成才作为价值取向，作为出发点和落脚点。不以学生为中心，就是无的放矢，学生的主体意识、主体热情，以及主体积极性就会受约束和限制，学生创新精神就得不到挖掘和培养。因此，我们要在课堂教学上，社会实践上，如校园文化、社团活动等各个环节充分地发挥学生的主体作用，才能达到学校教育和学生自我教育相统一，从而促进学生的全面发展。

2. 创新既要重视内容，也要关注形式，形式要服务于内容。是否创新，要看效果，效果如何，社会和学生说了算，而不是领导说了算。高校意识形态教育工作创新的落脚点必须落实在为学生服务，解决学生各种思想和实际问题上，比如学生的生活问题、学习问题，甚至恋爱问题，要坚决抵制与摒弃那些虚、假、空的"花架子"。这就要求我们实干巧干的求真务实精神，"实"是内容，"巧"是形式，要把"实"和"巧"创新之根深深扎在服务学生的土地上，实现与意识形态教育工作最佳结合，从而推动精神文明的健康、向上发展。高校意识形态教育工作既要依靠传统的广播、电视、报刊，更要靠网络新媒体世界，管好和发挥好网络新媒体的作用，建立好高校党、团组织贴心的网站；更要意识形态教育工作者通过自身人格的力量、道德力量的言教、身传、解疑或答惑，为社会培养合格的、高素质的人才。

3. 创新应处理好二者关系。一是传统说、教和现代新媒体运用的关系。当前，无论是学校所处的外部环境，还是内部环境，已经发生了根本的深刻的变化：市场经济带来的利益变化、社会多元价值观带来的观念的变化，正通过新媒体给高校学生产生了巨大影响。2016 年 4 月 16 日，习近平总书记在网络安全和信息化工作座谈会上提道："网络空间是亿万民众共同精神家园，老百姓上了网，民意也就上了网。"① 面对新时代形成的新形势，必然给我们提出新要求，意识形态教育工作必须开拓进取，以创新促发展，在传统教育机制基础上，加大意识形态新媒体建设和运用，推动新媒体进入学生学习、生活各方面，抵御"三俗"，弘扬正能量；通过新媒体提高办事效率和搭建沟通平台，达到为学生办实事的目的，以丰富多彩、健康向上、生动活泼的教育活动为载体，融入社会主义核心价值观培养人和塑造人。二是党员发展质量和数量关系。这是创新的基础，共产党员的先进性决定了党员发展的质量永远优于数量，俗话说："村看村，户看户，农民看的是干部。"如果共产党员思想境界和觉悟混同于一般学生，甚至个人利益至上，还不如普通学生，发展这样的学生党员就没有任何意义。对于高校各级党组织来说，要以高度的责任感培养和发展学生党员，改变学生党员发展工作只求数量而不重质量的现状。因此，我们首先应坚持标准、慎重发展，才能确保质量，其次应注意改善结构来发展党员，质量就是要更看重真正思想上和行动上入党的人，而不是仅仅在组织上入党的人，发展真正具有群众基础的，有组织能力、号召力的和真心帮助服务学生的进步学生，只有这样的党员学生，才不会损害党的形象；在发展过程中，处理好党的组织领导和团的配合关系，以党带团，以团促党，不断增强意识形态领域的战斗力和号召力，在发展党员环节上，坚持团推和群众评议，使学生党员真正具有先进性、榜样性和学习性。

创新就是在内容和形式等各方面有所突破，有突破才有发展。习近平总书记在十九大报告中强调："我们党既要政治过硬，也要本领高强。"具体来说，首先强调学习本领，其次是政治领导本领以及改革创新本领、群众工作本领、科学发展本领、狠抓落实本领、依法执政本领、驾驭风险本领等八大

---

①　习近平. 在网络安全和信息化工作座谈会上的讲话［N］. 人民日报. 2016 - 04 - 26（02）.

本领。学会八种本领，就需要与时俱进——创新，意识形态教育应找准主攻方向，寻求适应新时代教育的突破口，大胆利用新媒体，接地气地开展工作，使原则、价值和基础教育方面能深入人心，作为人生道路行动指南。首先，高校意识形态教育贯穿底线教育。比如，理想纪律教育，在自由化泛滥的今天，教育学生遵守学校纪律，到遵守党的纪律和国家法律显得尤其重要。正如老一辈领导人毛泽东所说："加强纪律性，革命无不胜。"邓小平所言：我们这么大一个国家，我们的革命能够取得成功，一靠理想，二靠纪律。我们的建设也是如此，组织起来才有力量，如果没有理想，没有纪律，就是一盘散沙，像旧中国一样；纪律本质上说就是法制，全面依法治国是全面实现中国梦重要的关键的一环，因此，必须从学生抓起，培养学生的法律意识。其次，高校意识形态教育贯穿理论实践教育。高校实践教育是学生进入社会前一项很重要的教育，实践教育有两类，一类是社会实践，二是专业实践，无论是社会实践还是专业实践，要把意识形态教育贯穿进去，把社会主义核心价值观贯穿进去。以前我们倡导星期六义务劳动、学雷锋活动，现在讲"三下乡"、青年志愿者活动和义工活动，具有异曲同工之处，都是扶贫帮困的社会实践活动，目的是让他们在社会实践活动中触摸社会、经历磨炼、增长见识，以及在组织能力和意志力方面得到锻炼，让他们在完成各项任务中受锻炼、长才干、献爱心，形成平等、文明和友善等的价值观；在专业实践中，让他们深刻领会什么是工匠精神，干一行，爱一行，专一行，培养学生的敬业、诚信的价值观。总之，践行社会主义核心价值观多与新时代互联网多媒体结合和培养。三是高校意识形态教育贯穿"学生党员挂牌制度"。让学生党员自觉接受社会监督，使党员干部意识到，共产党员不仅是一种权利和荣誉称号，更是一种责任和担当，我们不仅要在组织上入党，思想行动上入党更为重要。"学生党员挂牌制度"可避免"歇口气"思想的产生，使学生党员在日常生活学习中接受监督，长期生成先锋模范作用观念，使学生党员意识到入党是服务，不是特权，是为同学、大学和社会服务的起点，而不是终点。在为同学、社会服务的过程中，应处处走在普通同学的前面，起模范带头作用，而不是当普通学生的尾巴；绝不允许假公济私、损公利己，损害社会、学校和同学的利益。

　　意识形态方面教书育人实际就是我们常说的立德树人，也就是习近平总书记说的：培养什么人，怎样培养人，为谁培养人这个根本问题，这些问题关系到"两个一百年"奋斗目标和实现中华民族复兴的伟大中国梦，只有扎扎实实工作，不断在形式内容上进行创新工作，靠教师正确的舆论引导和以高尚的精神品格影响学生，新人才能以新的精神状态和奋斗姿态把中国特色社会主义伟大事业不断推高前进；我们才能继续进行伟大斗争，建设好伟大工程，推进我们伟大事业和实现我们伟大梦想。

"中国近现代史纲要"课程教学效果提升策略

吴新奇①

（佛山科学技术学院　马克思主义学院）

"中国近现代史纲要"（以下简称"纲要"）是高校一门重要的马克思主义政治理论课程，对当代大学生进行思想政治教育发挥了重要作用。在党中央高度重视与广大思政课教师的努力下，当前高校思政课教学取得了明显的效果与可喜的成绩。但我们也必须承认，高校思政课教学效果还有提高的空间。本文以"纲要"课为例，对如何提升思政课教学效果进行探索，借此与同行进行交流。

一、教学效果不理想的原因分析

影响教学效果的因素来自学生个人认识、教学内容、教师素质、社会环境等多个方面因素。因社会环境不是教师个人能力能短期解决的，故本文仅探讨来自学生个人认识、教学内容、教师素质等方面的原因。

（一）学生不重视问题

受功利主义价值观的影响以及近年就业形势不容乐观的现状，为增强自身就业竞争力，不少学生往往把毕业以及毕业后如何就业的问题放在首要的

---

① 作者简介：吴新奇，男，广东揭阳人，佛山科学技术学院马克思主义学院副院长、副教授，法学硕士，主要从事高校思想政治理论课教学与广东地方史的研究。

地位，因而在日常的学习中往往只重视与其毕业和就业直接相关的知识与技能的学习，而把作为公共课的思政课学习放在一个可有可无的位置。以"纲要"课为例，不少学生认为，历史是"故纸堆""老古董"，与现实相距甚远，学不学无所谓，因而把"纲要"课堂时间用来准备考研、考各种证书、做作业、学英语或专业课。

（二）课程内容重复问题

因多种原因，目前高校思想政治理论课还很难真正实现大中小学思政课程之间的一体化建设，因此在教材内容编写上还很难避免大学思政课程之间、大中小学思政课程之间内容的部分重复，导致对课程内容学生感到缺乏新鲜感，从而产生厌学情绪。

（三）教师素质方面问题

因目前高校职称评审方面重科研、轻教学的问题还无法实现根本转变，影响了教师对教学工作与教学研究的投入。另外因历史方面的原因，导致一些思政课教师学科素质与政治素质不高，从而影响教学效果。

二、教学改革的基本思路

为解决以上问题，我们召开多次教研会议进行讨论，并进行了多方面的改革与探索，取得了初步成效。我们的做法主要如下。

（一）教学功能上，坚持个体价值与社会价值相统一

现代广义信息论认为，只有那些具有特定价值的信息，即能满足接受主体某种需要的信息才能进入接受领域中，成为接受客体。思想政治理论课作为一种信息，必须具有价值性，即能够满足接受主体（大学生）的需要，才能主动被大学生所接受。个体价值是社会价值的前提和载体，充分考虑和满足大学生的个体需要，是思想政治理论课能否被接受的关键。过去我们过分强调思想政治教育的社会价值，忽视其个体价值，使不少学生认为思想政治理论教育课不过是为了"党和国家"而学习，而不是立足于他们的实际需要。而目前

由于高校扩招和缴费上学，学生的就业压力与经济压力增大。在这种形势下，如果思想政治理论课的教学功能仍仅是强调其社会价值，不能体现其对学生生存、发展帮助方面的价值，是很难对学生有吸引力的。为此，在"纲要"课程教学上，我们坚持个体价值与社会价值相统一的教学理念，一方面通过讲授中国近代以来抵御外来侵略、争取民族独立、推翻反动统治、实现人民解放的历史，帮助学生了解国史、国情，增强大学生对于"四个选择"的正确理解和认识，另一方面，我们要通过教学，使学生确实感受到该课程对指导他们的生活、学习、工作，扩展他们的人文社科知识，培养他们提出问题、分析问题、解决问题的能力，促进他们成长成才方面都是起着积极作用的，从而增强学生学习的积极性和自觉性，改变学生认为"纲要"课程可学可不学的错误想法。

（二）教学内容求精不求全，体现地方性、现实致用性

为解决大学思想政治理论课教学内容与中学课程内容的重复，在"纲要"课程教学上我们采取了以下一些做法。

一是引进地方历史文化内容进课堂。广东是大革命的发源地、改革开放的前沿阵地。佛山是中国四大名镇、中国民族资本主义诞生地，在近现代史上出现如陈启沅、康有为、詹天佑、简氏兄弟、何香凝、谭平山等一批著名人物，历史文化资源相当丰富。根据接受理论，学生一般对身边发生的事情更感兴趣，为此，我们在史料选择上适当引进本市或本省的近现代史资料，以吸引学生兴趣，同时避免内容重复。如讲述"资本主义侵略究竟给中国带来了什么？"这一专题时，我们通过介绍鸦片战争后佛山工商业的盛衰情况说明资本－帝国主义侵略对中国经济发展的影响。在讲述日本帝国主义在中国的侵略暴行时，采用日军"波字8604"细菌部队在广东杀害粤港难民的材料来说明，这样便使课程更具现实感与亲和力，取得了很好的教学效果。

二是联系大学生遇到的问题讲述，体现课程的致用性。历史并不像学生普遍认为的那样，是"故纸堆""老古董"，与现实相距甚远，学不学无所谓，而是有其强烈的现实致用性。如在讲述"中国革命新道路"时，我们就联系大学生就业问题提出："为什么要先就业，再择业？""如果有一家大公司和一家小公司同时录用你，你该做出怎样的选择？"如何看待"宁要大城

市一间房，不要小城市一间房"的观点。在课堂上我们通过与学生一起讨论、分析这些问题，让学生感受到"读史可以明智"的道理。

三是结合社会错误思潮讲述，促进学生科学历史观的培养。处在信息化、网络化时代，大学生能轻而易举地接触到许多错误思潮，教师如果不对其进行有理有据的批驳，不帮助学生澄清错误认识，而是一味回避，势必弱化"纲要"课的思想政治教育功能。相反，在讲述"纲要"相关专题时，如能结合时下流行的错误思潮进行，将有利于学生科学历史观的培养。如讲到民族英雄林则徐时，我们提出了如下讨论话题：有人认为林则徐不是民族英雄，而是中国近代第一个历史罪人，是打开大清国灭亡之门的人，正是因为他强力禁烟，才激怒洋人，使中华民族坠入战争的深渊。对此你有何看法？让同学发表自己看法。仿佛一石激起千层浪，大家纷纷发言。少数同学赞同此观点，更多同学根据他们所掌握的历史知识认为：当时鸦片在中国大地已泛滥成灾，再不严禁将亡国灭种，侵略者发动战争并非源于林则徐禁烟而是蓄谋已久。热烈的讨论不仅帮助同学澄清了思想误区，统一了认识，更增加了课堂的趣味性。

四是讲授课程内容求精不求全。由于中国近现代史是中华民族多灾多难的历史，其史料内容多，事件的复杂程度也是前所未有的。因此，即使有48学时，想面面俱到，只能是雾里看花，茫无头绪。经过讨论，我们确定了需要重点讲授的内容，通过课堂教学重点讲授，其他相对没那么重要的内容，可以略讲或让学生通过平台自学。至于课程内容框架有交集的地方，如"纲要"课程内容与"毛泽东思想与中国特色社会主义理论概论"内容都涉及建党以来的历史与理论，则"纲要"主要从历史的角度进行讲授，而"概论"课程则侧重从理论方面进行讲授。

(三) 采用多种教学方法和手段

一是实施"互动式"教学。"互动式"教学可采用课堂设问、课堂抢答、分组竞赛、主题演讲等多种形式。在"纲要"教学实践中，我们用得最多的是设问为主的"互动式"教学。如我们在每次授课结束前，就布置好思考题，下次授课时教师以主动举手与点名抽查相结合的形式让学生回答，回答问题的质量作为平时成绩评定的一个重要依据。如在"纲要"课程教学中,我们曾提出如下的思考题供学生思考:如果林则徐不进行虎门销烟,中英之间是否会爆发战争?为什么日本的明治维新、邓小平的改革能取得成功而洋务运动和戊戌变法却失败?毛泽东农村包围城市道路对大学生就业方面有何启示?实践证明,通过"互动式"教学,可将学生的注意力吸引到教学内容上来,收到较好的教学效果。

二是适当运用、慎重选择视频资料辅助教学。"纲要"课可以利用的视频资源很多,但有些电影、电视剧存在较多的"戏说"成分,因此,在选择视频影像资料时必须慎重。一般来说,我们会选择内容严肃的配有解说的历史文献纪录片作为辅助教学的视频材料。例如,在讲述鸦片战争前的中国和世界的形势时,我们会选用《大国崛起》;在讲述中日甲午战争时,可选用《燃烧的黄龙旗》等。选择视频资料应该坚持短而精的原则,否则不仅会使本来的理论课变成了影视欣赏课,而且使教学任务无法完成。

三是利用网络教学平台,引导学生读史。中国近现代史如果仅靠教师讲授,诚如蜻蜓点水,不会有多大的效果。因此,引导学生自学相关史料很重要。为此,我们把与授课内容相关的一些资料传到优学院教学平台资源菜单栏下面,再要求学生到平台阅读老师指定文章、视频资料,然后写读书心得和观后感。教师在阅读完学生作业以后再作点评,或者课堂上组织学生就某一问题进行讨论。这样就既能调动学生学习的主动性和积极性,又能发挥教师在教学中的主导作用,使学生知道如何学、如何进行理论概括和总结、把感性的历史认识上升为学理上的认识,从而实现预设的教学目的。

四是提高教育者自身素质。搞好思想政治理论课教学,关键是教师。学生对"纲要"课兴趣不大的原因很多,教师自身的教研与科研水平不高恐怕是主因。司马迁的《史记》为什么那么脍炙人口,易中天的《品三国》为什么红遍大江南北,关键是历史在他们那里变得鲜活生动,让读者、听众如临其境。因此,要上好"纲要"课,必须开展教学研究,按照思政课的教学规律开展教学,将单纯的经验式教学上升到理论的高度,使得教学效果的提高从偶然变成必然。其次,要开展科学研究,有深厚的历史学功底。如要讲好中华民族的抗日战争,如果不了解八路军新四军的骨干几乎是单枪匹马到敌人后方去组织抗日队伍，就不能理解抗战的艰巨性及毛泽东持久战的战略思想；如果不了解美国希望中国和苏联拖住日军，就不能理解美国为何要求苏联红军出兵东北；如果不了解斯大林支持蒙古国独立的立场，就不知美苏两国的暗中交易及大国的损人利己行为。要开展地方历史文化融入"纲要"课程，就必须对地方史有研究。如本人在出版了个人专著《烟草大王简照南研究》后，对资本–帝国主义对中国的经济侵略就有深刻的认识，课堂上就可以用典型的案例说明为什么近代中国第一个历史任务是争取民族独立与人民解放。再次，要真信。作为思政课教师，政治信仰要坚定，要让学生感到我们所讲的是自己深信不疑的东西，并且很愿意与他们分享。

五是改革课程考核办法。为解决"纲要"课程存在的学生平时不认真听讲、期末再死记硬背、临时突击也可以得高分的不合理现象，加大平时成绩比例，由结果评价改为过程评价，重视学生在学习过程中的表现。如近年我们借助优学院网络教学平台，让学生给上台展示课件同学打分，开展作业互评。如果学生对评分有异议，可以提出申诉，由老师对成绩再次进行审核评定。在期末考试命题方面，适当降低基础知识分数比重，重点考核学生的听课情况和运用所学理论分析、解决现实问题的能力。

三、教学改革的成效

经过上述改革与探索，我们取得了较好的教学效果。在学生写的学习心得中，不少学生写道：学完"纲要"课程后，自己的口头表达能力，分析问题、解决问题能力得到不同程度的提高，个人胆量等方面也得到了锻炼，看问题也不再像以前那样偏激片面，能明确自己在大学的主要目标，较好地处理学习、生活上遇到的挫折与困难，处理好学习与参加社团活动、社会兼职之间的关系。在他们撰写的课程收获心得中，有些同学写道：听了那些伟人事迹，自己就"像一个迷途的孩子在星光下找到了回家的路"。从学生对教师教学质量评估的情况看，我们教研部的教师近年多数评估分数都在 90 分以上，其中有一人被评为 2018—2019 学年学校十佳教师。所有这些说明，我们的改革措施取得了初步成效，我们的教学效果总体获得了学生的普遍认同。

思政课区域协同创新中心的机制建设

韩中谊①

（佛山科学技术学院　马克思主义学院）

　　为深入学习贯彻习近平总书记在学校思想政治理论课教师座谈会等重要会议上的讲话精神，认真落实《关于深化新时代学校思想政治理论课改革创新的若干意见》《新时代高等学校思想政治理论课教师队伍建设规定》和《深化新时代学校思想政治理论课改革创新先行试点工作方案》等文件精神，按照我省高校思想政治工作会议的部署要求，广东省委教育工委、省教育厅分区域在广东省有关高校布点建设 11 个思政课区域协同创新中心。这是我省在思政课改革创新领域率先推进、具有重要意义的改革举措，旨在重点突破、以点带面、共建共享，推进广东高校思政课建设协同创新，整体水平迈上新台阶。在重视制度建设、以制度建设提升治理效能的语境下，探索思政课区域协同创新中心的机制，有利于更好更快地推进协同创新中心锐意探索、攻坚克难、做出成效。

---

　　① **作者简介**：韩中谊，男，广东兴宁人，佛山科学技术学院马克思主义学院副教授、硕士生导师、教研部主任。

　　基金项目：教育部 2020 年度高校思想政治理论课教师研究专项一般项目"教学生活化视阈下增强地方高校思政课亲和力和针对性研究"（项目编号：20JDSZK014）；广东省高等教育教学研究和改革项目"运用地方资源增强广东高校思政课亲和力和针对性研究"（项目号：粤教高函〔2020〕20 号）

一、坚持党的领导，强化常态学习机制

各思政课区域协同创新中心要提升政治站位，始终坚持正确的政治方向，坚持以习近平新时代中国特色社会主义思想为指导，增强"四个意识"、坚定"四个自信"、做到"两个维护"，认真学习领会习近平总书记在全国宣传思想工作会议、全国教育大会、全国高校思想政治工作会议、学校思想政治理论课教师座谈会上的讲话精神。二要以政治建设为统领，把新时代党对一切工作的领导作为根本原则贯穿思政课协同创新中心建设的全过程，尤其是要自觉学习和不折不扣落实党中央、中宣部、教育部、广东省委的文件精神，自觉接受广东省委教育工委、省教育厅的政治领导、业务指导和考核评估，始终坚持协同创新中心的政治性，坚持思政课改革创新中的思想性、理论性的首要原则，理直气壮打造广东马克思主义理论研究、宣传、教育的高地。三要把理论学习始终作为协同创新中心的首要任务来抓，把理论学习作为常态化的重要工作来落实，形成党委政府—承建单位—成员高校联动学习机制，在重要讲话、指示、文件出台时在理论界率先掀起学习热潮，在理论学习中切实把思想和行动统一到中央的决策部署上来，在理论学习上确实成为真学真懂真信真用的马克思主义理论工作者，在理论学习中确实增强思政课教学的理论素养和教学能力。

二、强化组织联动，完善统筹协调机制

各区域协同创新中心要把立德树人、培育时代新人作为根本任务，把培养新时代中国特色社会主义合格建设者和接班人作为崇高事业，树立巩固马克思主义在高校意识形态领域指导地位、坚持社会主义办学方向的使命意识，强化思政课改革创新的担当意识。在这样的大局意识下，各区域协同创新中心要认真完成省委教育工委交付的工作任务，建立常态化、制度化向省委教育工委反映问题、汇报进展、提交成果的反馈机制，在全省乃至全国各类会议论坛中分享经验、探讨问题、共商对策，发挥广东区域思政课协同创新中心的整体效应，推进我省思政课建设和意识形态工作取得更大的成效。二是各区域协同创新中心要消除壁垒、勤于分享、善于合作，加强中心之间

的日常联系，建立常态化、制度化的工作交流机制，也要融入和联合广东高校马克思主义学院协同创新联盟、思政课名师工作室等平台，发挥不同类型思政课教学教研平台的互补优势，做到相互借鉴，共同提高，推进各区域协同创新中心发展迈入快车道。三是各协同创新中心也还要积极开拓与其他国内、省内思政课协同创新中心或其他平台联合开展思政课教学评比展示、课程调研、项目攻坚的交流合作，不断开阔视野、相互支持、互通有无、共享资源，提升协同创新中心的效率和质量。

三、搭建合作框架，形成协同发展机制

区域思政课协同创新中心承建单位与成员高校可共同邀请理论大家担任中心顾问，合作建立联合领导机构、联合秘书机构、教学指导委员会等，并且为了发挥各高校以主人翁精神参与中心管理运营，相应架构可探索建立轮值制度，承建单位要善于凝聚区域内高校的力量，以诚心、礼遇、谦卑的姿态加强与各成员高校的沟通与联系。二是建立年会制度。在承建单位所在地或者其他成员高校所在地举办一年一度的协同创新中心年度例会，分别展开学校层级、马克思主义学院层级、各教研室层级的工作交流，探讨完善中心机制问题，巩固常态化、制度化的协同交流机制。三是开展思政课教学研究、教学展示、理论研讨活动，且可采取各高校轮流主持、各高校共同参与组织的方式。其中教学研究可探索以项目研究为抓手，就思政课改革创新的重要议题协商定为年度联合攻关项目，也可由各高校思政课教师自由申报并择优遴选若干项目作为年度一般项目，形成定期开展项目研究申报、结项和成果展示的制度。教学展示可采用区域思政课青年教师基本功比赛、中年教师教学展示大赛的形式，或者采取思政课教学成果评比、教学经验交流分享的形式，形成相对固定的评比制度。理论研讨则可以针对区域高校出版的本年度思政课教学研究著作展开学习研讨，或者就当前思政课教学的热点难点问题和改革前沿问题展开线上或者线下的专题研讨，形成相对活跃的研讨制度。

四、聚焦课程建设，构建改革创新机制

思政课区域协同创新中心的内部运营以良好的合作框架及其配套的交流

机制为依托,但运营的质量和成效最终还是需要落实在课程建设的共商共建共享上来。一是在理论上,要把"八个统一""增强思政课的思想性、理论性和亲和力、针对性"作为根本遵循。习近平总书记在学校思想政治理论课教师座谈会上指出,"推动思想政治理论课改革创新,要不断增强思政课的思想性、理论性和亲和力、针对性",并具体提出了坚持政治性和学理性相统一、价值性和知识性相统一、建设性和批判性相统一、理论性和实践性相统一、统一性和多样性相统一、主导性和主体性相统一、灌输性和启发性相统一、显性教育和隐性教育相统一的要求。思政课区域协同创新中心将此作为思政课改革创新的根本遵循、基本原则和实现路径,在深入研究其精神要义中学以致用,落实于课程设计和教学环节之中。二是在内容上,既要深入浅出诠释好宏观思想理论,为学生答疑解惑,强化思想和价值引领,也要结合广东在近现代革命历程、改革开放新时期、中国特色社会主义进入新时代中的独特地位,开发具有广东特色的实践教学和网络教学模块;要善于利用广府文化、潮汕文化、客家文化等地方历史文化资源,推进具有广东特色的教学话语创新;运用广东正在进行的中国特色社会主义鲜活实践素材尤其是先行示范案例,融入思政课整体教学大纲之中,并启发学生理论联系实际,提升善于分析和解决问题的能力。三是在形式上,各成员高校在面对珠三角、粤东西北等不同地区、不同层次、不同类型高校学生时,要心怀全局,心系广东,善于结合各地各校实际,推进校内集体备课和各成员高校联动制度,探索思政课教学在内容和方法上的综合创新,积极开发具有区域特色的思政课教学教案课件,打造思政课改革创新的区域品牌,同时也要立足全省,放眼全国,在更高的理论观照下升华提炼,积极打造具有全国影响和特色的广东教学教研品牌。

五、加大投入力度,健全后勤保障机制

思政课区域协同创新中心由省教育厅负责业务指导和考核评估,每年给予一定经费支持的基本扶持,探索日后持续加大投入、推进绩效考核评价、激励各协同创新中心做出实绩的机制。各区域协同创新中心积极寻求所在地市财政、宣传、教育部门的支持,加大协同创新中心承建单位对中心的经费、办公场所和设备、工作人员等条件支持，逐步探索区域协同创新中心开展高质量的会议、讲座、论坛、培训，适当收取会务费加以补充的可行性。

六、坚持合作共赢，形成良性文化支撑

刚性制度和柔性文化的结合，往往能够让体制机制的运行更加顺畅。协同创新中心的常态学习、统筹协调、协同发展、改革创新机制，不仅依赖于强有力的政治、组织、经费保障，还有赖于构建集思广益、民主协商、共建共享、协同创新的中心文化。思想政治教育者必须自身先受教育，应该充分认识到思政课教师是命运共同体，协同创新中心是思政课教师共同的理论阵地和精神家园，认识到推进思政课改革创新以增强思政课的思想性、理论性和亲和力、针对性，是各高校尤其是马克思主义学院（思政部）和思政课教师的神圣使命和共同职责。面对各协同创新中心之间可能存在的竞争与合作并存的关系，共同体意识能够让常态学习和统筹协调机制变得更加顺畅。而在协同创新中心内部层面，中心的各项事务应该发扬我们中国人"有事好商量"的传统，发生可能的不愉快要秉持"互谅互让"的精神，面临困难和问题时要集思广益、群策群力，办法总比问题要多得多。只要承建单位和各成员高校以先进的思想理念凝聚在一起，就一定能够更好地共同参与中心建设，共同培养中心的各类交流合作项目，就一定能够整合各自的优势，既发挥整体效应，推进思政课教学不断改革创新，也带动自身发展，反向惠泽各高校的思政课建设。

结　语

合而言之，广东高校思政课区域协同创新中心是广东改革开放精神的体现，它的建立、发展和成熟必然是一个循序渐进的过程。协同创新中心的机制建设，有赖于全省各承建单位和成员高校的共同探索、不断检验和总结提升，有赖于我们吸收改革开放以来积累的丰富理论成果，树立制度思维，加强顶层设计，加快协同发展步伐，还有赖于我们树立大局意识，发扬合作精神，破除利益藩篱，以先进的中心文化为机制运行提供支撑。

后　记

　　本书为广东高校思政课区域协同创新中心（佛山科学技术学院）2020 年度协同创新发展建设成果之一。

　　2019 年 10 月，佛山科学技术学院马克思主义学院负责人林瑞青教授组织申报了"广东高校思政课区域协同创新中心"项目，有幸获得广东省教育厅的批准设立，成为全省的 11 个中心之一。中心的成员为佛山、肇庆、韶关、清远、云浮等 5 个地级市的 16 所高校：佛山科学技术学院、韶关学院、肇庆学院、广东东软学院、广东理工学院、广东工商职业技术大学、广东职业技术学院、广东松山职业技术学院、广东环境保护工程职业学院、佛山职业技术学院、肇庆医学高等专科学校、清远职业技术学院、罗定职业技术学院、顺德职业技术学院、广东信息工程职业学院、广东碧桂园职业学院。

　　中心特邀陈金龙教授（教育部长江学者特聘教授，华南师范大学马克思主义学院院长、博士生导师，广东省高校思政课教指委主任）、李辉教授（中山大学马克思主义学院博士生导师，广东省高校思政课教指委副主任）、程京武教授（暨南大学马克思主义学院院长，广东省高校思政课教指委副主任）为中心顾问，并成立了以佛山科学技术学院党委书记曾峥教授为主任的联合领导机构，副主任为各成员高校分管思政课的校领导或马克思主义学院（思政部）院长（主任）。

　　2020 年，在新冠疫情期间，各成员高校通过网络进行了友好联系和协商，形成了中心建设计划，在 10 月 23 至 25 日，于佛山举办了广东高校思政课区域协同创新中心（佛山科学技术学院）2020 年年会暨中心揭牌仪式，16 所高校共计 120 余人出席了大会。会议期间，各高校之间进行了慷慨而充分的交流，分享了各自思想政治理论课教学改革经验，会议取得圆满成功。

其间，组织了思想政治理论课教学改革研究论文征集和评选活动，本书就是参会优秀论文的结集。本书由林瑞青教授、杜环欢教授提出主题框架构想，韩中谊副教授进行一审和编排，林瑞青教授进行了二审和修改，杜环欢教授进行了三审和修改。

本书的出版，有赖于广东省教育厅思政处的信任和支持，也有赖于中心各成员高校校领导和马克思主义学院（思政部）领导，以及骨干教师的鼎力支持和积极参与，谨此一并表示谢意。

是为记。

杜环欢

2021 年 1 月 16 日